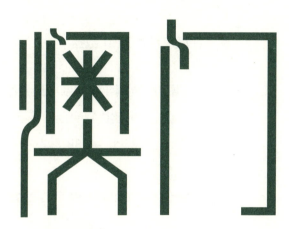

回归祖国 25 周年发展
亲历记

全国政协文化文史和学习委员会
全国政协港澳台侨委员会　编

中国文史出版社

图书在版编目（CIP）数据

澳门回归祖国 25 周年发展亲历记 / 全国政协文化文
史和学习委员会 , 全国政协港澳台侨委员会编 . -- 北京 :
中国文史出版社 , 2025. 1. -- ISBN 978-7-5205-5201-1

Ⅰ . K296.59

中国国家版本馆 CIP 数据核字第 2025Y2G605 号

出 品 人 : 彭远国
责任编辑 : 窦忠如　李晓薇

出版发行 : 中国文史出版社
社　　址 : 北京市海淀区西八里庄路 69 号　邮编 : 100142
电　　话 : 010-81136606　81136602　81136603（发行部）
传　　真 : 010-81136655
印　　装 : 廊坊市海涛印刷有限公司
经　　销 : 全国新华书店
开　　本 : 710×1010　1/16
印　　张 : 20
字　　数 : 286 千字
版　　次 : 2025 年 1 月北京第 1 版
印　　次 : 2025 年 1 月第 1 次印刷
定　　价 : 98.00 元

前　言

　　"澳门是镶嵌在南海之滨的一颗璀璨明珠，是伟大祖国的一方宝地。"1999年12月20日，中国政府恢复对澳门行使主权，中华人民共和国澳门特别行政区成立，饱经沧桑的游子回归祖国母亲怀抱，开启了历史发展的崭新纪元。

　　澳门回归祖国25年来，在中央政府和祖国内地的大力支持下，澳门特别行政区政府团结带领社会各界接续奋斗，谱写了具有澳门特色的"一国两制"成功实践的华彩篇章，开创了澳门历史上最好的发展局面。25年来，澳门"一国两制"制度体系不断完善，以宪法和基本法为基础的特别行政区宪制秩序更加稳固，"爱国者治澳"原则得到全面落实，国家主权、安全、发展利益得到有效维护，民主政治日臻完善，澳门居民享有比历史上任何时候都更为广泛的权利和自由；澳门主动融入国家发展大局，积极参与高质量共建"一带一路"和粤港澳大湾区建设，扎实推进横琴粤澳深度合作区建设，促进多元产业发展，2023年地区生产总值增长至回归前的7倍，人均地区生产总值位居世界前列，实现了经济社会的跨越式发展、历史性跃升；澳门牢牢把握中央赋予的"一中心、一平台、一基地"定位，已与120多个国家和地区建立稳定的经贸关系，是190多个国际组织和机构的成员，并享有美食之都、文化之都、盛事之都等诸多美誉，"中国澳门"国际大都市品牌更加靓丽；澳门社会各界高度重视弘扬爱国爱澳核心价值，不断增进多元文化交流融合，推动就业、住房、教育、医疗、社会保障等各项事业取得长足进步，使澳门成为世界上最安全的城市之一，居民获得感、幸福感和安全感越来越强。

习近平总书记在庆祝澳门回归祖国25周年大会暨澳门特别行政区第六届政府就职典礼上的讲话中指出："澳门回归祖国以来取得的辉煌成就向世人证明，'一国两制'具有显著制度优势和强大生命力，是保持香港、澳门长期繁荣稳定的好制度，是服务强国建设、民族复兴伟业的好制度，是实现不同社会制度和平共处、合作共赢的好制度，必须长期坚持。"澳门回归祖国的25年，是澳门发生翻天覆地变化、国际影响力大幅提升的时期，是澳门历史上经济发展最快、民生改善最大的时期，也是澳门同胞共享伟大祖国尊严和荣耀感最强的时期。25载翻天覆地、日新月异的"濠江故事"，印证着"一国两制"实践在澳门的巨大成功，这段光辉的历程值得载入史册、永远铭记。

在庆祝中国人民政治协商会议成立75周年大会上，习近平总书记发表重要讲话，对新时代新征程人民政协事业发展提出了"着力画好强国建设、民族复兴的最大同心圆"的重要要求。十四届全国政协认真贯彻落实习近平总书记关于加强和改进人民政协工作的重要思想，紧紧围绕党和国家中心大局履职尽责，充分发挥文史资料"存史、资政、团结、育人"的社会功能，为推进中国式现代化广泛凝聚人心、凝聚共识、凝聚智慧、凝聚力量。在澳门回归祖国25周年之际，全国政协文化文史和学习委员会联合港澳台侨委员会共同发起并精心组织征编出版《澳门回归祖国25周年发展亲历记》，旨在向社会各界展示澳门回归祖国25年来"一国两制"的成功实践。本书收录了澳门特别行政区曾经或正在担任各级政协委员的有关人士稿件50篇，以亲历、亲见、亲闻的鲜活故事，从不同角度、不同侧面生动鲜活描绘了澳门回归以来发生的翻天覆地的巨大变化，展示了澳门在各个领域发展进步的光辉历程，记录了各界人士参与澳门"一国两制"实践的经历和感悟，从中可以感受到澳门同胞爱国爱澳的深厚情怀，感受到澳门居民当家作主、昂扬奋进的精神风貌，感受到澳门各界人士对于"一国两制"、"澳人治澳"、高度自治方针发自内心的拥护和认同，有助于更好理解"一国两制"的显著制度优势和强大生命力，更好感悟蕴含其中的和平、包容、开放、共享的价值理念。

"国家的发展日新月异、势不可挡，澳门的发展厚积薄发、未来可期。"我们坚信，只要牢牢把握"坚守'一国'之本、善用'两制'之利，维护高水平安全、推动高质量发展，发挥独特优势、强化内联外通，弘扬核心价值、促进包容和谐"重要经验，坚定不移地沿着澳门回归祖国 25 年来的正确发展道路继续前进，具有澳门特色的"一国两制"实践一定能够行稳致远，澳门一定能打开发展新天地、不断创造新辉煌，为以中国式现代化全面推进强国建设、民族复兴伟业作出新的更大贡献！

《澳门回归祖国 25 周年发展亲历记》编辑委员会

2024 年 12 月 20 日

目 录

前 言

政治昌明

经济发展

文化繁荣

社会进步

政治昌明

发展爱国爱澳力量 推进"一国两制"事业 薪火相传

—— 廖泽云 ——

2024 年 12 月 18 日至 20 日，在庆祝澳门回归祖国 25 周年之际，中共中央总书记、国家主席、中央军委主席习近平来到澳门视察，这是澳门发展史上的一件大事，是对具有澳门特色的"一国两制"实践又一次领航。习近平主席指出，"一国两制"具有显著制度优势和强大生命力，是保持香港、澳门长期繁荣稳定的好制度，是服务强国建设、民族复兴伟业的好制度，是实现不同社会制度和平共处、合作共赢的好制度，必须长期坚持。习近平主席在澳门期间发表的系列重要讲话，站在澳门回归祖国 25 周年的重要历史节点，深刻总结"一国两制"实践经验，全面擘画香港、澳门长远发展蓝图，进一步激励澳门社会树立更高更远雄心壮志、焕发创新创造奋斗精神，为新时代新征程不断推进具有澳门特色的"一国两制"实践注入强大动力。

尤其令我们感动的是，12月19日上午，习近平主席来到澳门科技大学考察，充分肯定"教育兴澳、人才建澳"的成绩，强调要始终从战略高度重视教育，紧紧围绕国家和澳门发展的需求布局学科体系、培养高素质人才。勉励澳门青年大学生树立远大理想，与祖国共命运、与时代同步伐，实现自己的人生价值。在12月20日出席庆祝澳门回归祖国25周年大会暨澳门特别行政区第六届政府就职典礼时，习近平主席再次强调："特别行政区政府和社会各界要更加关爱青年，为他们成长成才、施展抱负创造更好环境和条件。希望广大青年心系澳门、心系国家，志存高远、脚踏实地，当好'一国两制'事业的建设者和接班人，让青春在建设强大祖国和美好澳门的广阔天地中绽放光彩。"感人的场景、深情的话语、谆谆的教导，让我们深受鼓舞、倍感温暖。我作为澳门科技大学和澳门中华海外联谊会的一员，有幸聆听习主席的讲话，深感使命光荣、责任重大。我们要进一步依托自身资源，继续加强澳门青少年爱国主义教育，传承爱国爱澳核心价值和优良传统，推进具有澳门特色的"一国两制"实践行稳致远。

回归祖国以来的25年，是澳门历史上发展速度最快、发展质量最高、居民获得感幸福感安全感最强的时期。"一国两制"制度体系不断完善，经济社会发展实现历史性跃升，对外合作持续扩大，开创了澳门历史上最好的发展局面，具有澳门特色的"一国两制"实践取得举世公认的巨大成功。澳门回归祖国以来，在全国政协、中央统战部、中央港澳办、中央政府驻澳门联络办公室等高度重视和关心指导下，澳门中华海外联谊会紧密团结中华海外联谊会会员等爱国爱澳代表人士，高举爱国主义旗帜，团结澳门同胞，积极做好澳门青少年爱国主义教育工作，发展壮大"爱国爱澳"新生力量，积极参与和推进"一国两制"薪火相传。

2004年，由全体澳门理事自发成立澳门中华联谊会，这是一个具有法人地位的社会团体，也是迄今唯一一个以中华海外联谊会理事为成员的地区性联谊组织。会内每人都有专长，大家有钱出钱，有力出力，各出其

澳门基金会工商界捐款 5000 万元支持航天事业

谋，各尽所能，助推统一战线的创新发展。2019 年换届之后，澳门地区理事增至 78 人，力量得以壮大。这 78 位理事汇聚了澳门社会各方面代表人士，紧密团结在澳门中华联谊会内，大家凝心聚力，发挥平台优势，依托内地资源，把祖国历史文化和国情教育摆在突出位置，增强澳门青少年投身"一国两制"事业的责任感与使命感，组织开展了一系列内容丰富、特色鲜明的澳门青少年爱国主义教育培养活动，为他们成长、成才、成功创造了良好条件，取得了积极成效。

在早期开展"澳门大中学生航天科普夏令营和交流团"活动经验的基础上，这些年，我们参与筹组"澳门青年人才上海学习实践计划""澳门大学生天津学习交流计划""澳门社区工作者陕西体验式研修计划""澳门大学生红色之旅福建古田行"等，通过组织澳门学员前往内地进行多元交流和学习活动，提升澳门青少年的综合素质，帮助他们了解国情、开阔视野、增长才干，提升大局观。

"澳门青年人才上海学习实践计划"这一代表性项目，每期组织 30 名澳门青年才俊，前往上海市政府机构及企业学习实践 3 个月，至 2024 年已成功举办了 10 期，学员无不表示受益匪浅。12 年前刚刚推出"澳门青

2023 年，部分优秀初中学生参加北京航天冬令营

年人才上海学习实践计划"时，澳门青年对祖国、对内地的认知程度远远不及现在，最初的报名情况并不踊跃，大家只好主动出击，多方游说澳门青年参与。让人始料不及的是，有了第一年的示范效应和成功经验，学员开始从"游说参与"变成"争抢名额"。有的澳门青年参与热情特别高，虽与我素不相识，也主动拜见我，希望得到推荐。在与他们当面交流，并经过一段时间的观察后，我忠实地表达了推荐意见。

2019 年，在澳门回归祖国 20 周年的庆祝活动上，习近平主席会见澳门社会各界代表人士时表示，"前不久，'第八期澳门青年人才上海学习实践计划'全体学员给我来信提到，从学习实践中深刻感受到我们的国家制度是符合实际、与时俱进的，他们有信心把'一国两制'的制度优势坚持好、发展好、完善好。这充分展现出澳门新一代爱国爱澳、自信自强的精神风貌，让我十分欣慰"。

青年是国家之魂，青年强则国家强。澳门青少年是"一国两制"事业的接班人，自中共十八大以来，澳门社会各界不断创新形式和丰富内涵，加深澳门青少年对国情的认知和中国共产党的了解，在长见识、长知识、长才干的同时，更提升对国家的认同感和民族自信心、自豪感。新时代以来，澳门地区积极推动统一战线创新发展，我们将这些工作经验总结归纳如下。

一是打造品牌活动，找准战略支点。对青少年进行爱国主义教育应润物无声，初期以尖端的航天技术为载体，以科普形式组织交流营，特别受澳门青少年的欢迎，主办方之一也是以青少年为主体的澳门中华学生联合总会。而后，与时俱进举办数周至数月的交流、实践、研修、旅学计划，更令参与的不少澳门青年脱胎换骨，"澳门青年人才上海学习实践计划"就是成功案例。以品牌活动为战略支点，事半功倍。

二是发挥平台优势，实现协同效应。中华海外联谊会澳门理事凝聚了澳门社会各界知名人士，他们或是澳门的行政会成员、立法会议员、知名社会人士，也同时担任全国或省市的政协委员、人大代表，是爱国爱澳的中坚力量，具有开展澳门青少年工作的独特优势和有利条件，能够有效整合资源，实现协同效应，在战略支点上，发挥杠杆作用。

三是联动各方资源，建构培养体系。这些交流、实践、研修、旅学计划，澳门理事是推动者和参与者。经过多年摸索，在澳门特别行政区政府、社会各界、内地有关部门的共同努力下，澳门社会将民间力量和政府力量、澳门与内地资源有效整合起来，逐步构建起适合澳门青少年特质的爱国主义教育培养体系，而澳门理事推动和参与的聚焦青少年爱国主义教育工作成为其中重要的有机组成部分。

中华民族经历了近代以来从屈辱走向奋起、从落伍走向崛起的百年沧桑之后，迎来了大有作为的新时代，迈上了走向伟大复兴的新征程。习近平主席指出，"统一战线因团结而生，靠团结而兴"。在新时代，我们必须坚守中国共产党领导这一同心圆的圆心，以圆心为基点，找到最大公约数，画出最大同心圆，唱响大团结大联合主旋律，在实现中华民族伟大复兴的新征程上团结一心、奋斗不辍。

2021年6月初，在中国共产党成立100周年之际，全国政协副主席何厚铧率澳区全国人大代表、全国政协委员到贵州遵义学习考察。我们瞻仰了遵义会议会址、苟坝会议会址，参观了会议陈列馆，并到遵义红军山烈士陵园敬献花篮。一路上，我在仔细聆听了红军长征可歌可泣的事迹后，深切感悟革命先烈艰苦奋斗、不畏牺牲、忘我奉献的精神，启发我们在建设"一国两制"事业时应当重视发挥核心能量，引领各界跟上社会形势和发展需要，提升爱国爱澳力量能力建设，推动澳门良政善治。

中共二十大报告对发展壮大爱国爱港爱澳力量、增强港澳同胞的爱国精神作出重要部署。我们深信，在习近平新时代中国特色社会主义思想指引下，在中共中央的坚强领导下，港澳社会坚定制度自信，创造性地发挥自身的独特优势，持续丰富、完善和深化统一战线的工作方式、方法，增强凝聚力，扩大团结面，提高包容性，巩固爱国爱港、爱国爱澳的社会政治基础，一定能够形成更广泛的"一国两制"统一战线，不断展现"一国两制"的生命力和优越性，推进祖国实现完全统一，为中华民族伟大复兴、为人类文明的进步作出新的贡献。

在多年摸索的经验基础上，我们将会继续拓展品牌活动，润物无声地对青少年进行爱国主义教育，与时俱进举办交流、实践、研修、旅学计划等活动。调动各方资源，优化爱国主义教育培养体系，有效整合民间和政府力量、澳门与内地资源，让越来越多的澳门青年"怀爱国爱澳之心，立报国兴澳之志"，成为充实"一国两制"统一战线的有机组成部分。

我们深信，有领导组织，有发挥平台，有活动载体，团结一心，持续改进、完善和深化统一战线的工作方式、方法，定会加深澳门社会对中国共产党的认知，令各阶层真诚拥护中国共产党的领导，让"爱国爱澳"的主流价值观在澳门根深蒂固、枝繁叶茂，努力培养出"爱国爱澳"的澳门青少年，壮大"爱国者治澳"队伍，推进"一国两制"事业薪火相传。

（作者系第十三届全国政协常委，中华海外联谊会第三、四、五届副会长。）

随全国政协访问团赴马来西亚、越南访问观感

——马有礼——

2016 年 11 月 30 日至 12 月 5 日，我随全国政协万钢副主席对马来西亚、越南进行友好访问。这一年是我们国家积极推进"一带一路"大外交比较频密的一年。

11 月 30 日上午我从澳门出发，在广州白云机场与全国政协访问团会合，在休息室万钢副主席与我专门聊了一下。他是一位知识渊博、在汽车制造业蜚声海内外的科学家，当时兼任科技部部长。他说：非常欢迎马先生参加这次访问，中国已进入了一个新时代，要利用好这次机会多宣传中国改革开放以来的伟大成就，多宣传澳门"一国两制"和在"海上丝绸之路"具备的作用；我国倡导的"一带一路"是个新生事物，要多宣传，让受访国家政府和人民多了解中国，增加对"一带一路"共识。他还说：澳门中华总商会与东南亚商界联系较多，希望你此行多走、多看、多了解情况，多提宝贵意见，满载而归！他的谈话很有感染力，对我鼓舞很大。下午，我们乘南航班机直飞马来西亚首都吉隆坡，受到了当地华侨和商界领袖的热烈欢迎和我国驻马来西亚大使馆黄惠康大使的热情款待。

我关注到，到访国家的政商界都很关注中国进一步深化改革开放特别是"一带一路"，提了不少问题。万钢副主席解惑释疑，向他们阐述了中国当前主要经济形势和中国倡导的"一带一路"对世界经济的影响，向这些国家传达了正面和令人鼓舞的信息，回应了许多国家对中国的关注和期待。世界对中国新常态下能否维持健康发展和结构性转型，保持一个较稳定的增速很关注。当他们得知中国目前的经济发展是健康的，只是不追求过去粗放型的高增长，而是通过企业改造、转型补短板，尤其是以创新和高科技带动了新的经济增长点，中国现在政治、经济、文化、民生等保持了稳定和健康的势态，他们都表示开心和理解。万钢副主席还介绍了中国在航天、深海领域的科技成就及通过科学技术运用转换生产力。

在马来西亚与当地总商会及马来西亚中华总商会座谈会上，我介绍了澳门中华总商会、澳门基本情况及主要经济环境、国家对澳门的重大政策，推荐了澳门及商界在"一带一路"倡议中的思路和想法以及与马来西亚同仁合作的意向，得到他们的高度评价。

在越南河内与中资及港澳投资者也举行了座谈会。越南和中国同属社会主义国家，文化相近，沟通起来比较容易。它吸取了中国改革开放经验，大量吸引外资，中国当时在越南投资项目1492个，协议投资110亿美元，但在越南外资来源国中仅排第九位，可见越南的投资环境在世界上还是有一定吸引力的。越南的对外开放政策比较宽松，资金出入比较方便，还有大量廉价的劳动力和土地资源也是它的优势。我们在内地的资金，进去容易出来难，这也提醒我们要对一些对外开放政策作必要的调整，做到人流、物流、资金流、技术流的双向便捷流通。越南政商界对"一带一路"多有正面的了解，给予积极响应。

虽然出访时间短暂，但收获良多。我回国后对所了解的外交政策、文

2016年，访问团代表合影（左一为作者）

化交流、宗教等方面的情况向有关部门作了反馈。

在外交方面：建议国家在财政允许的条件下加强对我国驻当地外交机构的投入。每个国家的政治、经济、文化宗教等都有所不同，国情也不一样，作为世界第一贸易大国，中国需要在"一带一路"建设中更精准了解各个国家的基本状况。据了解，美国政府对外交机构均投入不菲的资源，为跨国公司在国外投资前提供当地详细的政经信息，故他们的企业在投放市场时较少失误；日本利用大型商业机构，除了谋取企业效益，同时亦注重社会效益，如文化、医疗等。中国也要在外交上加大投入力度，尤其是对驻第三世界使馆的支持。逐步建立健全我们国家对外交往的数据库，并与中国的投资企业达成资源共享，以便企业评估投资风险。

在文化交流方面：要尊重当地国家的社会制度和文化历史，鼓励华人华侨融入当地，通过友好交往宣传中华文化的精髓。中华文化的核心是"以和为贵"，体现的是包容与和谐。过去东南亚因各种历史原因，长期排斥甚至禁止华文教育。现在中国的国际地位日益提高，华文的国际地位也得到了提升，东南亚国家逐步恢复华文教育，华侨学校受到了欢迎。例如，马来西亚坤成中学，1908 年由华侨建立，是一所完全由华侨华人管理的独立华文中学。复办以来深受当地人的喜欢，一学位难求。对这些独立的华文学校，应适当给予包括教师、学生交流，教学器材等的支持，对侨领和华侨是有益的帮助。

在宗教方面：建议我们国家宗教管理部门到一些宗教国家了解当地如何处理宗教问题。例如，"一带一路"与许多伊斯兰教国家在地理上有交集，这些国家的回教徒绝大部分是温和的，但是也有小部分是激进的。此次了解到，马来西亚是一个温和的伊斯兰教国家，他们抵制宗教激进主义及极端教派，希望做温和派的领头人，他们也在集中研究一套认为能够正确释疑《可兰经》的回教理论。另外，重视培养阿訇，这些精神领袖对信徒有直接的影响。宗教有了正确的理论，有了有和平思想的领导人才，就不易出现极端和激进的大问题。

时光荏苒，当年访问的情景仍历历在目，中国倡导的"一带一路"共建从理念转化为行动，从愿景转化为现实，已经是一个有 150 多个国家和 30 多个国际组织加入的国际大家庭，中国与"一带一路"共建国家进出口总额达 19.1 万亿美元。我衷心祝愿伟大祖国繁荣昌盛，祝愿世界人民大团结走上共同发展的康庄大道！

（作者系第十三届全国政协常委，澳门中华总商会前会长。）

新时代澳门"一国两制"成功实践的亲历与心得

—— 贺定一 ——

澳门回归以来，尤其是新时代以来，"一国两制"在澳门的成功实践，我认为有九个方面的宝贵经验。

一是始终全面准确、坚定不移贯彻"一国两制"方针，始终坚持"一国两制"的道路自信和制度自信。

习近平总书记在中共二十大报告中深刻指出："'一国两制'是中国特色社会主义的伟大创举，是香港、澳门回归后保持长期繁荣稳定的最佳制度安排，必须长期坚持。"澳门回归25年的成功实践强有力地证明，"一国两制"是保持澳门繁荣稳定、长治久安，保障广大澳门同胞依法享有的广泛权利和自由以及根本利益福祉的最佳制度；证明"一国两制"具有强大的生命力和巨大的优越性，是行得通、办得到、得人心的。广大澳门同胞发自内心地始终坚定拥护"一国两制",坚决排除一切干扰和杂音,凝聚起强大共识,对"一国两制"坚信而笃行。

二是紧紧抓住一个根本,即坚决维护宪法和澳门基本法权威。

宪法和澳门基本法共同构成了澳门特区的宪制基础,共同确定了澳门特区宪制秩序。新时代以来,澳门特区政府严格按照宪法和澳门基本法办事,以宪法和澳门基本法为依归,正确处理"一国"和"两制"的关系。"一国"是"两制"的前提和基础,"两制"从属和派生于"一国"。没有"一国"这个前提,"两制"就是无源之水、无本之木。正确处理中央和澳门特区的关系,始终坚持将落实中央的全面管治权和保障澳门特区的高度自治权有机结合起来。中央对澳门特区的全面管治权,是中央依照宪法和澳门基本法对澳门特区享有的宪制性权力。中央对澳门特区的全面管治权是澳门特区高度自治权的源头,两者是"源"与"流"的关系。只有维护和落实好中央全面管治权,澳门特区的高度自治权才能正确和有效行使。

2001年3月,澳门基本法推广协会成立暨首届会员大会,图为协会的五位发起人(左起:李鹏翥、崔世昌、廖泽云、贺定一、杨允中)

在澳门特区的内部治理上，严格按照澳门基本法的规定，确保在行政主导体制下的行政、立法和司法机关良性、顺畅运作，既相互监督，又相互配合。尤其是在涉及澳门特区经济社会发展的重大政策时，行政机关与立法、司法机关更加注重相互配合，齐心协力落实中央的重要指示，共同聚焦澳门特区的发展建设重任，共同提升澳门特区的治理效能和管治水平。

三是筑牢国家安全之基，实现一批重大制度性变革。

习近平主席指出："'一国两制'的根本宗旨是维护国家主权、安全、发展利益，保持香港、澳门长期繁荣稳定"，"维护国家主权、安全、发展利益是'一国两制'方针的最高原则。"新时代以来，澳门特区政府坚定落实维护国家安全的宪制责任，紧跟中央重大决策部署，不断建立和完善与"一国两制"相适应的澳门特区维护国家安全的法律制度和执行机制。澳门特区政府始终以维护国家主权、安全、发展利益为己任，早在 2009 年就已经顺利完成《维护国家安全法》的立法。进入新时代以来，澳门特区多措并举进一步加强维护国家安全工作。

1. 高规格设立维护国家安全工作的领导机构，成立了以行政长官为主席的维护国家安全委员会和网络安全委员会，全力配合国务院任命澳门特区维护国家安全委员会国家安全事务顾问和技术顾问。

2. 持续健全维护国家安全的法律制度。针对新形势下维护国家安全的新要求，澳门特区开展了涉及网络、出入境以及反恐等领域的配套立法和修法工作。全面开展修改《维护国家安全法》的工作。新修改的《维护国家安全法》已于 2023 年 5 月 30 日起正式生效。完成修改《维护国家安全法》是澳门特区进一步落实澳门基本法第 23 条，进一步完善维护国家安全法律制度和执行机制的一项重大举措，对于更好维护国家主权、安全、发展利益和保持澳门长期繁荣稳定具有深远意义。

3. 坚定落实"爱国者治澳"原则。2021 年 9 月，澳门特区第七届立法会顺利产生。在第七届立法会的产生过程中，首次明确了"爱国者"的判断准则，具有重大实践意义和政治意义。开展《行政长官选举法》和《立法会选举法》的修订工作，进一步落实"爱国者治澳"原则。新修订的《行政长官选举法》已经于 2024 年 1 月 1 日生效，而《立法会选举法》也在 2024 年 4 月 11 日获得通过并在翌日生效。

4. 发扬爱国爱澳光荣传统，广泛团结和壮大爱国爱澳力量。广大澳门居民素有浓厚的爱国爱澳光荣传统和厚重的家国情怀，爱国爱澳长期占据核心主流价值。新时代以来，特区政府结合新的形势，不断创新爱国爱澳教育的形式和内容，积极在公务员、大中小学生等重要群体中，广泛开展宪法和澳门基本法教育、国家安全教育，以及对党和国家历史的教育，进一步巩固"一国两制"的社会政治基础。

2024 年 9 月，澳门妇联举办"爱国爱澳嘉年华"活动

四是有效落实中央系列重大惠澳政策，经济适度多元发展取得阶段性显著成效。

回归以来，澳门经济迅速发展，保持了长期繁荣稳定。然而，"一赌独大"、产业结构单一始终是困扰澳门特区可持续发展的难题。为此，新时代以来，中央不断推出系列重大惠澳政策，为澳门特区的未来发展做长远周密谋划，不断为澳门经济适度多元发展创造有利条件。2019 年 2 月，中央公布了《粤港澳大湾区发展规划纲要》，赋予澳门在粤港澳大湾区建设中重要地位和功能，为澳门特区的发展注入强大动力；2021 年 9 月，中央又公布了《横琴粤澳深度合作区建设总体方案》，专门为澳门经济适度多元发展量身打造了又一重大平台。澳门特区政府始终牢记习近平主席的嘱托，不忘初心，把促进经济适度多元发展作为施政的核心工作。特区政府精准提出了"1+4"经济适度多元发展策略，编制澳门首个经济适度多元发展规划，即《澳门特别行政区经济适度多元发展规划（2024—2028年）》，同时加大对中医药大健康产业、现代金融业、高新技术产业和会展商贸及文化体育产业的扶持和投入，建立全新的人才引进制度，精准引进各产业发展所需人才，使经济适度多元发展取得了阶段性显著成效。

五是大力保障和改善民生，破解澳门社会经济发展中的深层次矛盾和问题，居民的幸福感和获得感显著增强。

特区政府始终坚持施政为民的根本理念，把居民对美好生活的期盼作为施政最大追求，急居民之所急、忧居民之所忧，切实加大资源投入，改善居民住房、就业、教育、医疗、养老、社会保障等民生领域的条件，例如，在房屋方面，特区政府精准提出"五阶梯房屋政策"，有序推进各类房屋建设，基本满足了社会各阶层不同的住房需求；在教育方面，积极推行 15 年免费教育；而在社会保障方面，双层式社会保障制度运行平稳有序，确保社会保障长效机制可持续发展，持续加强澳门居民的养老生活保障。在疫情期间政府财政收入大幅减少的情况下，仍然确保各项民生开支基本不受影响。

六是始终坚持依法施政，推进公共行政改革，不断提升公共治理能力和水平。

持续加强重点领域的立法、修法工作，充分发挥法律在社会经济发展中的引领作用，尤其是制定和修改涉及推进经济适度多元发展等重要领域的法律法规，如《中药药事活动及中成药注册法》《金融体系法律制度》《货币发行法律制度》《信托法》《人才引进法律制度》等。积极推进公共行政体制改革，大力发展电子政务，推出"一户通""商社通""公务通""电子身份"等重大电子平台和技术手段，全面提升公共服务效能。同时，积极推进公共部门架构重组，明晰和理顺权责关系，加强跨部门合作，提升政府施政效率。

七是坚持包容施政，听民意、察民情、聚民智。

特区政府不断完善咨询机制，丰富和完善各种渠道，鼓励社团、居民积极参政议政；就法律和重大政策的制定充分听取和吸纳社团、居民的意见和建议，实现澳门特区的包容性治理和良政善治。

八是充分发挥澳门独特地位和优势，积极融入国家发展大局。

新时代以来，澳门特区积极对接国家"十四五"规划，积极参与粤港澳大湾区建设，全面参与和助力"一带一路"建设，充分利用自身的资源和优势，拓展国际联系，加强中葡平台建设，以澳门所长服务国家所需，在融入国家发展大局中，实现澳门更好发展。

九是在祖国的坚定支持下，以坚强的信心和勇气战胜一切困难和挑战。

祖国始终是澳门战胜一切困难和挑战的强大后盾。过去几年，澳门先后经历"天鸽"台风和新冠疫情等重大挑战。然而，每当澳门遇到困难时，祖国总会在第一时间伸出援手。我们不能忘记"天鸽"台风后，驻澳部队的子弟兵们走上澳门街头，协助恢复生产生活秩序。这是解放军首次在港澳地区展开灾后救助行动。我们也不能忘记，新冠疫情期间，中央和地方政府倾力支持澳门各项疫情防控和经济复苏工作，2022年9月23日更是专门推出系列重要惠澳措施，坚定澳门各界战胜疫情的信心和决心。这些都是新时代以来得人心、暖人心的重要大事，是珍贵的历史镜头，值得我们永远牢记。

我还记得，1998年3月，在全国政协九届一次会议上，我作了题为《做好澳门回归工作，迎接新世纪的到来》的大会发言。在发言的最后，我充满信心地说："澳门就好比一颗有待继续不断雕琢的宝石，进入21世纪后必将发出更加灿烂的光芒！澳门的将来一定更加美好。"澳门是"一颗有待继续不断雕琢的宝石"，这也是回归之后，我在很多场合都喜欢反复提到的一句话。然而，今天我要说，经过25年的精心雕琢和打磨，澳门现如今已经成为一颗熠熠生辉、光彩夺目的宝石。

25年来，澳门在"一国两制"下取得的伟大成就，是对我们这辈亲自经历、亲自见证澳门从回归走向繁荣的人士的最大慰藉。我们这辈人仍将继续关心呵护澳门这颗璀璨的宝石，而我们也欣慰地看到，澳门正涌现出一大批有志、有为的青年，他们正以昂扬的姿态接续奋斗，正在用自己的才干和智慧继续承担起澳门"一国两制"伟大事业的建设重任，正在推动"一国两制"伟大事业从胜利走向新的胜利，从成功走向新的成功！

我深信，新时代新征程，在以习近平同志为核心的中共中央的坚强领导和大力支持下，澳门的明天一定会更加美好，澳门的道路一定会更加宽广！澳门特区政府将继续团结和带领社会各界，同心同德，砥砺奋进，全面准确、坚定不移贯彻"一国两制"、"澳人治澳"、高度自治的方针，坚定维护中央全面管治权，坚定维护国家主权、安全、发展利益，坚定落实"爱国者治澳"原则，保持澳门繁荣稳定和长治久安，充分发挥自身的独特地位和优势，为以中国式现代化全面推进强国建设和民族复兴伟业作出澳门应有的贡献！

（作者系第十三届全国政协港澳台侨委员会副主任，全国妇联常委，澳门中华总商会副会长，澳门厂商联合会副会长，澳门妇女联合总会永远会长。）

爱国者治澳原则的
落实和制度完善

——骆伟建——

今年是澳门特别行政区成立 25 周年。25 年来，"一国两制"方针政策和特别行政区基本法的实践取得了不俗的成就。"一国两制"的宗旨：维护国家主权、安全、发展利益，保持香港、澳门长期繁荣稳定得到了基本的落实。我非常幸运地从 1986 年开始，分别参与了香港特别行政区基本法和澳门特别行政区基本法起草委员会秘书处的工作，见证了两部基本法的诞生，将"一国两制"的方针政策法律化，奠定了特别行政区制度的宪制基础。此后，作为中葡联合联络小组中方代表之一，参与了澳门过渡时期公务员本地化、法律本地化、中文正式化等的具体工作。后来又作为澳门特别行政区筹备委员会的委员，亲历了澳门政权顺利交接、社会平稳过渡的重大历史时刻。澳门特别行政区成立后，我又来到澳门大学从事"一国两制"和基本法的教学研究工作，亲身感受到了澳门在"一国两制"的方针政策的指引下，在基本法的保障下，所发生的翻天覆地的变化。回顾澳门"一国两制"的实践，我深切地体会到，成功的经验是多方面的，但其中一个非常关键的因素就是，澳门特别行政区始终坚持爱国者治澳原则，形成爱国者主导的政治格局，依靠爱国者治澳的管治队伍，不断完善爱国者治澳的保障体制，从而牢牢把握住"一国两制"实践的正确方向，排除各方面的干扰，从澳门的实际出发，解决实践中的各种问题和挑战，确保了"一国两制"行稳致远。

爱国者治理原则的形成和发展

爱国者治理原则是"一国两制"理论的重要组成部分，并且在"一国两制"的实践中得到发展和完善。

第一，从提出"一国两制"的伟大构想之初，邓小平先生就明确了爱国者治理原则是"一国两制"的重要组成部分。1984 年 6 月，邓小平在会见香港工商界访京团和香港知名人士时，阐述了"一国两制"方针的主要内容，并着重谈了爱国者治港问题。他说："港人治港有个界线和标准，就是必须由以爱国者为主体的港人来治理香港。"他还进一步明确了爱国者的标准，即"爱国者的标准是，尊重自己民族，诚心诚意拥护祖国恢复行使对香港的主权，不损害香港的繁荣和稳定"。[1]

第二，在基本法起草过程中，邓小平先生也要求基本法起草委员会委员要始终将爱国者治理原则贯穿于基本法各个条文的起草过程中，用法律制度予以保障。比如，1987 年 4 月 16 日，笔者有幸在人民大会堂聆听了邓小平先生在会见香港基本法起草委员会委员时的讲话，他指出，"将来香港当然是香港人来管理事务……我们说，这些管理香港事务的人应该是爱祖国、爱香港的香港人，普选就一定能选出这样的人来吗？"[2]邓小平先

---

[1] 《邓小平文选》第三卷，人民出版社 1993 年版，第 61 页。
[2] 《邓小平文选》第三卷，人民出版社 1993 年版，第 220 页。

1993年作者参与基本法起草工作的留影

生的上述指示就成为香港基本法起草委员会在起草香港基本法相关条款时所遵循的一项重要原则。

　　香港基本法起草委员会主任委员姬鹏飞在对香港基本法草案作说明时明确表示：草案的有关条文规定香港特别行政区行政长官、行政会议成员、立法会主席、政府主要官员、终审法院和高等法院首席法官以及基本法委员会香港委员的资格，"必须是在外国无居留权的香港特别行政区永久性居民中的中国公民。这是体现国家主权的需要，也是体现由香港当地人管理香港的原则的需要，只有这样才能使担任上述职务的人切实对国家、对香港特别行政区以及香港居民负起责任"①。澳门基本法同样如此，澳门基本法起草委员会主任委员姬鹏飞在对澳门基本法草案作说明时也表示，草案规定澳门特别行政区的行政长官、行政会委员、政府主要官员、立法会主席和

①　姬鹏飞：《关于〈中华人民共和国香港特别行政区基本法（草案）〉及其有关文件的说明》，1990年3月28日在第七届全国人民代表大会第三次会议上。

副主席、终审法院院长、检察长的任职资格时，要求上述职位必须由澳门特别行政区永久性居民中的中国公民担任，主要是为了"坚持维护国家主权，避免双重效忠"，"行政长官、主要官员、立法会主席、终审法院院长、检察长在就职时还必须宣誓效忠中华人民共和国，不能双重效忠"[①]。

第三，在香港、澳门特别行政区成立后，"一国两制"的实践和基本法的实施更加凸显了爱国者治理原则的重要性，强调爱国者治理是香港、澳门稳定繁荣发展，以及"一国两制"成功实践的基石。

香港、澳门的稳定、发展、繁荣，离不开爱国者治理。要想继续保持香港、澳门的稳定、发展和繁荣，就必须落实爱国者治理原则。2017年6月30日，习近平主席在出席香港特区政府欢迎晚宴并发表重要讲话时指出，"香港从一个默默无闻的小渔村发展成为享誉世界的现代化大都市，是一代又一代香港同胞打拼出来的。香港同胞所拥有的爱国爱港……的精神，是香港成功的关键所在"[②]。2019年12月20日，习近平主席在出席庆祝澳门回归祖国20周年大会暨澳门特别行政区第五届政府就职典礼并发表重要讲话时指出，"广大澳门同胞素有爱国传统，有强烈的国家认同感、归属感和民族自豪感，这是'一国两制'在澳门成功实践的最重要原因。特别行政区政府和社会各界高度重视弘扬爱国传统，坚决落实以爱国者为主体的'澳人治澳'，特别行政区政权机关均以爱国者为主组成，爱国爱澳力量日益发展壮大，爱国爱澳核心价值在澳门社会居于主导地位。在行政长官亲自领导、政府部门切实履职、社会各界共同参与下，澳门各类学校的爱国主义教育有声有色，国家意识和爱国精神在青少年心田中深深扎根。澳门的成功实践告诉我们，不断巩固和发展同'一国两制'实践相适应的社会政治基础，在爱国爱澳旗帜下实现最广泛的团结，是'一国两制'始终沿着正确轨道前进的根本保障"[③]。

第四，中央及时总结"一国两制"实践的经验，将爱国者治理原则

---

① 姬鹏飞：《关于〈中华人民共和国澳门特别行政区基本法（草案）〉和有关文件及起草工作的说明》，1993年3月31日在第八届全国人民代表大会第一次会议上。
② 习近平：《在香港特别行政区政府欢迎晚宴上的致辞》（2017年6月30日），载于共产党员网。
③ 习近平：《在庆祝澳门回归祖国20周年大会暨澳门特别行政区第五届政府就职典礼上的讲话》（2019年12月20日），载于新华网。

写入党的政治报告和决议中。2007年10月，中国共产党在十七大政治报告中指出，鼓励香港、澳门各界人士在爱国爱港、爱国爱澳旗帜下和衷共济，促进社会和谐。[①]2012年11月，中国共产党在十八大政治报告中要求，促进香港同胞、澳门同胞在爱国爱港、爱国爱澳旗帜下的大团结。[②]2017年10月18日，在中共十九大政治报告中，习近平总书记强调："我们坚持爱国者为主体的'港人治港''澳人治澳'，发展壮大爱国爱港爱澳力量，增强香港、澳门同胞的国家意识和爱国精神，让香港、澳门同胞同祖国人民共担民族复兴的历史责任、共享祖国繁荣富强的伟大荣光。"[③]党的十九届四中全会的决定指出，坚持以爱国者为主体的"港人治港""澳人治澳"，提高特别行政区依法治理能力和水平。[④]

第五，针对"一国两制"实践中爱国者治理原则遇到的问题和挑战，及时纠偏，将爱国者治理原则上升到"一国两制"的根本原则的高度。2021年1月27日，习近平主席在听取香港特区行政长官述职报告时再次强调了爱国者治港的原则，他指出，"香港由乱及治的重大转折，再次昭示了一个深刻道理，那就是要确保'一国两制'实践行稳致远，必须始终坚持'爱国者治港'。这是事关国家主权、安全、发展利益，事关香港长期繁荣稳定的根本原则。"[⑤]为落实爱国者治理原则，要求必须牢牢地将特别行政区的自治权掌握在爱国者手里。2022年7月1日，习近平主席在出席庆祝香港回归祖国25周年大会暨香港特别行政区第六届政府就职典礼时再次强调，"必须落实'爱国者治港'。政权必须掌握在爱国者手中，这是世界通行的政治法则。世界上没有一个国家、一个地区的人民会允许不爱国甚至卖国、叛国的势力和人物掌握政权。把香港特别行政区管治权牢

① 胡锦涛：《高举中国特色社会主义伟大旗帜　为夺取全面建设小康社会新胜利而奋斗》（2007年10月15日），载于中华人民共和国中央人民政府网。
② 胡锦涛：《坚定不移沿着中国特色社会主义道路前进　为全面建成小康社会而奋斗》（2012年11月8日），载于中华人民共和国中央人民政府网。
③ 习近平：《决胜全面建成小康社会　夺取新时代中国特色社会主义伟大胜利》（2017年10月18日），载于中华人民共和国中央人民政府网。
④ 《中共中央关于坚持和完善中国特色社会主义制度　推进国家治理体系和治理能力现代化的若干重大问题的决定》（2019年10月31日），载于共产党员网。
⑤ 《习近平听取林郑月娥述职报告》（2021年1月27日），载于中华人民共和国中央人民政府网。

牢掌握在爱国者手中，这是保证香港长治久安的必然要求，任何时候都不能动摇。守护好管治权，就是守护香港繁荣稳定，守护七百多万香港居民的切身利益。"[1]

因此，爱国者治理的原则只能够坚持，不能够动摇。

爱国者治理原则的重要性和作用

（一）确保维护国家主权、安全、发展利益

国家的领土和主权是国家生存和发展的必要条件，这是国家的核心利益。国家核心利益是不变的，必须永远地守护，必然要求爱国者承担。

第一，爱国者治理有利于实现中华民族的根本利益。中华民族的根本利益体现在国家的发展利益上，中华民族的根本利益就是要实现中华民族伟大复兴。民族复兴的标志就是要建设中国特色社会主义的现代化强国。澳门特区作为国家的一部分，澳门居民作为中华民族的一份子，应该参与和服务于中国式现代化的建设。对此，只有爱国者治理，才会推动和积极融入国家发展，加强国家内的区域合作，为国家高质量的经济发展和高水平对外开放作出贡献。发挥澳门中葡经贸平台、中西文化交流基地的作用，配合国家"一带一路"倡议，为经贸合作搭建平台，为文化交流、民心相通提供助力。

第二，爱国者治理有利于维护国家核心利益。"一国"的核心是国家统一，领土完整不仅是国家行使主权的空间，同时也是国家生存和发展的重要条件和物质基础。在历史上因国家分裂而导致国家消亡是有先例可循的。国家安全是国家统一、国家发展的基础。国家安全受到威胁，主要来自内忧外患：内部是社会动乱，破坏国家的秩序；外部是干涉内政，妨碍国家独立自主地处理事务。内外勾结、颜色革命构成了对国家安全的重大威胁。只有爱国者治理，才能有效地预防、遏制一切危害国家安全的行为。只有爱国者治理，才能够坚决维护国家的统一，反对一切分裂势力，

---

[1]　习近平：《在庆祝香港回归祖国 25 周年大会暨香港特别行政区第六届政府就职典礼上的讲话》（2022 年 7 月 1 日），载于新华网。

能够依据基本法的规定，履行宪制责任，完善维护国家安全的法律体系。

第三，爱国者治理有利于确保维护中央管治权。无论是从实现民族利益还是从实现国家利益的角度讲，都离不开国家的有效治理。国家治理的核心就是要加强和提高中央的管治权。维护中央的管治权是保障民族和国家根本利益的必要条件。只有爱国者治理，才会自觉地接受中央的领导，配合中央的工作，取得中央的信任，维护国家的宪法制度，建立中央和特区的和谐的关系。

（二）确保维护特区的社会稳定和经济繁荣

澳门的社会稳定和经济发展事关"一国两制"的成败，事关澳门居民的安居乐业。只有爱国者治理，才能维护社会稳定，促进经济发展。

第一，爱国者治理有利于确保维护特区的社会稳定。社会稳定是社会发展的基本条件。一个动乱的社会，不可能有良好的经济发展和民生的改善。维持社会的稳定就需要保持政治的稳定，政治能不能稳定关键依赖特区是否由以爱国者为主体的队伍执政。事实证明，澳门落实了爱国者治澳的原则，爱国者在管制队伍中和社会政治格局中占有绝对的优势，一切妄想搞乱澳门社会稳定的政治力量的图谋都不能得逞。

第二，爱国者治理有利于积极促进经济发展。政治稳定有利于政府集中精力谋发展，提高行政效率和治理效能。由于澳门实现了爱国者治澳，特区政府的依法施政得到了广大爱国者的支持，特区政府能够排除各种干扰，始终将发展经济、改善民生放在第一位，使得澳门经济取得了跨越式发展，令世界瞩目。

爱国者治澳原则在澳门的落实

（一）爱国爱澳社会政治基础的形成

虽然在 16 世纪中叶以后澳门被葡萄牙逐步占领，但是，澳门同胞和祖国的联系从没有中断。随着历史的发展，经历了重大历史事件的考验，关系日趋密切，不仅没有离心离德，相反，向心力和凝聚力不断增强。抗日战争时期，在中华民族面临生死存亡的关键时刻，澳门同胞参与了全民族抗战。在中华人民共和国成立初期，澳门同胞积极支援国家的建设，为打破西方的封锁做出了努力。在国家进入改革开放时期，澳门同胞积极响应国家的号召，回到自己的故乡投资发展，为国家的现代化建设作出了贡献。在国家恢复对澳门行使主权上，坚定地支持回归，拥护"一国两制"。可见，澳门同胞在反对殖民统治的历史进程中，敢于斗争，维护民族的尊严，在国家的支持下，发展爱国爱澳的力量。事实证明了澳门同胞与祖国关系紧密相连、血浓于水的鲜明特征。

第一，澳门同胞具有对中华人民共和国和中华民族的高度认同感，从而建立了澳门与祖国不可分割、不可分离的牢固关系。澳门同胞是中华民族的一份子的观念扎根于心，造就了国家对澳门同胞有很强的影响力。这为澳门回归祖国、国家对澳门恢复行使主权奠定了坚实的社会基础，形成了澳门居民盼回归、迎回归的局面。

第二，在澳门的社会治理中形成了爱国爱澳社团的自治。中华总商会、工人联合会、妇女联合会、中华教育会等社团在一定程度、一定范围内发挥了自我管理的作用。澳葡政府在很多事务上要与这些社团合作管理，逐步发展和形成了澳门社团政治的格局，为爱国爱澳社团参与社会的治理提供了条件。当澳门的立法会可以有直选和间选的议员，爱国爱澳社团积极参与选举，产生了自己的代表，进入了管治的体制内，锻炼了人才，积累了经验，并能影响和左右澳门政治的发展，最终爱国爱澳力量成为占据社会的主导力量，成为社会的政治基础。

澳门特别行政区成立后，由于历史所形成的爱国爱澳的价值观深入人心，爱国爱澳的优良传统不断地发扬光大，薪火相传。在各类各级学校，在社会各个领域，爱国爱澳的教育顺利展开，年青一代对国家有了更进一步的了解和认识，爱国爱澳者光荣成了社会的风尚，保证了爱国爱澳者始终牢牢掌握管治权。虽然一些政治势力也想内外勾结，外部政治势力也想渗透澳门，但都没有得逞和撼动爱国爱澳的力量。

（二）爱国爱澳管治队伍的建立

中葡关于澳门问题联合声明签署后，澳门进入了过渡时期。为了确保平稳过渡，顺利交接，需要在过渡时期解决相当多的问题。其中公务员本地化和法律（包括司法人员）本地化是最为关键的两个问题。它们不仅影响特区政府能否顺利运作，也事关爱国爱澳者管治的问题。因为在当时澳葡政府的中高级公务员中几乎没有华人，法官和检察官百分之百由葡国委派，没有一个华人。这种现状离"澳人治澳"的要求相去甚远，更谈不上爱国爱澳者治理。

中央政府和澳门同胞将缺乏人才的不利因素转化为参与培养人才的有利因素，在积极推动葡方解决好公务员本地化和法律本地化的工作时，参与其中，推荐和培养中高级公务员和司法人员。最终，在中方参与、葡方合作下，回归之前的中高级公务员中的绝大多数已经由澳门同胞担任。法官、检察官的75%由澳门同胞组成。他们中的绝大多数认同国家，认同中国人的身份，珍惜历史给予的机会，诚心诚意地拥护和实施"一国两制"。可以说，公务员本地化和司法人员本地化做得比较好，奠定了特区管治队伍的新格局，为特区政府成立后进一步培养、选拔、任用、壮大爱国者的管治队伍奠定了基础。

第一，以爱国者为主体的公务员队伍勇于承担，敢于负责。

由于公务员队伍以爱国者为主体，在维护特别行政区的宪制秩序方面，对于一切挑战特区宪制秩序的行为坚决制止。如一些反对派搞所谓的"公投"、搞所谓支持动乱的集会、搞所谓针对国家根本制度的污名化的集会，政府及有关部门不予批准。在尊重和维护中央管治权方面，服从中央的领导，积极配合中央的政策，主动融入国家发展。如执行全国人大常委会通过的决定，提出选举办法修改的法案。根据中央的要求，推动经济适度多元发展，积极参与区域合作。在维护国家安全方面，自觉履行法律责任。如制定维护国家安全法，设立维护国家安全委员会，明确机构职责，加强执法队伍，完善执法程序。在国情教育方面，特区政府的相关部门守土有责，积极开展爱国主义教育。如政府的教育青年局、行政公职局、法务局、法律和司法培训中心，长年累月在宪法和基本法的推广宣传教育和爱国主义教育方面积极作为，不搞所谓的政治中立。

第二，以爱国者为主体的立法会有所为有所不为。

由于澳门立法会始终以爱国者为主体，爱国者占据主导地位。因而，立法会在依法履行职责时，一方面监督政府，另外一方面也能与政府合作，避免出现为反对而反对的局面，影响社会的稳定，影响行政主导体制的运作，影响政府的行政效率。澳门特区立法会运作25年来，爱国爱澳的议员掌握了立法会的主导权，通过了一系列保障"一国两制"实施的重大法律。如履行基本法宪制责任，通过维护国家安全法；根据全国人大常委会的决定，通过行政长官和立法会选举办法；通过修改选举法和宣誓法，落实效忠国家和特区的义务；通过国旗国徽国歌实施条例；等等。绝对不搞立法会与政府对立对抗等行为，不破坏立法会与政府的合作。

第三，以爱国者为主体组成的司法官队伍严格执行基本法，维护基本法权威。

司法官队伍以爱国者为主体，也是十分重要的。法官在审理案件中必须准确理解、严格执行基本法，依法审判。基本法是重要的宪制性法律，如果能对基本法作出正确的解释，有利于"一国两制"实施，避免引起宪制上的冲突。25年来澳门的终审法院作出的一系列重大判决，维护了宪法和基本法的权威，制止了违反宪法和基本法的行为。如制止挑战国家主权、违反特区法律地位的所谓的"民间公投"；制止挑战国家宪制、动摇国家根本制度的集会；制止支持违法目的、煽动社会动乱的集会游行。在维护基本法规定的行政主导的体制方面，明确行政长官依据基本法享有制定行政法规的权力等。

因此，澳门"一国两制"成功实践，关键原因是坚持了爱国者治澳原则，发扬澳门爱国爱澳的优良传统，形成了爱国者为主导的社会基础和爱国者为主体的管治队伍，并通过制定和完善一系列的法律规范，从制度上确保爱国者牢牢地掌握管治权。正是爱国者在"一国两制"实践中掌握了主导权和话语权，对澳门"一国两制"顺利实施发挥了重要作用。

澳门完善爱国者治澳的制度体系

为落实爱国者治澳的原则，需要有一套法律法规，并且根据"一国两制"实践的深入，不断地完善。

首先，澳门基本法从两个方面对爱国者治澳原则作了具体的规定。第一，参政者要拥护基本法。拥护基本法就是要讲法治，维护基本法确立的法律秩序。违反基本法的规定，就是破坏了对爱国者的法律要求。第二，要效忠中华人民共和国、中华人民共和国特别行政区。要讲政治上的忠诚、政治上的伦理及法律上的义务。效忠同样不能停留在口头上，而要表现在行动上。效忠国家和特区，不能损害、出卖国家和特区的利益。

其次，根据基本法的规定，澳门制定了细则性的法律规范。澳门特区通过第 4/1999 号法律《就职宣誓法》、第 3/2001 号法律《澳门特别行政区立法会选举制度》、第 3/2004 号法律《澳门特别行政区行政长官选举法》，细化了相关基本法的规定。随着实践发展的需要，2016 年又修改了澳门《立法会选举法》，明确要求参选人必须签署声明书，声明其拥护澳门基本法及效忠中华人民共和国澳门特别行政区。[①]《立法会选举法》还赋予立法会选举管理委员会对参选人是否具有被选资格进行认定和处理的权限。[②]2024 年对立法会选举法再进行修改完善，将资格审查标准法定化。明确行使审查权的机构是澳门特区国家安全委员会，对国家安全委员会的决定不得提起司法上诉。[③]在修改立法会选举法的同时，2024 年对行政长官选举法再次修改完善。重点完善了行政长官选举的提名人及行政长官选举委员会委员的规定。对选委会参选人要求符合拥护《中华人民共和国澳门特别行政区基本法》，效忠中华人民共和国澳门特别行政区的资格条件，并由澳门特别行政区维护国家安全委员会负责审查。[④]

澳门特区行政长官选举法和立法会选举法对是否拥护基本法和效忠中华人民共和国澳门特别行政区，规定了需要考虑的七种情况，便于操作。（1）维护宪法和基本法确立的宪制秩序。不组织和参与意图推翻或破坏宪法所确立的国家根本制度的活动。（2）维护国家统一和领土完整，不作出危害国家统一和领土完整的行为。（3）不得勾结澳门特别行政区以外的反华组织团体和个人渗透，特别行政区权力机关不参与该等实体组织安排

---

① 澳门第 3/2001 号法律《澳门特别行政区立法会选举制度》第 6 条"拒绝声明拥护澳门基本法和效忠中华人民共和国澳门特别行政区者；或事实证明不拥护澳门基本法或不效忠中华人民共和国澳门特别行政区者无被选资格。
② 澳门第 3/2001 号法律《澳门特别行政区立法会选举制度》第 10 条。
③ 澳门第 8/2024 号法律《澳门特别行政区立法会选举制度》第 33 条。
④ 澳门第 3/2004 号法律《澳门特别行政区行政长官选举法》第 9 条、第 22 条。

2021 年作者宣传"一国两制"的留影

的培训活动或不接受其提供的资助。（4）尊重《中华人民共和国宪法》和基本法确立的政治体制，不得作出恶意攻击抹黑侮辱中国及其特别行政区的行为。（5）尊重宪法和基本法，对赋予全国人大和常委会的职权，不得作出恶意攻击，抹黑诋毁。（6）不得从事危害国家主权及安全的行为。（7）不得支持上述的违法行为，提供协助、便利和支持。

除上述规定外，两部法律还规定，被判不拥护基本法和不效忠中华人民共和国特别行政区之人，五年内提名不被接纳。被提名人和参选人不得有外国议会和政府的成员的身份。

2024 年修改后的澳门《就职宣誓法》第二条及第三条规定，立法会议员须于就职时亲自公开宣誓，其法定誓词包括"必当拥护并执行《中华人民共和国澳门特别行政区基本法》，效忠中华人民共和国澳门特别行政区"①。

正是澳门特区不断完善爱国者治澳原则的法律规范和体系，为落实和保障爱国者治澳提供了坚实的法律基础，从而保障了澳门"一国两制"的成功实践。

（作者系第十三届上海市政协委员，澳门特区筹委会委员。）

---

① 澳门第 4/1999 号法律《就职宣誓法》附件。

奋进新时代
绽放新光彩

——马有恒——

　　今年是澳门回归祖国 25 周年。25 年来，澳门在国家的关心支持下，在宪法和基本法的保障下，全面准确、坚定不移地贯彻"一国两制"、"澳人治澳"、高度自治的方针，落实"爱国者治澳"原则，社会和谐稳定，经济适度多元，民生持续改善，市民的获得感、幸福感和安全感不断增强。特别是中共十八大以来，在以习近平同志为核心的党中央坚强领导下，澳门日益融入国家发展大局，共同参与中华民族伟大复兴新征程，本地生产总值从 1999 年的 519 亿澳门元，大幅增加至 2023 年的约 3800 亿澳门元，人均 GDP 从 1999 年的 122431 澳门元，升至 2023 年的 559495 澳门元。各项事业取得了举世瞩目的巨大成就，谱写了具有澳门特色的"一国两制"成功实践的华彩篇章，澳门这朵祖国的美丽莲花绽放出更加绚丽、更加迷人的色彩。

我出生于1944年，长期居住在澳门，是湖北省政协第七届至第十二届常委，现担任澳门国际机场专营股份有限公司董事会主席、澳门广播电视股份有限公司股东会主席团主席、中国澳门体育暨奥林匹克委员会会长，全程见证了澳门回归祖国25年特别是新时代以来的沧桑巨变。我深深地感受到，国家始终是澳门保持长期繁荣稳定的坚强后盾。"一带一路"建设、粤港澳大湾区建设、港珠澳大桥开通等战略的实施和政策的落地，给新时代澳门的发展带来了重大机遇和翻天覆地的变化。在此，我想以自己工作的领域为缩影，让大家窥斑见豹领略新时代的澳门新风采。

澳门国际机场联通世界各地

澳门国际机场是澳门特别行政区内唯一的机场，启用于1995年，是中国第一个完全由填海造陆而建成的人工岛机场，也是第一个往来两岸之间的台湾旅客转机平台。随着澳门国际机场的不断发展，现已成为粤港澳大湾区交通建设的重要一环。

机场规模不断扩大。从2013年开始，我担任澳门国际机场专营股份有限公司董事会主席，在中央政府和澳门特区政府的支持下，我们按照有关方面的规划要求，高度重视机场基建扩建工作，持续扩大停机坪容量、扩充客运大楼和通用航空设施的承载力，着力完善软硬件设施，增加客货容量，拓展主营业务，促进交流合作，致力创造高效便捷的对外出行环境，提高澳门国际机场的整体竞争力。截至2023年12月底，澳门国际机场已经进驻航空公司25家，开通全球航线48条，每周约800个定期航班。2023年，澳门国际机场旅客量达515万人次，航班升降逾42500架次，货运量达63800吨。未来，机场还将继续实施扩建填海工程，力争为进一步拓展澳门特区发展空间、更好发挥国家赋予的湾区机场功能、积极融入国家发展大局、提升澳门的国际地位作出更大贡献。

枢纽地位不断增强。新时代以来，澳门按照国家赋予的定位，全力打造世界旅游休闲中心，建设中国与葡语国家商贸合作服务平台，澳门国际机场作为通往内地的第一线，航空运输需求发生明显的变化。我还利用自己湖北省政协委员的身份，积极推动澳门国际机场与湖北鄂州花湖机场及顺丰公司的合作。经过多年的营运发展，澳门国际机场已成为祖国和澳门通向外界的重要门户，为人流、客流、服务流进出澳门和祖国内地提供畅顺的运输渠道。澳门国际机场已连续三年获国际机场协会续期"机场健康认证"，连续九年获"机场碳排放认可计划"第二级别"减少"认证，连续两年获国际机场协会颁发"机场客户体验认证"第二级，连续六年荣获亚洲货运物流和供应链"亚洲最佳机场"。

门户功能不断提升。澳门国际机场团队严格遵守国家和澳门特区政府

2013 年 12 月 12 日，作者在澳门国际机场北斗卫星实时沉降监测系统赠送仪式上发言

的管理规范，稳步推动机场建设发展，从多个方面加强机场安保管理、环境管理、营运管理、旅客服务等。2020 年，全球航空运输业都受到了新冠疫情影响，澳门国际机场始终坚持严格管理、规范管理，做好做足各项防疫检疫措施，把守防疫最前线，第一时间在"外防输入"上保护澳门市民和游客的生命健康，最大限度减少其对航空运输业和澳门社会经济的影响。

体育事业蓬勃壮大

在国家的支持下，澳门社会正全力塑造新时代体育旅游盛事之都，打造"体育之城"，持续以全新发展姿态共同建设体育强国。中国澳门体育暨奥林匹克委员会一直致力于传承宣扬奥林匹克精神，通过国际体育舞台为澳门的运动员提供更好的培训和竞技机会，推动澳门体育事业发展，努力不懈推进对外交流的体育工作。我自2009年澳门奥林匹克委员会改组为体奥会之后，一直担任会长至今，坚持为推动澳门特区体育发展尽己所能。

落户澳门的大型体育赛事活动日益增多。澳门于2005年成功举办了第四届东亚运动会，2006年举办了第一届葡语系运动会，2007年举办了第二届亚洲室内运动会，2012年承办了亚奥理事会OCA主办的第三十一届亚奥理事会会员大会。澳门国际马拉松已连续成功举办42年，澳门格兰披治大赛车70年从未停办过，澳门国际龙舟赛颇负盛名。2023年，澳门大型体育盛事达17场，2024年则有望增至24场。2025年，粤港澳三地还将联合举办第十五届全国运动会。大型综合性体育赛事的举办，给澳门创造了大量就业机会，展现了澳门举办大型活动的组织能力，加强了澳门与世界各地体育界的联系，得到了国际体育组织的认同，提升了澳门的国际知名度，在交流与合作中有效促进了综合旅游休闲业及体育产业协同发展。

竞技体育得到高质量发展。我们非常重视培育青少年以及基层的体育参与和发展，为澳门竞技体育打下扎实根基，从事竞技体育的队伍不断壮大。自2010年起，每年与澳门体育局联合举办澳门体育嘉年华活动，让大众感受运动乐趣，借此宣传单项运动，吸纳年轻生力军。澳门优秀运动员在亚运会、世锦赛、亚锦赛等国际赛事上都展现出了澳门体育界的不俗实力。中国澳门体育代表团于1990年在北京首次亮相亚运会（亚运会是澳门运动员能够参加的最高级别的大型综合性运动会），便获得一枚铜牌，这也是中国澳门体育代表团首次拿到亚运会的奖牌。2010年广州亚运会，中国澳门代表团首次获得了金牌。及至2022年杭州亚运会再获一金，中

2007 年，澳门奥林匹克委员会领导与龙狮运动员合照

国澳门代表团在亚运会上总共获得了 3 枚金牌。每次突破都显示着澳门竞技体育水平的进步，作为见证者、推动者，我深受鼓舞。

奥林匹克精神深入人心。我们于 2014 年首设"澳门优秀运动员中银奖学金"，用于奖励大型体育赛事获得优异成绩的运动员，鼓励运动员"更快、更高、更强"，至今已奖励累计 663 人次，奖金额超过 700 万澳门元。于 2012 年起开展"国家金牌运动员访澳系列活动"，邀请国家金牌运动员走进社区、走入校园，分享励志故事，既为年青一代树立榜样和正确价值观，更引领青年深入了解国家和世界体育。访澳系列活动至今已成功举办 13 次，累计邀请到国家奥运金牌运动员 50 人次，活动通过交流互动，宣传了奥林匹克精神，也增强了澳门市民的民族自豪感、国家认同感。我还自 1992 年始，担任澳门体育记者协会会长，带领协会朝着更专业、更国际化的方向发展，先后加入"亚洲体育记者联盟"及"国际体育记者联会"，承办"亚洲体育记者联盟会员大会"等，积极向国际社会宣传澳门体育。2020年，新冠疫情暴发后，我不仅以个人名义向湖北发去慰问信，第一时间带头捐款110万元人民币，还积极组织澳门体育界筹集100万澳门元捐赠湖北。正是友谊、团结等奥林匹克精神在澳门体育界的彰显，找个人也获得湖北省政协授予的"湖北省优秀政协委员"荣誉称号和中共湖北省委统战部颁发的"抗击新冠肺炎疫情先进个人"的荣誉称号。

中华优秀文化广泛传播

澳门广播电视股份有限公司（以下简称"澳广视"）为澳门特区政府全资拥有的公共广播服务机构，今年适逢启播40周年。澳广视为受众提供中文、葡文及英文的多元化节目，亦具备专业广播条件，对国际与社会大事以及节日盛事进行直播。我自2013年起，即担任澳广视股东会主席团主席。在国家和中央广播电视总台的关心和支持下，我们立足澳门"一中心、一平台、一基地"的发展定位，架起中葡文化交流桥梁，讲述大湾区发展故事，展现新时代澳门风采，为推动澳门文化产业发展、促进广播电视媒体的国际交流合作发挥了重要文化服务功能。

澳门民众获取资讯的重要渠道作用日益凸显。澳广视是澳门市民了解社会时事、本地艺术文化、生活资讯等的重要渠道，节目主题多元，能够满足市民的资讯和娱乐需求。我们及时发布各类国际与本地相关新闻报道，直播政府公布政策记者会、立法会全体大会及各项节日盛事，并第一时间发布及时、准确的防灾、救灾信息。不仅提供普通话、粤语、葡文节目，也有英语、菲律宾语、印度尼西亚语等节目，并伴有手语播报，充分体现了澳门国际多元文化城市特色，满足不同受众所需。

讲述中国故事的重要载体作用更加彰显。我们立足粤港澳大湾区，举办各类专题活动，制作特色节目，旨在讲好澳门故事、湾区故事、中国故事。2023年10月，澳广视落地珠三角地区，信号覆盖超过一亿人口，我们将"濠江故事"融入"湾区故事"，让"澳门特色"成为"湾区特色"，让更多观众看到澳门、了解澳门、走进澳门，在促进珠三角大湾区文化的对内对外交流、经济合作中发挥了桥梁纽带作用。2024年1月18日，澳广视珠海记者站正式开幕。它以横琴为基点，面向深合区、大湾区，让观众随着报道走入深合区、大湾区，促进琴澳信息互通，助力澳门融入大湾区及国家发展大局。

国际合作交流的重要平台作用更好发挥。我们紧贴国际广播业界发展的最前沿，持续参与国际广播事业发展，加强区域和国际媒体间的合作。澳广视是"亚太广播联盟"行政委员会成员、"亚太广播发展学会"成员、"国际公营广播机构"筹划委员会成员，多次承办这些国际组织的重要活动，长期参与核心会务，共谋国际广播业界发展。我们已与5家葡语国家电视台签署合作协议，通过制作、播放中葡语言节目，加强了澳门与葡语国家的信息互通，搭建了中国与葡语国家交流合作的平台，以文化交流的方式推动了中国与葡语国家关系的友好发展。我们与中葡论坛（澳门）常设秘书处始终保持紧密联系，将中葡合作项目进行直播或加强推广，并制播澳门旅游休闲特色节目、东南亚语节目等，全力配合澳门打造好"一中心、一平台、一基地"。

传播中华优秀文化的重要功能作用愈加强劲。2019年，中央广播电视总台央视体育频道落地澳门。特别是2020年12月，中央广播电视总台与澳门特区政府签署深化战略合作框架协议，进一步深化了双方的合作。"庆祝建党百年精品节目"、"党的二十大系列精品节目"、《航拍中国——澳门》等一系列优秀节目获中央广播电视总台授权播出，总台还向澳广视提供"2020东京奥运""2022北京冬奥"等重大赛事的转播权。截至目前，中央广播电视总台已授权澳广视在澳门转播中央电视台综合频道、新闻频道、CGTN、体育频道等8个频道，极大丰富了澳门民众的文化生活水平，提高了对党和国家事业取得历史性成就、发生历史性变革的认知。我们还将国家的优秀电视节目译制成葡语版本，并赠予葡语国家同步播出，面向葡语国家讲好中国故事，传播中华优秀传统文化新的时代内涵、时代精神，有效推动中华优秀传统文化出圈出彩。

曾为委员，终身情缘。作为曾连续六届担任湖北省政协常务委员的政协"老兵"，虽已圆满完成政协履职生涯，但我愿意继承和发扬人民政协光荣传统，始终牢记以中国式现代化全面推进强国建设、民族复兴伟业这

2014年，澳门广播电视股份有限公司获特区政府颁发文化功绩勋章

个新时代新征程的中心任务，立足本职工作岗位，奋进新征程、建功新时代，为新时代澳门铸造新辉煌、展现新光彩贡献自己毕生力量。

（作者系第七至十二届湖北省政协常委，澳门国际机场专营股份有限公司董事会主席，澳门广播电视股份有限公司股东会主席团主席，中国澳门体育暨奥林匹克委员会会长。）

我参与中国国际应急医疗队（澳门）赴非洲执行抗疫任务

————柯量————

支援非洲的抗疫使者

在国家卫生健康委员会的支持与带领下，澳门特区政府卫生局与消防局组成的中国国际应急医疗队（澳门）于2019年成功通过世界卫生组织的认证，成为继上海、广东、四川和天津医疗队之后我国第五支通过认证的国际应急医疗队。

这支医疗队具备独立开展国际应急医疗工作的能力。他们的设施标准配置占地面积约3600平方米，配备了41顶大小帐篷和630件以上的物资，包括水、电、生活、废物处理、交通运输和电子网络通信等自给自足的能力，可以独立完成 14 天的野外临床医疗工作。医疗队提供门诊和急诊护理服务，包括妇科和儿科等重要医疗保健需求。预计每天能够处理 100 人次以上的门诊患者，并提供抢救治疗。此外，医疗队还配备了短期留医观察区和传染病隔离病区。

2020 年 5 月 14 日至 6 月 11 日，澳门国际应急医疗队参加了中国政府抗疫医疗专家组，前往非洲的阿尔及利亚和苏丹，为当地抗击新冠疫情提供支持。这是澳门应急医疗队组队并通过世卫组织认证后首次赴海外执行任务，也是"一国两制"下特区参与国家对外事务的成功探索和实践。作为医疗专家组的副团长之一，我全程参与了这次任务。

国际抗疫任务物资装备准备

记得当收到国家以及特区政府有关部门的初步意见，同意澳门以中国国际应急医疗队（澳门）的名义加入中国国际抗疫医疗专家组奔赴非洲执行国家统筹的国际抗疫合作任务的那一刻，可能由于之前曾经在世界卫生组织卫生应急司参与各种国际卫生应急任务，我脑子里的国际应急医疗任

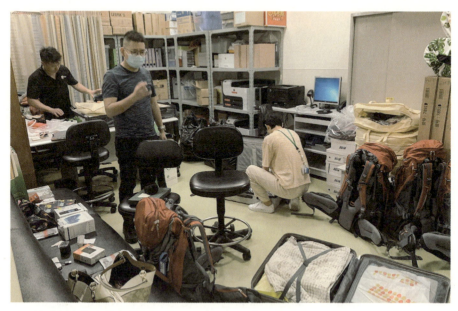

国际抗疫任务物资装备整理

务工作计时器立刻启动，瞬间在脑子里就建立起一个完整的工作框架，运用之前积累的工作经验，快速制定各阶段的核心工作任务和方法、人员分配以及任务时间节点，然后迅速地与队员召开了第一次内部工作任务以及分工会议。出发前的具体任务分为资讯统筹协调、行动预案、物资后勤保障以及对外联系协调四项。当时的时间还是比较紧迫的，从收到任务通知到出发只有两个礼拜左右的时间。因此，这四项工作必须同时进行，而且四个工作模块都必须保持密切的联系和沟通。

与世界卫生组织密切沟通

我一直与曾经任职世界卫生组织卫生应急司国际应急医疗队秘书处原同事保持着密切联系，经常围绕疫情防控和国际疫情动向进行技术层面的沟通。一天，秘书处原同事突然发来信息，告诉我中国将会派出世界卫生组织认证的医疗队伍前往非洲开展国际抗疫工作。我记得当时从与他的交谈中经常听到世界卫生组织非常需要有国际认证资质的医疗队能够前往有需要的国家开展疫情防控经验分享与提供物资资源等国际抗疫合作，共同应对此次席卷全球的疫情。当时，从与世界卫生组织的同事的电话沟通中能够听出他们对中国此番决定和行动发自内心的赞赏和支持，同时也非常渴望国家在条件允许的情况下能够进一步加大国际抗疫合作的力度。他们多次问我澳门作为世界卫生组织认证的队伍，是否有机会也参与国际抗疫合作，为有需要的国家与人民提供支援和帮助。在我得知此事后，第一时间与时任澳门卫生局局长李展润报告了此事，详细汇报了世界卫生组织的有关动向等情况，以及澳门医疗队目前的状态与能力。李展润局长听后十分重视国家与世界卫生组织的有关行动，积极主动地与国家卫生健康委员会国际合作司港澳台处取得联系，了解国家在国际抗疫合作方面有关工作后，在特区政府的支持下，主动向国家申请希望能够参与有关国际卫生应急任务，服务国家所需，发挥澳门所长。

与联合国驻当地机构和国际组织建立联系

在收到参与中国国际抗疫医疗专家组任务的通知后，除了在澳门本地如火如荼地开展物资以及有关技术预案的准备工作以外，我第一个反应就是必须与世界卫生组织驻当地办事处以及其他与医疗有关的国际组织建立起联系，目的主要有两个：一是可以通过协助当地抗疫工作的国际组织更加清楚地了解当地疫情的现况、需求、难点以及听取有关的意见建议；二是为本次国家派出的医疗专家组与国际组织建立起初步的沟通联系渠道，计划抵达当地后进行面对面技术层面会议的有关安排。由于非洲区对我来说相对陌生，之前更多时候都在欧洲区、东南亚区与西太区开展工作，因此在世界卫生组织同事的大力支持与协助下，取得了世界卫生组织驻阿尔及利亚和苏丹代表处的卫生应急官员和联合国驻当地儿童基金会项目官员及无国界医生组织驻苏丹办事处主任的联系方式。在出发前，我分别向这四方致电，详细说明这次中国国际抗疫医疗专家组的任务目的，希望能够借助此次机会提供力所能及的支援，与两国人民共同应对新冠疫情。世界卫生组织驻当地代表处与无国界医生组织听后都非常敬佩中国在当时疫情情况不明朗、抗疫物资匮乏、缺少统一应对方法的状况下开展此次国际抗

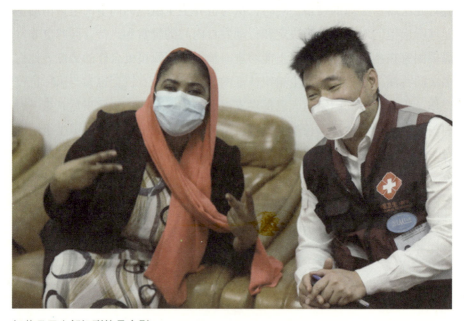

与苏丹卫生部门联络员合影

疫交流合作。

世卫组织专家安涅特博士和儿童基金会专家阿兰博士对中国在国际抗疫合作中对世卫组织的支持表示感谢，表示中国的抗疫成就令人钦佩，中国同事的讲解给他们留下了深刻印象，增进了对中国防疫抗疫经验的了解，中国有许多方面值得苏丹学习借鉴。世卫组织驻苏办事处愿意与专家组分享苏丹疫情信息，希望借助中国的经验帮助苏丹政府和人民早日战胜疫情。

澳门仁伯爵综合医院急诊科杨佩仪医生从学生时代就已经立志像无国界医生那样，为偏远地区有需要的人提供医疗服务、减轻他们的病痛是她选择医学专业的初心。毕业后她在澳门公立医院工作，坚守岗位，救死扶伤，也因此一直没能到更远的地方实现她的"无国界医生"梦。6月4日上午，杨佩仪一行来到"无国界医生"在苏丹的总部，与他们交流防疫经验。杨佩仪与队友们希望在苏丹停留的短暂时间里，尽自己所能把所学到的知识和经验分享给苏丹人民。

抗击疫情经验分享，成为双方沟通桥梁

专家组从地中海沿岸的阿尔及利亚到青白尼罗河畔的苏丹，为了完成任务在非洲大陆奔波辗转数千公里。我们与当地政府部门、医疗单位、基层社区、中资机构以及有关国际组织广泛沟通，通过实地走访、座谈交流和视频连线等方式，为当地带去了急需的防疫物资、诊疗经验和技术指导。

作为交流的主讲嘉宾，我以《中国的疫情防控经验：重庆和澳门的实践》为题，分别向阿尔及利亚和苏丹国家政府卫生部门全面介绍了中国的公共卫生体系、预防控制措施经验、中西医结合治疗方法等。这次交流取得了很好的效果，让人耳目一新。为了更好地让两国深入了解这次专家组所带来的经验分享，我们决定把我们在应对预案、应对部署原则与理念、应对过程中的难点与解决问题的建议和意见翻译成一套英文版，提供给两国的卫生部门作为技术参考文件。由于这次任务的时间安排相当紧凑，每个国家我们停留都不超过15天，每天的交流任务和走访的医疗机构都相

当多，留给我们处理文件的时间实在有限。基于我曾经参与世界卫生组织国际卫生应急工作的相关经验，这次的技术文件翻译工作以及现场沟通交流由我负责，担任双方的主要沟通桥梁。

记得当我接到需要翻译所有的抗疫技术文件任务的时候，被告知需要在两天内完成一份技术含量相当高的疫情应对方案与建议文件翻译工作。每天除了按计划完成需要开展的线下技术沟通会议以外，还需要抽出大量时间快速完成有关文件的翻译任务。在专家组核心成员以及当地卫生部门联络员的大力支持下，我们尽最大努力完成了所有的文件翻译工作，通过中国驻当地使馆转交给相关的卫生部门，最后获得一致好评，认为我们所提供的材料非常有参考价值。

与我一同参与任务的还有来自澳门卫生部门的陈穗芬、缪智丰和黄官文，他们是澳门疾病预防及控制中心公共卫生传染病技术专家和仁伯爵综合医院的医护人员。陈穗芬、缪智丰和黄官文一同考察了医院的隔离病

无国界医生组织苏丹代表处技术交流会议

房、重症监控室和 CT 检测室，并详细了解了该院的收治流程、检测手段、人力配置以及病房格局。考虑到该院资金和人力资源有限，陈穗芬提出了一些建议，包括扩建临时隔离病房并加设淋浴室，以优化医院管理、降低感染风险，这些建议被院方采纳。

陈穗芬与队员们设计了适合非洲当地的防护知识培训内容，以轻松幽默、深入浅出的方式教育民众，受到普遍欢迎。在 5 月 22 日的两场在线培训会上，陈穗芬与队友对教案进行了大幅修订，提升了网络互动、时间控制和知识传播技巧等方面的效果。这次参与多个机构同步的网上大型培训活动是一个非常成功的尝试，我们得到了很多积极的反馈。

此次任务为期 30 天，抗疫医疗专家组从 5 月 14 日开始，在阿尔及利亚和苏丹两国参访医疗机构 23 家次，深入隔离区 15 次，举行会议 56 次，现场指导 19 次，培训 30 次，培训人数 5400 人，6 月 12 日顺利完成任务回国。执行任务过程中，澳门队员与重庆市的医护同仁团结协作，分工负责、连续战斗，体现出过硬的专业素质和无私的奉献精神，生动诠释了医者仁心的职业精神，中非患难与共、守望相助的兄弟情谊以及"一国两制"的强大生命力和优越性。

（作者系第十四届北京市政协委员，澳门特别行政区卫生局高级技术员。）

情满濠江　维宪护法

——王禹　口述　田峰　整理——

　　我 2003 年北大博士毕业后来到澳门工作、生活，至今已整整 20 年。澳门回归祖国后，经济快速发展，社会和谐，政治稳定，民生改善，彰显了"一国两制"的科学性和巨大生命力。我在澳门长期从事宪法、基本法与"一国两制"研究，用自己专业所学也做了一些事情。

澳门初体验

　　我在北京大学读了宪法学与行政法学专业的硕士、博士，导师是肖蔚云教授。他曾参加过宪法 1982 年修改，香港基本法、澳门基本法的起草和香港、澳门回归工作。澳门回归后，澳门科技大学成立，请肖老师过来担任法学院院长。法学院排了很多课程，外国宪法的课还没找到合适的授课老师，肖老师想到了我。记得好像是冬天，他一大早从澳门给我打电话，希望我来澳门授课，但同时又担心我博士论文写不好，让我考虑一下。当时澳门刚刚回归没几年，我还没去过，况且有肖老师在身边，可以指导我写博士论文，一举两得，何乐而不为呢？

2003 年 2 月，我第一次踏上澳门的土地。这里地方虽小，却"五脏俱全"，让我充满了新鲜感。澳门科技大学的外面都是海，金沙娱乐场那时还没有，街上的人很少，房价低，公交车也空，整个澳门很宁静。讲了两个月的课后，我回到北京，正好碰上"非典"。肖老师则是北京、澳门两地跑，在澳门待 3 个月，再到北京待 3 个月。肖老师当时也没与我谈以后要不要留在澳门发展，就把我澳门科技大学下学期的课程全部排上了。我本来联系了浙江大学，想去读文学博士后，研究魏晋南北朝和隋唐文学。浙江大学法学院孙笑侠院长建议我文学博士后在中文系读，同时在法学院授课，就帮我联系了人文学院。既然肖老师把我在澳门科技大学的课都排上了，文学博士后的梦想便就此止步了。2003 年 9 月，我第二次到了澳门。

2005 年 2 月，肖老师在澳门去世。当时我还是想回内地，又联系了内地的几家单位，但因为种种原因未能成行。

2009 年，澳门理工学院成立"一国两制"研究中心，在中心主任杨允中教授的帮助和推荐下，我应聘到澳门理工学院工作。2016 年，中山大学成立国家高端智库粤港澳发展研究院，北京大学饶戈平教授向刚刚卸任中山大学书记而转任粤港澳发展研究院院长的郑德涛先生推荐了我。2017 年 3 月，我作为中山大学"百人计划"引进人才，从澳门到中山大学工作。郑德涛书记有教育家的胸怀和视野，对我在广州的工作和生活给予了极大的关心和帮助。

朋友都说我有先见之明

自 2003 年到澳门后，我一直从事宪法和基本法的研究、教学和宣传推广工作。基本法是"一国两制"的法律化和制度化，被邓小平称为"具有历史意义和国际意义"的"创造性杰作"。但是，基本法本身是根据宪法制定的，必须将其放在中国宪法的框架中去理解。不能只从基本法本身来讲基本法，或者只从中英、中葡联合声明来讲基本法。当时在"一国两制"实践中，宪法的重要性没有引起足够重视。政府部门只是把基本法印出来免费派发，没有派发宪法；许多人有意或无意撇开宪法、不谈宪法，甚至认为宪法在港澳没有法律效力。要知道，制定基本法的法律依据是中国宪法，而不是联合声明。联合声明是中国政府根据中国宪法与英国、葡萄牙谈判签订的。中国政府在联合声明中宣布十二项基本方针政策及附件一的具体说明，是制定基本法的政策依据。因而，宪法是根源，不能舍本逐末。2008年我创办濠江法律学社，就把宪法和基本法放在一起印出，免费向社会派发。2014年6月，国务院发表《"一国两制"在香港特别行政区的实践》白皮书，明确提出宪法和基本法共同构成特别行政区的宪制基础。后来有朋友对我说，"王禹，我们当时都不理解你的做法，现在看来，你走在了前面，真是有先见之明啊！"

"一国两制"实施以来，尤其在香港，有关对基本法如何理解和解释的争议不断。2019年6月香港发生"修例风波"，进而导致"黑暴"社会动荡，严重践踏法治和社会秩序，严重危及香港繁荣稳定，严重破坏"一国两制"底线。这揭示出在港澳社会必须重视宪法，必须将基本法放在宪法下去解释，必须将宪法和基本法作为一个整体去理解，必须不断研究和推进宪法和基本法在特别行政区实施的制度机制，维护宪法和基本法共同确立的特别行政区宪制秩序。

2014年11月，全国人大常委会将每年的12月4日设为国家宪法日。2014年至今，我每年带领浙江法律学社举办国家宪法日活动。2016年，我参与发起创办澳门法律工作者联合会，宣传推广宪法和基本法是其中一项重要任务。2019年，我创办澳门创新发展智库，将宪法和基本法在特别行政区实施的制度和机制建设作为重要研究方向。

2019年12月，我被任命为全国人大常委会澳门基本法委员会委员。澳门基本法委员会是全国人大常委会下设的工作委员会，在全国人大常委会发回特区立法机关法律、增减列于附件二的全国性法律、解释基本法及基本法修改议案在列入全国人大议程前提出意见。澳门基本法委员会由内地和澳门各 5 人组成。澳门委员由行政长官、立法会主席和终审法院院长联合提名，报全国人大常委会任命。当我在庄严肃穆的人民大会堂，从栗战书委员长手中接过任命书时，顿时感到一份沉甸甸的责任。2022 年中山大学 5 年聘期届满后，我来到澳门大学法学院任教。

《澳门赋》的前世今生

弘扬传统文化，是实现中国梦的一个重要组成部分。2008 年，《光明日报》珠海站记者杨连成在澳门科技大学偶然看到我写的线装诗集《焚诗集》和《而已集》。他对教务长陈乃骥提出，《光明日报》正在全国开展百城赋的征集活动，《澳门赋》还没有找到合适的作者，希望我能接下此任务。第二天陈乃骥教务长找到我，我起初不敢答应。我学法律出身，创作《澳门赋》对我来说是前所未有的事情。在陈乃骥教务长和杨连成记者的一再鼓励下，我决定试试。接下任务的前 3 个月，我一方面买了不少辞赋理论方面的书籍，并向当时还在澳科大工作的好友卢康华博士请教古典文学理论和知识，潜心学习，另一方面努力学习古人的佳作名篇，尤其对汉代大赋中的代表性作品，反复研读，认真汲取前人智慧。之后，我又花了 3 个月，认真研习澳门的历史和文化。

创作《澳门赋》，首先必须将"澳门"两个字的来龙去脉掌握清楚。"澳"是港湾的意思，澳门半岛原称"濠镜澳"。关键是"门"如何理解。"门"之名有三说：一说，澳门半岛有南北两山，相对如门，故谓澳门。二说，澳南有水道纵横相交，曰"十字门"，合"濠镜澳"及"十字门"名曰澳门。三说，门原指建筑物出入口，延伸为关塞要口，珠江出入海口亦多称"门"，如虎门、斗门、江门等。2008 年 12 月 20 日我在《光明日报》发表《澳门赋》时，原作"湾而可泊者为澳，四屿离立然成门"。后经反复研究，我改为"湾而可泊者为澳，海之出入然成门"，理由如下：其一，澳门经过不断的填海造地，两山相对如门之形已不复存在，第一说不成立矣。其二，第二说指门为十字门，然十字门之门，亦为海之出入口焉。其三，1887 年《中葡里斯本条约》规定葡萄牙永久管理澳门及属澳之地，葡萄牙以大小横琴为属澳之地要求划给他们，中国政府坚决反对，拒绝划界。若以澳门之门为十字门，则大小横琴包括在澳门内而应划给葡萄牙，这与中国政府立场相悖。此第二说不成立之佐证也。遂取第三说。

我边学习边创作，边修改边完善，其间还曾向北京大学朱良志教授和张珊博士请教。《澳门赋》采用汉大赋的主客体问答形式，通过"罗山"和他的影子"而已君"对话，以"澳门虽小而大"为主旨，勾勒出澳门的地理、历史、文化和"一国两制"，并将博彩业、历史城区和人文景观以及澳门回归后的各项发展成就囊括其中。整个创作过程历经一年时间。这也许是冥冥之中有注定，给我一个圆文学梦的机会吧。

已故澳门著名书画家陈志威老先生擅长山水、人物、花鸟、书法、金石及古典书画篆刻，2015年老先生将《澳门赋》以楷书写成书法作品，由4个条幅装接而成。现在这幅《澳门赋》就挂在澳门科技大学的图书馆四楼墙壁上。

创作《澳门赋》后，我又应邀相继创作了《永嘉场赋》《广州小蛮腰赋》等作品。疫情期间我还仿照王国维的《人间词话》，创作了诗学作品《论诗人》。

"给澳门一个机遇，创横琴一个奇迹"

2021年9月，《横琴粤澳深度合作区建设总体方案》（以下简称《总体方案》）出台。该月《南方都市报》就《总体方案》对我进行专访，我将方案概括为一句话："给澳门一个机遇，创横琴一个奇迹。"建设横琴新区的初心就是为澳门产业多元发展创造条件。《总体方案》既为珠海的发展带来了新的契机，也给澳门的多元发展提供了空间和平台，为澳门迈入加快发展阶段、丰富"一国两制"实践注入了新动能。

《总体方案》实施两周年后，横琴粤澳深度合作区逐渐进入澳琴深度融合期，无论是经济领域还是民生领域，都有令人耳目一新的变化。我还参加了横琴"澳门新街坊"项目的一些工作。"澳门新街坊"是汇集优质居住空间、商业、教育、医疗、社会服务的大型综合性民生项目，配套设施齐全，延伸澳门标准的公共服务，营造趋同澳门的生活环境，将为澳门居民在横琴粤澳深度合作区安居乐业提供更便利的条件。当前，新街坊项目 4000 套住宅单位已全部落成并顺利开售。

我到澳门已整整 20 年。这 20 年里，我见证了澳门的发展变化。现如今，粤港澳大湾区建设正如火如荼地开展，澳门与内地的交流越来越多。我曾经说过："没有祖国的强大，就没有澳门的回归；没有'一国两制'在澳门的成功实践，就不会有澳门今天的发展；'一国两制'给澳门带来了稳定和繁荣。"

澳门在中西文化早期交流，乃至中国历史和全球历史中占有独特而重要的地位。我在《澳门赋》里写道，"宁静深旨，其为微型城市；超拔激荡，却走宏大叙事"。澳门"一国两制"的成功实践和取得的巨大成就，不仅说明了中国特色社会主义的生命力，也是中国式现代化和民族复兴伟大事业的重要组成部分和有力见证。正如我在《澳门赋》里所说，"澳门虽小而大""其小其微，其大其宏也"。我相信祖国和澳门的明天会更加美好！

（作者系第十三届浙江省政协委员，全国人大常委会澳门基本法委员会委员，澳门大学法学院教授。

整理者：田峰，浙江省政协文史编辑部副总编辑。）

澳门岁月

——胡子俊——

"你可知 Macau，不是我真姓，我离开你太久了，母亲……"这段熟悉的旋律，是由闻一多作词、李海鹰作曲、容韵琳演唱的《七子之歌》。今年已经是澳门回到母亲怀抱的第 25 年了！

1999 年是澳门历史上的重要年份，是澳门回归祖国怀抱的纪念年。回想当年我还是个懵懂少年，2019 年 12 月 19 日回归的点滴依旧清晰如初，电视直播的"驻澳部队进驻澳门欢送大会"，贴满迎接澳门回归标语的大街小巷，随着雄壮的国歌声，五星红旗和澳门特区区旗冉冉升起，澳门回来了！

澳门回归以后，澳门特区政府坚定不移地贯彻落实

"一国两制"方针。澳门经济在"一国两制"方针的指引下和中央政府的关怀下快速发展，澳门由一个小渔村、弹丸之地，渐渐成为国际知名、有"东方拉斯维加斯"之称的国际城市。

有赖于中央政府的大力支持，澳门经济的发展得以享受内地经济发展的巨大福利，促进澳门经济持续快速增长。例如，2009年澳门大学顺利迁建到珠海横琴岛，加深了澳门与内地的教育与文化交流；2017年，澳门受台风"天鸽"的巨大打击，中央驻澳门部队出动官兵约千人帮助澳门抢险救灾；2019年签订的《〈内地和澳门特别行政区关于对所得避免双重征税和防止偷漏税的安排〉第四议定书》等政策的实施。同时在特区政府的带领下，澳门居民生活不断改善，社会和谐稳定，也有了更多与内地对接交流的机会，令我们加深了对祖国的认识。

作为一名澳门青年，我生逢其时。2013年，我完成学业回澳接管家族事业，父辈们在"一国两制"方针的指引下，2009年呼应内地招商引资政策，同时也看好内地发展前景，家族事业在内地的布局也渐渐扩大，特别是于广西落地多项投资项目（如河池·澳门国际城综合项目），积极融入国家发展大局。

在父辈的教导下，我全力投身工作及社团事务，通过对祖国不同地区的考察，参与不同的国情研习班，深刻领会习近平新时代中国特色社会主义思想的内容、目标和意义，了解党的历史、国家政策等，并将其作为行动指南。先后有幸成为中国人民政治协商会议广西壮族自治区河池市政协澳区委员、常务委员；逐步提升个人政治素质，于2023年担任中国人民政治协商会议广西壮族自治区委员会澳区委员。

以习近平同志为核心的中共中央，实施多项惠澳政策，支持澳门参与粤港澳大湾区、横琴粤澳深度合作区建设，融入"一带一路"、"十四五"规划等国家发展战略。结合社会实践及父辈"倾囊相传"，坚持初心创新思维，紧贴国家发展策略，家族事业于2015年开始涉足科创行业。作为澳门的一份子，也积极响应澳门绿色金融政策的号召，贯彻地方金融局政策的实施，开展融资租赁行业，参与设立外商股权投资试点企业。希望能尽自己所能，让"不忘初心，砥砺前行"的精神薪火相传。

我们深切感受到国家对澳门的多方面支持和关怀，必须要结合祖国和澳门实际，通过参政议政、建言献策凝聚力量，推动澳门与祖国大陆地区在经贸、科技、旅游和文化等领域开展务实合作，助力祖国以及澳门经济社会的高质量发展。相信在党的领导和党的二十大精神的引领下，澳门能够抓住新的历史机遇，进一步发展腾飞，保持长期繁荣稳定。

（作者系第十三届广西壮族自治区政协委员，澳门广西社团联合总会监事长，广西怡骏房地产开发有限公司董事长。）

积极融入国家发展大局
澳门实现更好发展

——卓重贤——

　　1999 年 12 月 20 日，随着五星红旗在澳门金莲花广场上空冉冉升起，离开祖国 400 多年历经沧桑的澳门终于回归祖国的怀抱。2024 年是澳门回归祖国 25 周年，正如习近平主席所讲，"澳门地方虽小，但在'一国两制'实践中作用独特"。25 年来，作为一位每天都生活在这座小城市的澳门居民，亲眼所见澳门在"一国两制"、"澳人治澳"、高度自治的方针下，经济发展取得了举世瞩目的成就，实现了奇迹般的跨越式发展，成为近 20 年全球经济表现最好的地区之一，向世界展示了具有澳门特色的"一国两制"的成功实践。

经济波动中飞速发展

澳门经济在过去 25 年间，本地生产总值（GDP）从 1999 年的 518 亿澳门元增长至最高时期 2018 年的 4463 亿澳门元，增长了近 8 倍。疫情期间，澳门受严格出入境限制措施的影响，访澳旅客量大减，令澳门本地生产总值大幅缩水。但 2023 年随着经济的逐步复苏，澳门本地生产总值达到 2574 亿澳门元，以人均 GDP 9 万美元，位列美国财经杂志《全球金融》全球最富裕国家或地区排行榜第五位。

澳门能够成为世界上经济增速最快的地区之一，得益于"自由行"等一系列中央惠澳政策的推出、粤澳合作、泛珠合作、横琴岛开发、中葡经贸平台等。澳门能够从过去的一个小渔村发展成如今的世界旅游休闲中心，其中的每一步都离不开中央政府强有力的支持。也正是因为深知澳门有祖国坚强的依靠，我们坚信澳门的繁荣稳定在未来也必定得以延续，祖国永远是我们在这一片土地上安居乐业的定心丸。

融入国家，生活半径逐步扩大

在 20 世纪 80 年代，从澳门本岛到氹仔往返可能都要花上大半日的时间，但现在随着横琴口岸、港珠澳大桥口岸的落成，港澳居民驾车"北上"渐成风尚。在"港车北上""澳车北上"政策的带动下，今年珠海公路口岸车流量月均增长超过 8.1%，呈现阶梯式增长，在珠海可以见到越来越多的澳门单牌车主及家人享受着"一脚油门到广东"的幸福感。基础设施建设方面的互联互通，不仅极大方便了居民的出行，更能让港澳居民扩大了生活圈、了解国家发展情况，增强了对国家的认同感和归属感，是澳门居民融入国家纵深发展的重要体现。

与此同时，与澳门一水之隔的横琴在 2009 年国务院批复《横琴总体发展规划》的总政策方针下，围绕"促进澳门经济适度多元发展"这条主线，横琴粤澳深度合作区在 2021 年 9 月正式成立，合作区被赋予促进澳门经济适度多元发展的新平台、便利澳门居民生活就业的新空间、丰富"一国两制"实践的新示范、推动粤港澳大湾区建设的新高地四大核心战略定位，为澳门青年发展提供更多的机会和更好的平台。合作区成立两年以来，澳企澳资明显增长，澳资企业超过 5000 户，注册资本总额突破 1400 亿元。琴澳和鸣，深合区发展必将进一步扩大琴澳两地高水平对外开放，书写更多湾区故事，构建澳门青年的新家园。

昨夜斗回北，今朝岁起东。过去 25 年，澳门在"一国两制"伟大方针下获得了高速增长。继往开来，我们更加坚信随着粤港澳大湾区合作的进一步深化，澳门将在国家发展大局中发挥自身优势，续写属于澳门特色的"一国两制"新篇章。

（作者系第十三届广西壮族自治区政协委员，澳门广西联谊总会副会长，澳门四方发展集团有限公司主席。）

澳门实施
"一国两制"壮举
"莲花"破蕾绽放

—— 李秀雯 ——

　　澳门——这座曾经飘荡了400多年的小城，如今化茧成蝶、破蕾绽放。

　　以"小而富""小而劲""小而康""小而美"著称的澳门，从漂泊在外的"游子"到回归祖国成立特区，从小渔村到制订五年规划、推进经济适度多元发展，澳门伴随着祖国发展的脉动，努力实现自身的成长与成熟。

　　1999年12月20日，中华人民共和国对澳门恢复行使主权，澳门回归祖国。回归后的澳门实行"一国两制"方针政策，这为澳门的繁荣稳定提供了坚实的政治基础。澳门特别行政区政府积极推动民主发展和政制改革，确保澳门的政治环境和谐稳定。我深切感受到"一国两制"政策的优越性，它为澳门的发展提供了广阔的空间和强大的支撑。

今年正值新中国成立 75 周年和澳门回归 25 周年的双庆节点，澳门有幸把自身发展的命运同祖国的命运有机结合起来，才取得今天的成绩。作为一名"80后"，对澳门这些年的变化，看在眼里、喜在心里。这个年份恰处于一个时代的转折点，见证澳门从回归前的过渡期到如今的繁荣发展。

回归祖国 25 年，澳门的变化有目共睹：从动荡萧条到繁荣稳定、从单打独斗到背靠祖国内地、从小小莲岛到大湾区城市。回归后，澳门社会安定，人民生活也变得幸福安康。如今澳门街道上葡式建筑与中式风格交织在一起，形成　种独特的文化景观。

400 多年间，澳门最大的变化，莫过于回归祖国怀抱，成立特区，真正落实"一国两制"、"澳人治澳"、高度自治，澳门人从此当家作主。

对澳门来说，25 年不乏困扰，历经"非典"疫情的冲击、金融危机的震荡、天灾的重创、三年新冠疫情的打击；但因为澳门与内地一脉相承，使得澳门成为一个安居乐业的地方，也使得澳门在金融、经贸等领域更具竞争力。68 万澳门人的齐心合力，定然能推动澳门走向更辉煌的明天。

2019 年 2 月发布的《粤港澳大湾区发展规划纲要》，为澳门提出更明确的定位：建设世界旅游休闲中心、中国与葡语国家商贸合作服务平台，促进经济适度多元发展，打造以"中华文化为主流、多元文化共存的交流合作基地"，即"一中心、一平台、一基地"。包括香港、澳门和珠三角九城市在内的粤港澳大湾区，给澳门带来巨大想象空间。

2003 年 10 月 17 日，中央政府与澳门特区政府签署了 CEPA，开放内地居民赴澳门个人游，使大量内地游客涌入澳门，澳门的繁华程度日益提升，街头巷尾都充满活力。澳门迎来新的发展契机，各个行业都开始蓬勃发展，尤其是旅游业和酒店业。

作为微型经济体，"小"是澳门发展的最大瓶颈。2009 年国务院将横琴规划为"一国两制"下探索"粤港澳合作新模式"的示范区，大大开拓了澳门的发展空间。随着《粤港澳大湾区发展规划纲要》《横琴粤澳深度合作区建设总体方案》印发，澳门也加速搭上国家发展这班快车。2009 年澳门大学迁址珠海横琴，同年港珠澳大桥也正式动工。粤澳深度合作如火如荼，优质科技企业纷至沓来、四大重点产业谋篇布局、多重政策优势叠加，横琴粤澳深度合作区的建设为澳门融入大湾区建设、国家发展大局创造重要条件，也为澳门资本参与国家战略投资提供了一个很好的平台。

2014年，我所在的企业成功投得澳门特区政府的文创专案，该专案作为澳门33个粤澳合作产业园专案之一，主导打造一座集国际动漫高端商办、裙楼商业、办公商墅于一体的文化创意地标，配合横琴粤澳深度合作区的发展，促进澳门企业融入国家发展大局。此次经历与过去前辈的摸爬滚打的创业经历相对比，深感适逢这个时代的时机，感受时代进步与国家繁荣。

港珠澳跨海大桥

2018年，港珠澳大桥开通，港珠澳大桥恰如一根"黄金杠杆"，首次实现珠海、澳门与香港的陆路连接，促使澳门融入国家发展大局。今年以来，随着"澳车北上"等政策落地，大大便利了粤、港、澳三地互联互通，通行港珠澳大桥的车辆、人流量不断刷新纪录。澳门正加快推动经济适度多元发展，大桥极大地拓展其产业腹地空间，支持澳门融入国家发展大局，澳门的繁荣与发展有目共睹。回归后，澳门的经济结构更加多元化，旅游、金融、贸易等行业都得到快速发展。这使得澳门的经济实力不断增强，人民生活水平也随之提高。我见证了澳门从小城镇发展成为一个国际化大都市的过程，深感自豪。

2024年3月1日零时，横琴粤澳深度合作区正式实施封关运行。合作区"分线管理"模式有利于打破原有的束缚和壁垒，能够更好地将澳门的单独关税区、自由港、对外联络广泛等独特优势与横琴的空间、资源优势结合起来，加快实现琴澳一体化发展。澳门居民可落户横琴，生活、政策趋同澳门，便于澳门居民落户横琴粤澳深合区生活、工作，加快澳门融入国家发展大局，实现经济适度多元化发展。

横琴粤澳深度合作区是澳门青年融入大湾区发展的新起点和热土，通过多渠道交流、多领域交往，许多生活和工作在这里的澳门青年通过横琴深入了解国家发展，一个个创新创业"梦"在合作区生根发芽、开花结果。同时，他们成为内地和澳门之间交流交往的桥梁，助力澳门更好融入国家发展大局。2024年澳门回归祖国25周年时，特色产业加快发展，科技研发和高端制造产业、中医药等澳门品牌工业、文旅会展商贸高速发展，现代金融增加值占地区生产总值比重大幅提升。二十五载巨变，"一国两制"在澳门生根、成长、绽放，向世界证明这一中国的伟大创举是"完全行得通、办得到、得人心"的！

回首过去，我深感自己生于新中国成立之后这个和平时代、这个特殊的年份是一种幸运。见证澳门从回归前的过渡期到如今的繁荣与发展，这段历史将永远镌刻在我的心中。我相信在未来的日子里，澳门将继续保持繁荣稳定的发展态势，书写更加辉煌的新篇章。

（作者系第十三届广西壮族自治区政协委员，澳门广西社团联合总会副会长，德昌洋行有限公司董事总经理。）

疫情下的澳门：
"一国两制"的庇护

——陈荣华——

2020年，疫情如猛兽般席卷全球，澳门这座繁华的城市也未能幸免。人们惊慌失措，口罩成为每个人的必备之物。然而，在这艰难时刻，祖国的"一国两制"政策为澳门提供了坚实的后盾。

身为澳门居民的我，深刻感受到了这份来自祖国的关爱。当疫情肆虐时，口罩、检测物资和疫苗等关键资源源源不断地从内地运抵澳门。这些物资不仅保障了我们的生命安全，更让我们感受到了祖国的温暖和强大。

在疫情的阴霾下，澳门人民展现出了顽强的斗志和团结的力量。我们严格遵守防疫措施，共同抗击疫情，而"一国两制"政策，则为澳门提供了独特的优势。

在祖国的支持下，澳门特区政府迅速制定了有效的防疫策略。我们与内地紧密合作，共同构建起了严密的防疫屏障。这种团结协作的精神，让我深感自豪和感动。

当时，疫情的冲击让澳门面临前所未有的挑战。然而，在祖国的庇护下，我们逐渐找到了应对之道。"一国两制"的灵活性让我们能够迅速调整策略，应对各种复杂局面。

在疫情期间，澳门积极与内地合作，共同推动经济复苏。我们充分发挥自身的优势，加强与内地的经贸往来。这种紧密的合作关系，不仅让澳门经济逐渐复苏，更为我们的未来发展奠定了坚实的基础。

回首过去的三年，我深感祖国的强大和温暖。"一国两制"政策为澳门提供了坚实的保障，我们在疫情的困境中时祖国挺身而出。这份来自祖国的关爱和支持，让我们更加坚定了前行的信念。

疫情过后，我深深感受到了自己与大湾区之间的紧密联系和无限可能，我决定不再等待，毅然加速融入大湾区，开启新的生活篇章。

首先，我把家人迁到了深圳。这座充满活力和创新的城市，仿佛有一种魔力，吸引着无数的追梦人。在这里，孩子们可以接受更好的教育，家人可以享受更便捷的生活。深圳的繁华与包容，让我感受到了家的温暖和未来的希望。

与此同时，我也开始积极寻求与大湾区的企业和学校合作。我的企业想在更广阔的舞台上发展，就必须与时俱进，与大湾区的优秀企业和学校携手共进。通过合作，我们不仅可以共享资源、互通有无，还可以共同研发新产品、开拓新市场，实现互利共赢。

在融入大湾区的过程中，我也开阔了眼界，见识到了更多优秀的人才和先进的理念。这些经历让我更加坚信，只有不断学习、不断进步，才能在这个日新月异的时代中立足。

展望未来，我充满信心和期待。我相信，在大湾区的这片热土上，我将与更多志同道合的人一起，书写属于我们的精彩篇章。

（作者系第十三届广西壮族自治区政协委员，亚太通用控股有限公司总裁，尚意集团有限公司总裁。）

经济发展

努力推动经济发展擦亮澳门国际大都市的"金名片"

——崔世昌——

　　澳门素有"社团社会"的称号，现有社团数量超过一万个，在推动本澳经济繁荣和维护社会稳定方面发挥着重要的功能作用。在20世纪50年代以前，澳门中华总商会与镜湖医院慈善会、同善堂被澳门华人誉为"三大社团"，至50年代与新创建的澳门工会联合总会组成"四大社团"。早于80年代，本人已积极参与本澳社团工作，并在中总、同善堂服务，深耕会务，推动经济、慈善等方面发展；之后有见澳门将于1999年回归，故以积极参与推进澳门顺利回归的有关工作为己任，先后担任澳门基本法咨询委员会常务委员、土地基金咨询委员会委员、澳门特别行政区筹备委员会委员以及在澳门基本法协进会服务，推广宣传澳门基本法。

今年是中华人民共和国成立 75 周年、澳门特别行政区成立 25 周年。我认为这 25 年，是澳门历史上经济发展最快、民生改善最大的时期，也是广大澳门居民和工商界对国家的认同感、归属感和荣耀感最强的时期。这得益于"一国两制"方针的全面贯彻和精准落实，中央对澳门发展给予大力支持，澳门搭乘新时代中国发展的列车，不断创造新的辉煌，盛世莲花绽放出新的光彩。

在新时代列车"澳门号"行驶的进程中，虽未曾经历波涛汹涌的时刻，但也并非一帆风顺。对我来说，印象最深刻的莫过于新冠疫情给澳门带来的困难和挑战。2020 年初，新冠疫情来袭，澳门经济断崖式下跌。我于 2021 年接掌中总会长一职，在"接棒"之时，正值疫情防控期间，澳门经济复苏前路存有诸多的不确定性。在上任后，我亲自推动了多项会务工作落地，为澳门经济起到"稳信心"作用。如 2022 年初，澳门经济未见起色，在我的倡议下，中总领导层连同 4 位工商金融界议员和 2 位社协执委先后与 112 个团体会员代表会晤，并将商界的意见和建议经整理后呈送行政长官贺一诚、经济财政司司长李伟农，借此更好地向政府反映商界的诉求，发挥建言献策作用。2022 年底，中总出资逾百万澳门元与澳门经济及科技发展局合办了为期 4 个多月的"2022 全城消费嘉年华"活动，以提振内需，为业界纾难解困。2023 年，中总又联合澳门 3 个地区工商团体，在中南区、路氹和北区主办了为期 3 个多月的"社区消费乐悠游"活动，借此进一步吸引居民和游客深入不同社区，有助于加快澳门的经济复苏。每当回忆起这段澳门回归后从未遇到过的艰难时期，我始终深信不疑一个道理，就是澳门有"一国两制"的制度优势，有国家给予的大力支持，困难是一时的，总会过去。

澳门中华总商会十分重视参与"一带一路""中国与葡语国家商贸合作服务平台"等的建设工作。中总下设的策略研究委员会曾就"一带一路""一平台"开展专项的研究工作，包括《澳门中葡平台优势及合作机会研究——新常态下"一带一路"倡议带来的机遇、挑战与应对》《中葡经贸合作发展报告》《澳门参与国家中医药"一带一路"发展研究》《澳门中葡平台与粤港澳大湾区世界级旅游协同发展——基于航空业发展视角》

等。此外，中总策略研究委员会曾举办"中国与葡语国家智库高峰会"，借此探讨智库、"一带一路"与中葡平台等发展。

2023年是国家主席习近平提出"一带一路"倡议10周年，以及中国—葡语国家经贸合作论坛在澳门成立20周年。在此背景下，我认为可借中总庆祝成立110周年的契机，举办"澳门平台助力'一带一路'高质量建设"论坛。作为会庆活动之一，我们邀请外交部驻澳门特派员公署特派员刘显法、北京大学经济学院副院长张亚光担任主旨演讲嘉宾，本澳4所大专院校的专家学者分享经验，探讨澳门作为中国与葡语国家商贸合作服务平台，未来将进一步发挥澳门的平台作用，助力"一带一路"高质量建设。这次论坛，来澳出席中总会庆的近300名世界各地华商与会，有助于讲好"一带一路"故事、"一平台"故事。

2023年，中总举办"澳门平台助力'一带一路'高质量建设"论坛

此外，应粤港澳大湾区企业家联盟、香港中华总商会邀请，我与澳门中总副理事长黄国胜、莫志伟于今年4月7日至10日参加了两会共同组成的柬埔寨商务考察团，赴柬埔寨金边进行考察，分别拜访了柬埔寨首相洪玛奈、中国驻柬埔寨大使王文天、柬埔寨商务部部长郑妮莫、工业科技创新部部长韩万迪，并分别进行两场商贸配对活动。考察期间，我们三位都通过不同渠道向柬埔寨官员及工商界人士宣传及介绍澳门疫后的最新经济情况及发展方向，冀积极发挥澳门作为"一带一路"重要节点的作用。

我相信和深知推动澳门参与粤港澳大湾区、横琴粤澳深度合作区建设，有助于澳门加快融入国家发展大局。因此，在本人的建议下，中总广东办事处于2022年底在横琴设立，这是中总首次在澳门以外区域设立办事机构，为工商界"引进来、走出去"提供服务，助力粤港澳大湾区、横琴深合区建设，推动澳门工商界融入国家发展大局。

2024年4月，中总访问柬埔寨，发挥澳门作为"一带一路"重要节点的作用。图为柬埔寨洪玛奈首相（前排右七）等与香港中总蔡冠深会长（前排右八）以及澳门中总崔世昌会长（前排左九）等合影

特区政府于2023年底公布澳门首个全面系统的产业发展规划，着力落实"1+4"规划，更快更好更务实地推进澳门经济适度多元发展。"1+4"规划绘就了经济多元化的发展蓝图。

回归前，我以会计师的专业，在担任澳门基本法咨询委员会常务委员、澳门特别行政区政府土地基金咨询委员会委员、澳门特别行政区筹备委员会委员—政务小组成员及经济小组成员的过程中发挥所长。在澳葡时期，本人已担任立法会议员，至今已有25年，现任立法会副主席。故此，对澳门政治、经济组成和结构以及澳门的法律，我都比较清楚和了解。

在"1+4"规划的制订过程中，本人以中总会长的身份出席有关咨询会，并在会上呼吁各个商协会多提宝贵意见，共谋经济新发展。澳门的发展，离不开"一中心、一平台、一基地"的定位发展，世界旅游休闲中心是澳门的长板和强项，当前，"1+4"规划的出台，正是着力锻长板、补短板的一个过程。虽然在经济的转型过程中，难免会带来一段阵痛期，但这是一定会发生的。中总同仁将全力以赴支持配合特区政府落实"1+4"规划，助力澳门经济适度多元发展。

2024年5月14日下午，中央港澳工作办公室主任、国务院港澳事务办公室主任夏宝龙考察澳门中华总商会并与企业家代表座谈，听取对澳门经济发展的意见和建议，进行互动交流。当时，本人主持会议并向夏主任汇报中总会务工作，夏主任高度肯定和赞扬中总所做的努力和贡献。夏主任在会上勉励中总要在推动经济适度多元发展、融入国家发展大局、提升澳门国际影响力、弘扬爱国爱澳优良传统这四方面多作贡献，把澳门国际大都市"金名片"擦得更亮。

夏主任的勉励和期许，对中总新发展有着重要的指导作用。事实上，在疫情对澳门的影响不断减轻之际，我不断思考如何更好发挥中总平台的作用，也萌生出疫后在澳门举办一个参会人数较多且具有影响力的大活动——世界华商大会。因此，我将这个想法与本会领导层分享，获得大家的高度认同和肯定，大家一致认为此想法有助于澳门疫后经济发展，也有助于提升澳门国际地位。

所以，中总于2023年底向世界华商大会秘书处申办2025年世界华商大会。现在回想起来，这与夏主任提出的"四个多作贡献"或多或少有所契合，这无形中对我们起到很大的鼓励作用。我们非常期望世界华商大会这项盛事落户澳门，届时将吸引逾3000名世界各地华商亲临濠江，见证澳门在"一国两制"实践中取得的重大成就，宣传澳门营商环境，发挥"内引外联"作用，做好"引进来、走出去"工作，为澳门国际大都市的"金名片"擦得更亮作出中总的新贡献。

（作者系第十四届全国政协常委，澳门中华总商会会长。）

新时代澳门加速融入
国家发展大局亲历记
——何润生——

作为第十三届全国政协委员、第十四届全国政协常委和澳门街坊会联合总会副会长，我有幸亲历了中共中央对澳门发展的关怀和支持。习近平主席在新时代的发展中，始终高度重视澳门事务，提出了一系列关键性的指导方针和政策，为澳门的繁荣稳定奠定了坚实的基础。澳门特别行政区政府及社会各界积极贯彻落实国家方针政策，通过完善法律法规、加强社会治安维护等措施，坚定维护国家主权安全和发展利益。以下是我对新时代澳门加速融入国家发展大局的亲历记述。

要说新时代澳门加速融入国家发展大局的故事，就不得不提到横琴对澳门加速融入国家发展大局的助力作用。

2008 年，受美国次贷危机引发的全球金融海啸影响，澳门以旅游博彩业为龙头的和支柱的经济结构弊端凸显，旅客锐减，博彩业营收下滑，导致次年澳门第一季度经济负增长 12.9%。2009 年 1 月，时任中共中央政治局常委、国家副主席的习近平在澳门考察期间宣布，中央政府决定开发横琴岛，促进澳门经济适度多元发展。澳门人多地少，而横琴人少地多，两地具有很强的互补性。习近平主席强调，建设横琴新区的初心就是为澳门产业多元发展创造条件。横琴的开发极大促进了澳门经济在新时代的转型，为澳门的可持续发展奠定了基础，提供了空间。

为了更好地推动琴澳融合，促进横琴与澳门一体化建设，2018 年 8 月，我和 5 名同事深入横琴实地调查研究当地的发展情况，全方位了解在横琴生活的澳门居民的居住和创业情况，并对琴澳居民关于生活配套设施建设的意见和建议进行了访谈。在调研的过程中，我发现琴澳两地其实还有许多政策没有打通、资源还没有充分利用、社会民生还有待进一步融合。

为此，我忠实履行作为一名政协委员的职责，根据调研结果撰写了题为《关于推进澳门横琴深度合作的提案》（以下简称"提案"），该提案也非常荣幸地获评政协第十三届全国委员会优秀提案。

经济适度多元发展

我在提案中建议进一步强化澳门与横琴的产业合作，充分利用横琴已经建好的办公楼、写字楼空间，通过政策的开放创新如"跨境办公"等，吸引澳门企业到横琴办公，构建澳琴区域协同产业合作创新共同体。

目前，横琴已为暂时不具备在内地注册企业资格、独立开展业务资格的澳门企业"量身定做"，创新推出鼓励澳门企业跨境办公试点政策，鼓励从事除博彩业及内地法律明确禁止的行业以外行业的澳门企业，仅需备案便可入驻横琴跨境办公试点楼宇，无须在横琴办理工商登记注册和税务登记手续，横琴还给予最高每月 70 元人民币 / 平方米的租金补贴。2019 年 3 月 26 日，紧邻横琴口岸的横琴总部大厦作为首个跨境办公试点楼宇正式揭牌，可用于跨境办公的面积超 4 万平方米，首批 10 家澳门企业签约入驻，标志着跨境办公政策的落地，为澳门企业融入国家发展提供了有利条件。

社团发展

作为澳门街坊会联合总会（以下简称"澳门街坊总会"）的副会长的我对中央支持澳门融入国家发展大局的各项惠澳政策深感欣喜，澳门街坊总会积极响应《粤港澳大湾区发展规划纲要》的号召，于 2018 年推动成立澳门街坊会联合总会广东办事处（以下简称"街总广东办"），争做澳门社团融入国家发展的排头兵，街总广东办也成为澳门社团界首批在粤港澳大湾区依法设立的境外非政府组织代表机构。街总广东办的首要使命便是团结澳门居民，融入国家发展。

2019 年 11 月 8 日，街总广东办与横琴政府合作打造的"街总广东办横琴综合服务中心"正式挂牌运营，该中心也是澳门社团在内地开办的首家集社区养老服务、家庭服务、儿童青少年服务、社工培训于一体的综合

2021 年 1 月 20 日，作者到访新设立的澳门街坊总会荷塘服务点参观考察，了解澳门社团在横琴的发展情况

性服务中心。街总广东办依托该中心，推动横琴与澳门在社会服务和社会治理领域的全面共享发展，通过引入澳门标准的"家居照顾及支援服务"丰富横琴的养老服务内涵，促进横琴衔接澳门养老服务及规范。通过"琴澳青年互访计划""打破舒适圈走进新家园系列青年活动""琴澳文化沙龙"，带动澳门青年走进横琴，深入了解横琴就业创业、生活居住、文化体育等资源空间和相关惠澳政策，扎实做好琴澳青年沟通交流的桥梁。截至 2024 年 2 月，中心已为琴澳居民提供各类社会服务超 75 万人次，服务澳门居民超 4 万人次，开展各类文娱康乐及社会工作专业活动超 5400 场。

社会保障和住房事业

我在提案中建议先尽快实现在横琴工作、居住的澳门居民纳入内地社会保障体系，再以合作建设综合民生项目为基础，逐步将澳门的公共服务和社会福利延伸到整个横琴，吸引更多的澳门居民、大湾区居民到横琴就业、创业、生活、学习，使澳门和横琴真正融为一体。

随着《香港澳门台湾居民在内地（大陆）参加社会保险暂行办法》于 2020 年的正式实施，在横琴工作、生活的澳门居民已纳入内地社会保障体系，可依法参加内地社会保险，并享受相应待遇。在街总广东办的积极推动下，澳门街坊总会也与珠海市社会保险基金管理中心签订了粤港澳大湾区首个"社会保险跨境经办业务合作协议"，并在澳门设立了 5 个珠海社保经办点。自此，澳门居民可以足不出澳地办理内地社保业务，极大激发了澳门居民的参保热情。截至 2024 年 2 月，澳门街坊总会已为澳门居民经办珠海社保业务超 10 万人次。将澳门居民纳入内地社会保障体系也极大地促进了澳门民心回归。

2023 年 11 月 28 日，澳门与珠海在横琴合作建设的集养老、居家医疗等功能于一体的综合民生项目横琴"澳门新街坊"正式开启认购，标志着粤澳两地携手合作建设的首个综合民生工程取得里程碑式成果，"澳门新街坊"以两房和三房户型为主，适应澳门居民的住房刚需，切实拓展了澳门居民的优质生活空间。

新时代呼唤新作为，在中央政府、澳门特别行政区政府及社会各界的共同努力下，澳门不断取得的举世瞩目的新成就。我深信在习近平新时代中国特色社会主义思想的引领下，在"一国两制"、"澳人治澳"、高度自治方针的指导下，澳门一定能够谱写出更加辉煌的发展篇章。

（作者系第十四届全国政协常委，澳门街坊会联合总会副理事长。）

初心不改十余载
投身横琴谱华章

——李佳鸣 口述　孙越波 整理——

　　2024 年 3 月 1 日零时起，横琴粤澳深度合作区正式封关运行，标志着这片总面积 106 平方公里的土地进入了发展的新纪元，粤澳深度融合又向前迈出了历史性的一步！作为横琴发展建设的重要参与者和见证者，获知此消息，我心中感慨万千。回首投身横琴建设的十余年心路历程，难以忘怀的往事桩桩件件，浮上心头……

百年企业　投身横琴

　　2014 年 7 月，澳门百年企业殷理基集团与横琴新区管委会正式签订项目合作协议，标志着集团旗下大健康产业项目——"臻林"正式入驻横琴粤澳合作产业园。至此，一个在我心里酝酿了20多年的梦想终于照进现实。

20世纪90年代，从国外归来的我发现，中国人的养老与欧美国家存在很大区别，在欧美，老年人有很多选择，除居家养老外，还可以根据经济条件选择不同档次的养老机构。但当时，无论是港澳还是内地，只有一些很基础的养老场所，大多是政府或慈善机构为孤寡老人提供公益服务的地方，而可供人们自由选择的、高品质的养老场所几乎为零。观察到这种社会需求后，打造一个高品质养老园区的想法开始在我的脑海中萌芽。

当时的澳门还是澳葡政府时期，对于我的提议，他们的回应是"中国老人都是和子女同住，不会选择养老院"，而且，澳门土地资源有限，批地建养老项目很难，这一计划只好遗憾搁置。但这个梦想在我心中从未破灭，因为我相信，随着社会的不断发展、家庭结构的逐步改变以及人们对优质生活的向往，优质养老服务必然会成为社会的未来所需。

直到2008年，我和家人移居北京，埋藏在心中多年的梦想终于有机会实现了。当时中国已加入世贸组织多年，与国际进一步接轨，北京等大城市出现了很多"海归"，大家开始接受更多样的养老方式；而且随着人口老龄化问题日益显现，养老市场也出现了巨大缺口。与此同时，随着生活水平的不断提高，肥胖、"三高"等所谓的"富贵病"越来越多，因工作压力造成的焦虑、失眠等亚健康问题也频频出现，但人们对这些健康问题的重视程度却远远不够。健康是人类幸福生活的基础，做好健康管理和疾病预防，不仅可以服务更广泛的群体，还可以为拥有14亿多人口的中国节省巨大的医疗开支，是利国利民的好事。于是，我决定在北京实现我的梦想，而这个梦想也从只是建一个优质养老园区，变成要打造一个"养生+养老"的多元化大健康产业项目。

正当我在北京怀柔准备设计兴建该项目时，传来了好消息：2009年8月，国务院正式批准实施《横琴总体发展规划》（以下简称《规划》），宣布开发横琴。《规划》明确提出：开发横琴，将为改变澳门经济结构单一的问题提供新的空间，为促进澳门经济适度多元发展和长期繁荣稳定提供有力支撑。此后10年，习近平主席先后4次来到横琴，亲自谋划、亲自部署、亲自推动，多次就粤澳合作开发横琴作出重要指示批示。

这一重大的国家战略对澳门来说是难得的机遇。澳门本身除了有一定资金外，既没有土地资源，更缺少人才，想要实现经济多元发展，仅靠自身很难实现。而横琴与澳门盈盈一水相隔，既可以为澳门提供土地资源，更可以吸引内地的优秀人才。此外，《规划》及相关文件还提出了很多利好政策，如"先行先试、推进体制机制创新、同意横琴实行比经济特区更加特殊的优惠政策"等。横琴管委会也表示要探索一条全新的发展道路、尝试制度创新、全力以赴把横琴建设好。这让澳门各界对横琴的未来充满希望，也对在横琴发展非博彩经济满怀憧憬。

面对这个百年难遇的机会，作为澳门有代表性的百年企业，殷理基集团理应起到带头作用，积极参与横琴的建设。我们深知：澳门的长远发展不能只靠博彩业，必须充分利用好横琴这块崭新的土地，为澳门开辟出一片新的天地。经过慎重考虑，我决定终止北京的计划，把项目搬到横琴。但当时的横琴门槛高、一地难求，入驻的几乎都是央企国企，澳门中小企业很难进入，幸逢 2012 年习近平主席第二次来横琴视察，他再次强调了开发横琴对于澳门经济多元发展的重要意义，并指示要引入更多的澳门企业。

不久，广东省联合澳门、珠海、横琴，成立四地联合审批小组，招募了近百个澳门产业项目进行评比，澳门殷理基集团的大健康产业项目"臻林"以第四名的成绩胜出，成为首批 7 个重点项目之一成功进军横琴！

初心发轫　海岛蝶变

从 2014 年进驻横琴，到 2022 年"臻林"正式开业，我们在横琴一砖一瓦打造"臻林"的同时，也见证了横琴在短短十几年间从一个无人问津的偏僻海岛发展成一座现代化的国际新城。

以前的横琴给我的唯一印象就是"一个吃蚝的地方"，蕉林绿野，村庄寥落，岛上只有一条主干道，居民常年以打捞生蚝为生，从澳门到横琴只能坐船往来。2009 年中央决定开发横琴后，横琴的城市建设才正式拉开大幕。

为了营造与港澳趋同的环境，横琴规划之初就是比照高水平的国际城市来谋篇布局的。在此过程中，横琴管委会做了大量工作，从前期规划设计，到土地整合回收，再到投入建设，严格按照"生态优先、规划先行"的原则，以百年大计来打造一个高水平的、改革开放前沿的国家新城样板。当时，光是各类规划方案就做了50多个，包括城市整体规划、基础设施规划、景观规划、生态规划等，用管委会的话说："当时我们把全世界一流的设计团队都请到了横琴，为横琴做最高水准的规划。"

记得那时，驱车沿着环岛东路一路向前，映入眼帘的是道路两旁尘土飞扬，大型塔吊一个挨着一个，机械轰隆作响运转不停，运输车辆穿梭

在臻林施工现场作者与团队合影

往来，一派建设景象。几年下来，横琴城市面貌焕然一新，当年"荒草鱼塘"的景象早已不复存在，宽阔的道路绵延纵横，高楼大厦鳞次栉比，天沐河畔绿意盎然，横琴到澳门的都市天际线已然连为一体。

城市基础设施建设好了，接下来最重要的工作就是要引进优秀企业，将产业发展起来，而这需要有好政策去支持。但万事开头难，横琴的开发是谁都没有吃过的螃蟹，大家都在探索，我们有理想、有情怀，要把它高水平地做好，最终是不是能实现目标，要一步一步地去实践。多年来，横琴管委会和我们所有参与横琴建设的企业一直在努力向国家争取各项政

策，这一过程中，也确实出现了一些创新性的尝试，但很多我们非常期待的政策依然没有落地。

记得 2015 年，针对澳门企业在内地无法融资的难题，中国人民银行特意在横琴开展了"跨境贷"业务试点，成功帮助我们以内地资产为抵押，从澳门的银行贷到了款，但遗憾的是这个政策后来没有继续实行，而类似这种支持企业发展的好政策，横琴还是有所欠缺的。

一座城市从无到有发展起来并不容易，再加上三年疫情下来，横琴目前还是存在人气不足、产业发展缓慢、支持政策不够的问题，企业在横琴的经营也很艰难。但我们始终没有放弃，特别是作为澳门人，我们明白：澳门的未来在横琴，必须不遗余力地把横琴建设好，才会有澳门的长期繁荣稳定。

2021 年，横琴再次迎来了里程碑事件，9 月 5 日，中共中央、国务院印发了《横琴粤澳深度合作区建设总体方案》；9 月 17 日，横琴粤澳深度合作区管理机构正式揭牌，标志着横琴进入新的发展阶段。翌年 6 月，历经 10 年打磨的"臻林"破茧而出，正式开业，成为深合区"旅游 + 康养"产业的标杆企业。

2024 年 3 月 1 日，横琴正式封关，"一线关、二线关"全面启动，深合区又一次迎来了重大突破。尽管目前"一线放开、二线管住"的政策优

臻林鸟瞰图

越性还没有完全体现出来，但我们相信，这是一个好的开始。未来，琴澳一体化发展的体制机制将更加完善，人员进出高度便利，会有越来越多支持产业发展的突破性政策落地，深合区将真正成为澳门经济多元发展的有力支撑。

肩负使命　任重道远

从 2008 年当选第十一届全国政协委员一直到现在的第十四届全国政协委员，我作为全国政协委员已经履职了 17 年，这是国家给我的荣誉，更是我肩负的使命。作为一名澳区委员，我深刻认识到横琴对澳门未来发展的重要性，因此在过去的十几年里，我一直在坚持不懈地为推动这片土地的发展建言献策。

早在 2009 年全国政协大会发言时，我就建议：促进澳门经济适度多元化、加快横琴岛开发、创新发展模式，等等。十几年下来，在我的数十份政协提案中，与横琴发展有关的占到三分之二，内容涉及"横琴大健康产业发展、建设医疗旅游试点、优化横琴现有土地政策、开放澳门单牌车出入横琴、提升澳门居民通关便利性、横琴管理班子深度融合"等，涵盖了横琴发展的方方面面。

多年来，在国家相关部门来调研时，我始终积极参与、认真发言，如实向有关部门反映问题，努力践行一名政协委员应尽的职责。2016 年，我在全国政协会议小组发言时，反映了横琴缺乏支持产业发展的政策，澳门企业面临融资难、经营难等问题，这份发言得到高度重视，并迅速以快报的形式上报给国家相关部门，国家发展改革委为此专门成立了调研小组来横琴实地了解情况。横琴管委会特意来感谢我说："我们早就想请发改委来横琴调研，但一直没请到，感谢您把他们请来了。"看到自己作为政协委员对推动地方发展建设发挥了一些作用，我也发自内心地高兴。

2023 年，我有幸就任全国政协外事委员会副主任一职。肩负新的使命，我开始努力奔走对接，希望通过国际交流与合作，为推动琴澳两地产业发展作一点贡献。一年多的时间里，我先后邀请卢森堡驻华大使，阿联酋、卡塔尔、沙特等中东各国使节以及瑞士驻华大使和瑞士商贸代表团来琴澳参观访问，探讨未来各方在金融、文化、医疗、低碳科技等领域的合作可能性。

但这些还远远不够，从 1999 年澳门回归到现在，25 年过去了，我亲眼见证了澳门的发展变化：社会和谐，政治稳定，文化多元，经济繁荣，尤其是近几年抗疫，澳门背后有祖国强大的支持，保持了长期稳定的局面。祖国为澳门做了这么多，那澳门可以为祖国做点什么呢？

澳门虽小，但有它的自身优势。正如澳门特别行政区行政长官贺一诚在接受新华社记者专访时指出的："澳门特区政府将更好地发挥背靠祖国、联通世界的优势，落实'一中心、一平台、一基地'建设发展定位，增强国内国际两个市场两种资源联动效应，实现新发展，开创新局面。"当前，国际形势变幻莫测，中国与各国的交往呈现出前所未有的复杂性，澳门可以充分利用国际多元文化交流基地的优势，为国家对外宣传做点事情。

2023 年 12 月，经过我与多方沟通对接，"中国与世界研究中心"在澳门城市大学挂牌成立。中心落地澳门而非北京，就是希望通过澳门这个国际化平台，更深入、更广泛、更客观地向世界讲好中国故事。来自不同国家的专家、学者、民间组织用非中文的语言来公正地介绍中国、介绍澳门，可以让世界看到一个真实的中国，也让全世界知道，在"一国两制"下，澳门得到了很好的发展。未来，我还会依托"臻林"在大健康领域的优势，通过推广中医文化，为中国传统文化在全世界的传播尽一份绵薄之力。

十几年光阴转瞬即逝，有幸见证澳门日益繁荣，有幸陪伴横琴一起成长，有幸能为中国的发展贡献力量。

芳华无悔，初心如磐；任重道远，风雨兼程。我们一直在路上。

（作者系全国政协外事委员会副主任，第十一至十四届全国政协委员，澳门殷理基集团主席，臻林创始人。）

新时代澳门产业
多元发展亲历记
——何猷龙——

澳门是一个充满传奇色彩的地方。在我年轻时的记忆中，澳门是一个两极化十分明显的城市。一方面，澳门是一座简约而朴实的小城，街道狭窄，建筑古老，人们的生活节奏悠闲而宁静；另一方面，澳门又以其垄断的娱乐场而闻名，娱乐场遍地开花，吸引中外旅客到访。那时的娱乐场几乎千篇一律，除了赌桌之外，并无太多其他娱乐设施，总给人一种单调和乏味的感觉。

澳门回归：见证博彩业的规范化

然而，1999年澳门的回归，为这座城市掀开了新的历史篇章。特区政府正式运作，"一国两制"、"澳人治澳"、高度自治的方针政策为澳门注入了新的活力。澳门特区政府开始着手改革博彩业，将其规范化、透明化，让这座城市焕发出新的光彩。2002年，澳门特区政府先后批出"三主三副"幸运博彩业牌照，打破了过去的垄断局面，也标志着澳门博彩业进入了一个全新的发展阶段。新濠集团也有幸成为其中的一员，并获得了其中的一张牌照，迎来了事业发展的新机遇。

博彩业的开放不仅引入了竞争机制，更促使多家综合度假村营运商飞速多方面发展，成为城市的支柱产业，也为澳门的经济社会带来了实质的转变。随着澳门本地生产总值的迅速增长，旅游业也得到了极大的推动，同时也为旅游相关行业如餐饮、住宿、购物等带来了无限商机。中央政府的支持也为澳门的发展注入了强大的动力。个人港澳自由行政策的实施，让更多内地旅客能够便捷地来到澳门，进一步带动了澳门旅游业的爆发式增长。

贡献力量：积极推动澳门娱乐休闲产业发展

回归后，澳门特区政府积极推动经济适度多元发展的策略，我也深深希望澳门能拥有更多合家欢娱乐设施，让每一个家庭的成员都能在这里度过愉快的假期。于是，在2006年，新濠集团宣布投资200亿元人民币，兴建当时亚洲最大的休闲综合体——新濠天地。

在这个项目中，我们打破了传统娱乐场的局限，融入了丰富的非博彩元素。新濠天地更有95%的面积被用于各类娱乐设施和休闲场所。2006年至2009年，新濠耗资人民币20亿元（以当年投资计算）筹建全球最大型的水上会演《水舞间》，当时，很多人都对这项投资投以怀疑的眼光，但她现在已成为澳门的一张名片。我深知这些布局的核心在于促进经济多元、推动非博彩业务发展，并打造澳门成为综合性旅游度假休闲娱乐胜地。因为我相信，这是澳门的需要，也是更长久健康的发展之路。

因此，我们再次迈出坚定的步伐，继续打造汇聚众多精彩刺激娱乐设施的综合体，以好莱坞电影为主题的综合娱乐度假村——新濠影汇于2015年盛大开幕。其中，全球最高的"8"字形摩天轮"影汇之星"矗立在天际，"新濠影汇水上乐园"则是家庭欢乐的源泉，全天候的设置，让大人

《水舞间》演出现场

和小孩都可以尽情享受水上嬉戏的乐趣，加上其他与众不同的娱乐设施，全力响应澳门特区政府旅游业多元化的愿景。

2018年，我们亦成功打造了澳门另一新地标——摩珀斯酒店。这座耗资11亿美元的摩天大楼，出自已故传奇建筑师扎哈·哈迪德女爵士之手，是全球首座自由形态外骨骼结构的摩天大楼，不但是建筑界的杰作，更以其独特的设计为澳门的天际线增添了一抹亮色。此外，新濠集团旗下多家餐厅也连续多年获得"福布斯""米芝莲"以及"黑珍珠"等国际知名评级机构的殊荣，彰显我们为巩固澳门作为联合国教科文组织"创意城市美食之都"地位的决心。

我一直希望，通过我们的不懈努力，澳门能够成为一个真正适合各类人群、全家老小共同享受的旅游胜地，让每一位到访的游客都能留下深刻而美好的记忆。因此，即使在2007年全球金融危机或2020—2023年新冠疫情期间，新濠集团也从未停止发展的步伐，积极推进新项目的建设，为澳门的旅游业注入新的活力。如今，看到来自世界各地的游客在澳门流连忘返，我深感欣慰，因为我们的共同努力得到了回报，澳门现已成为一个充满活力和魅力的旅游胜地，并持续向成为世界旅游休闲中心的目标稳步迈进。

共克时艰：彰显澳门团结互助精神

回归后的日子，澳门并非一帆风顺。我们共同经历了许多考验，从2003年那场突如其来的SARS疫情，到2007年全球金融危机，及2017年那场威力巨大的台风"天鸽"，再到2020—2023年持续不断的新冠疫情，每一次挑战都让我们更加坚定和团结。回想起台风"天鸽"吹袭的日子，狂风呼啸，暴雨倾盆，整个澳门仿佛都在颤抖。但正是在这样的艰难时刻，我深刻体会到了澳门市民之间的深厚情谊和团结精神。作为新濠的一员，我们也迅速行动起来，动员了2000多名员工投入救灾和善后工作。有的员工前往灾区协助清理，有的则负责为受灾市民提供饮水和食物。无论男女老少，无论彼此是否相识，大家都纷纷伸出援手，共同抵御这场自然灾害。每一次的挑战，我都十分感谢及庆幸有政府的引领，让我们能够安然渡过难关，共同战胜困难。

展望未来：共绘辉煌新篇章

回首过去，我深感自豪和庆幸能够成为这个历史时代的一份子，见证并参与了澳门的繁荣发展；展望未来，我坚信在"一国两制"方针的指引下，澳门将继续保持其独特的魅力和活力，成为国际知名的旅游休闲中心。我和新濠集团也将继续为澳门的繁荣发展贡献自己的力量，共同书写新时代的辉煌篇章。

（作者系第十四届全国政协委员，新濠集团主席。）

新时代澳门发展
金融业亲历记

——叶兆佳——

　　我在澳门中银工作了逾40年，见证了多年来澳门中银在不同的历史阶段，被赋予不同的历史任务，始终坚持在商言商、在商言政，发挥自身的作用。尤其是澳门回归祖国25年来，澳门受益于中国经济腾飞、中央惠澳政策落实，收获了举世瞩目的经济成果，澳门中银坚决贯彻落实"一国两制"方针，肩负着主流银行的使命与担当，秉承"根植澳门·服务澳门"的经营宗旨，除了作为特区澳门币发钞代理行外，还肩负着特区政府公库代理行，银行公会主席行，银行同业港元、美元票据清算行及人民币清算行的职责。我从事金融业多年以来，见证了不少具有重大意义的事件。

1995 年，澳门居民到网点兑换由中国银行发行的澳门币钞票

　　1995 年 10 月 16 日，中国银行首次代理发行澳门元钞票，揭开了澳门货币发行史的崭新一页，打破了历史上由葡资银行长期垄断发钞的局面，也是落实我国恢复对澳门行使主权的体现。当时在澳门社会引起热烈关注，居民都到中银排队，换领中国银行澳门币钞票。

　　澳门中银作为国家的银行，作为中资的代表，为了在回归前提振澳门经济，稳定信心，修建了当时具有地标意义的中国银行大厦（大厦于 1991 年落成，成为当时澳门最高的大厦），向外界充分显示了国家对澳门回归的信心、对落实"一国两制"的信心、对澳门未来发展的信心。我记得当时在澳门回归一周年时，江泽民主席亲自来中国银行大厦视察，令我们倍感光荣。

　　在 1999 年澳门回归祖国之际，澳门中银积极投入迎回归的各项重要工作，为促进澳门经济金融平稳过渡和主权顺利交接做出积极努力。我当时已在银行工作一段时间，眼看澳门经济不景、百业萧条、治安不靖，期待回归后，在中央政府支持下，"澳人治澳"，能扭转贫困落后局面，让百姓过上好日子。我记得 12 月 20 日回归当天，天气很冷，但人人热情高涨，我也很感动、很期待、很兴奋，在电视旁观看交接仪式，回银行参加

1999 年 12 月 20 日，澳门中国银行举行庆回归升旗仪式

升旗仪式，在大街上欢迎人民解放军进驻澳门，心情非常激动。

人民币国际化是国家推动金融体制改革、金融市场开放的重要一步，具有重大的战略意义。澳门中银是人民币国际化的积极推动者及贡献者。2004 年 9 月，澳门中银成为澳门特区个人人民币业务清算行，为国家的人民币国际化作出了自身的贡献。2015 年，澳门中银作为人民币清算行，获中国人民银行批准为葡语国家银行同业提供清算服务。中银配合国家战略以及澳门特区的定位，打造葡语国家人民币清算中心。

2008 年，我国第一次举办奥运会。这是全世界的大事，也是我国历史上的大事。当时奥运圣火在澳门传递，是前所未有的盛事，更是国际奥委会、中央政府、北京奥组委对澳门的厚爱，让澳门同胞有机会与内地同胞共同传播奥林匹克理想，共同分享北京奥运会的欢乐与荣誉。我当时有幸成为奥运火炬手的一员，可以传递作为奥林匹克理想最高象征的奥运圣火，令我感到无比荣誉、无比自豪，尤其是当时有 25 万居民和游客在各个火炬传递沿线等候，挥舞着国旗、区旗和五环旗，欢呼声此起彼伏，为中国加油，为北京奥运欢呼。当年中国银行获准发行"第29届奥林匹克运动会澳门币纪念"钞票，这是奥运史上第一次发行的纸币纪念钞票。

结　语

　　我非常自豪祖国发展取得的巨大成就，祖国的繁荣昌盛始终是澳门保持长期繁荣稳定的坚强后盾。我作为澳门金融业的一员，将积极把握机遇，坚守金融支持澳门产业多元发展的初心，支持澳门融入湾区及国家发展大局，巩固澳门作为"一国两制"成功典范的示范作用，为澳门经济适度多元发展实现新作为，迎接中华人民共和国75周年华诞、澳门回归祖国25周年。

　　（作者系第十四届全国政协委员，澳门特别行政区立法会议员，澳门银行公会主席，中国银行澳门分行副行长。）

我与祖国共成长

——蔡明威——

　　沐浴祖国的春风，我担任政协委员已有 11 年。作为一名土生土长的澳门人，我和我的企业深深受益于"一国两制"伟大创举，也深刻感受到，在中央政府和祖国内地的大力支持下，"一国两制"成功实践不断向前发展，呈现出欣欣向荣、勃勃生机的景象。

　　澳门啤酒 1996 年在澳门上市，距今已有近 28 年。28年来，我们见证了澳门回归祖国，见证了澳门逐步融入国家发展大局，实现了澳门经济的腾飞，"一国两制"事业朝着正确方向行稳致远。

　　我 2016 年开始担任澳门啤酒有限公司联席董事长，从那时起，我就奔波在澳门和珠海之间。尤其是 2019 年 2 月

18 日，在澳门回归祖国 20 周年之际，中共中央、国务院印发《粤港澳大湾区发展规划纲要》后，我深知这是一个千载难逢的历史机遇。我们加大投入，在产品创新和渠道创新上发力，2021 年我们开始进入祖国内地市场，同时也在开拓海外市场。为提升品牌影响力，我们在澳门开设首家线下体验馆，公司发展进入快车道。

在做好企业的同时，我们充分利用澳门啤酒这一平台，每年都会安排澳门特区政府部门、中小企业、社团、福利机构等参观我们在大湾区的工厂，让北上的澳门居民亲身感受大湾区发展的新景象，让澳门各界感受到大湾区和国家日新月异的变化。

位于珠海高新区的澳门啤酒工厂一角

记得有一次，我在金湾的工厂接待了一批来自澳门的参观者，他们在参观完工厂后问了我两个问题：为什么我们工厂不见太多的工人？为什么我们啤酒的口感与其他的不太一样？我详细地给他们作了解释：澳门啤酒以澳门城市命名，得到澳门特区政府的大力支持，但为了加快企业发展，融入国家发展大局，我们将工厂搬到大湾区，也加大了生产设备的投入，引进了先进的自动化生产线，实现高品质控制标准，推动工厂转型升级；同时，啤酒的主要原料是麦芽和水，我们工厂水源地既能保证高质量的水源源不断地提供，也选取优质的麦芽，用先进的酿造工艺，确保我们啤酒的品质。

在经济快速发展的今天，我们深知，大湾区的未来会有许多可能，大湾区在很多领域都有竞争优势。我作为企业家，也是一名政协委员，在做好企业的同时，也要充分发挥人民政协协商独特优势作用和平台优势，深化港澳与内地交流合作，让澳门积极融入国家发展大局，支持和培育出澳门本土有影响力的澳门品牌企业，为澳门经济适度多元发展贡献力量，为推动中国式现代化的大湾区实践，作出积极的贡献。

着眼未来，我和我的企业，一步一个脚印，努力推动大湾区建设的宏伟蓝图加快变成美好现实，也在为中华民族伟大复兴作出自己应有贡献的同时，与祖国共成长。

（作者系第十四届全国政协委员，澳门啤酒有限公司联席董事长。）

践行企业社会责任
推进澳门融入国家
发展大局

——陈志玲——

　　我祖籍江苏靖江，早在澳门回归祖国之前，我就常来澳门，也看到澳门的发展机遇。1999 年 12 月 20 日，澳门回到了祖国的怀抱，从此有了祖国作为强大后盾，这令我对澳门未来的发展更加充满信心。2002 年 6 月，我作为永利度假村（澳门）股份有限公司首席营运总裁，全面负责永利旗下酒店在澳门的建设与运营。而当时的澳门回归不久，经济发展结构亟待调整，多元化产业转型势在必行。时至今日，20 多年过去了，在国家的大力支持下，澳门已经在建设世界旅游休闲中心的发展道路上迈出了稳健的步伐，而我个人和永利公司也都取得了很大的进步。

把多元化发展经验带进澳门与内地

这么多年来，我亲身经历了澳门在"一国两制"政策下经济社会发展壮大。澳门结合了中西文化，具有独有的特色，为发展成为世界级的旅游休闲中心奠定了良好的基础。我带着全球旅游休闲综合度假业的经验，率领永利（澳门）积极将旅游、艺术、文化和更多元素相结合，为实施经济多元化发展战略添砖加瓦。我渴望在澳门坚持履行永利公司"与城市社区共同进步"的理念，将多元化发展的经验带进澳门，把这里打造成真正的世界旅游休闲中心。为了不负初心，我全力以赴，倾注了全部热情与精力。在我管理永利澳门度假村的第一年，年度营业收入就增长了4倍多。同时，我更加深刻地意识到，永利作为一家积极承担社会责任的国际化企业，不仅应该发展好自己，而且应该带动整个城市社区乃至整个国家和地球村的可持续发展。国家为我们提供了巨大的市场潜力与发展空间，企业所取得的成果，与国家给予的支持密不可分。永利公司的今天都是得益于澳门发展，更得益于国家发展的时代机遇。

永利参与"澳门公益金百万行"活动

推动澳门多元发展是我的责任

我一路陪伴着永利公司成长，而永利公司的成长得益于澳门的发展。我将自己的生活和事业深深地扎根在澳门这片土地上，多年来我始终密切关注国家政策与行业前沿趋势，努力为将澳门打造成为具备国际竞争力的城市贡献自己的力量。同时我也深知，关爱周围的每一个人、每一件事，推进经济适度多元发展是破解澳门经济社会发展问题的必由之路。

为此，我在2018年创立了"永利关爱"慈善公益品牌，并以此成立了永利关爱基金会，率领永利积极履行企业社会责任。除了在澳门践行社会责任外，永利公司也将爱心撒播到祖国内地。在2021粤港澳大湾区金融论坛上，我曾提到，"今天人家在此广交良朋，集思广益，明天你我携手合作，坐言起行，这也正是我们成立永利关爱基金会和支持此次论坛的初心。希望让我们的使命进一步渗透到社区的各个角落，从而更全面、更积极、更跨界地承担社会责任，为城市社区、粤港澳大湾区乃至全世界的生态环境打造可持续的发展之路"。这也是永利公司应该做的反哺社会的公益事业。

永利推动多元化发展、深化融入大湾区战略交流研讨会

助力乡村振兴，延续江西红色足迹

江西省是粤港澳大湾区的纵深腹地，拥有丰富的文旅资源与文化内涵；澳门是中国与葡语国家商贸合作服务平台，是粤港澳大湾区的中心城市，也是内地联通海外的桥梁纽带。2023 年 7 月 25 日至 29 日，我率领"永利澳门青年赴赣国情之旅及乡村振兴体验行"一行 30 人走进江西省南昌市、修水县及庐山市，通过认识江西，进一步了解祖国。同时，永利关爱基金会带着对推动乡村振兴的使命担当，承诺捐赠 1000 万元港币，其中第一个项目是捐赠人民币 200 万元援建江西省修水县西港镇占坊村乡村振兴豆制品加工厂。我们要引入第一流的包装设计水平和市场营销策略，目标是将西港传统油豆腐制作工艺打造成专业化、现代化的食品产业聚落。除此之外，永利公司也希望通过经验分享，支援修水县提高旅游接待水平及酒店从业人员的质量，从而提升当地旅游服务质量，完善旅游产业链，多方面支援当地乡村振兴工作。

中华优秀传统文化是中国人的文化基因，中华文化永远不会过时，传承传统文化责无旁贷。江西省博物馆汇集了江西各地的珍贵历史文物和古代艺术精品，全图景展现江西大历史格局和文化特色。作为江南三大名楼之一的滕王阁，与多个朝代的文人墨客有很深的渊源，是当地重要的政治和文化标志。

江西是最美红色足迹、新中国光辉历史进程的起点，永利关爱基金会积极鼓励澳门青年以认识江西为契机，汲取砥砺前行的力量，更加深入地了解中国的历史和文化，感受学习革命先烈的伟大精神。我们还把澳门青年在江西的故事分享给家人、亲友和同事们，带着江西的热情和智慧，让更多澳门居民和游客认识到红、绿、古、金四色资源的江西之美。

支持澳门融入国家发展大局

回首我的职业之路，经历了旅游度假业全球市场风云，我也尽力保持着从容不迫的工作状态。身边总有人说，每次看到我的时候，发现我总是笑着应对任何状况。因为我深信，澳门回归祖国，这是我生逢其时最大的幸运。

澳门，是中国改革开放的桥头堡，是"一国两制"成功实践的典范。祖国是澳门的坚强后盾。澳门要坚持发挥自身所长，紧扣区域合作，充分发挥制度、区位、自由港、单独关税区、语言文化等多重优势，促进经济适度多元取得更多成果，更好服务国家高质量发展。在全球经济形势复杂多变的国际大环境下，要走出一条真正有利于企业和城市发展的道路，离不开远见卓识、爱国爱澳、心系祖国的企业管理者和城乡建设者。因此，我下定决心，要和澳门特区政府与社会各界一起同心同德，不负习近平主席重托，全面准确、坚定不移贯彻"一国两制"方针，坚定维护国家主权、安全、发展利益，全面落实"爱国者治澳"原则，在更好融入国家发展大局中不断谱写具有澳门特色的"一国两制"成功实践新篇章。

（作者系第十三届江西省政协常委，永利澳门有限公司总裁、董事会副主席，永利度假村（澳门）股份有限公司总裁。）

濠江畔影中国心

—— 王淑欣 口述 封玉屏 整理 ——

"你可知Macau，不是我真姓，我离开你太久了，母亲！"耳畔每每响起《七子之歌》的熟悉旋律，我都情不自禁，感慨万千。时光荏苒，澳门回归祖国已20多年。想起回归的荣耀时刻，举国欢庆，万众一心，盛世莲花绽放出耀眼夺目的光彩。20多年来，我见证了澳门的繁荣发展，见证了澳门人民的幸福洋溢，这背后更是离不开祖国作为坚强后盾。作为一名中国人，我骄傲，我更自豪！

力不到不为财

我祖籍是浙江湖州，生于香港，长于澳门，算是新一代"澳门人"。一直以来，我就像一个漂泊的游子，期待终有一天能回到祖国的怀抱。据说，从秦朝起，澳门就被纳入了中国的版图，而最早来拓荒的就是浙江人。20世纪五六十年代，很多浙江人离开家乡，为未知的命运去博取一点希望之光，香港与澳门，就是他们走出去的第一站。

父亲自小在上海长大，常听他讲，他小时候根本吃不饱，因为缺乏营养，他的脚浮肿了，看医生后，就开单子拿药。他以为真的去拿药，殊不知医生给他开了两块豆腐，让他增加营养，说起来非常辛酸，好在终于熬过那段艰难岁月。1961年，父亲移居香港，开始在曹光彪先生的东亚太平呢绒厂当练习生。尽管从基层做起，打工收入十分有限，但他认真学习和工作，到1964年移居澳门时，已升任澳门针织厂副厂长，后又升任副经理。

1967年，父亲开始自主创办保利企业有限公司。到1973年，保利毛纺厂由接单、毛纺、印染、生产、包装至出口等全线运作，工厂规模也越做越大，资金实力越来越雄厚，业务除澳门外，还扩大至祖国内地、菲律宾及毛里求斯等地。父亲始终认为，湖州人向来做事踏实稳健，做企业也是如此，不求赚快钱，但一定要有长远发展的潜力。

因为父亲为人和善有加，做事脚踏实地，在澳门有一定的威望，政府对他也很信任。有一次，当时的澳门政府找到父亲商量，能不能在澳门做一家高档酒店。父亲很疑惑，自己从事的是纺织行业，做酒店恐怕跨度太大。但看到政府的诚意邀请，父亲思量后答应了下来。为此，他遍查资料，苦心钻研，从零学起，亲自参与每一个细节。功夫不负有心人，1983年，父亲与南光集团、中国银行、东京银行共同投资兴建了澳门第一家五星级酒店——皇都酒店。酒店的标志是4个"R"，代表4家股东。酒店的地理位置极佳，相距不远处就是澳门东望洋灯塔、大三巴牌坊、议事亭前地等世遗景点以及疯堂斜巷、婆仔屋等网红打卡点。我们为此制作了周围的景点地图，提供租借户外运动装备，希望通过徒步探索世遗景点的形式，推广非博彩业文化旅游，为旅游增添活力以及教育意义，让旅客可以亲身体会感受中葡文化相互碰撞的火花，看到更多面、更丰富、更原汁原味的澳门生活。皇都酒店的开业，是澳门酒店业的一个里程碑，对促进澳门旅游业的发展起到了很大的作用。

皇都酒店的成功树立了父亲良好的口碑。青岛那时还没有五星级酒店，便邀请父亲去成立海天大酒店，因为南北生活习惯的差异，我们派过去的培训团队并不适应山东的生活习惯，父亲也不辞辛劳，亲自去青岛进行协调处理，双方都很满意。

和许多浙商一样，父亲做事脚踏实地，勤奋务实，经过几十年艰苦奋斗才有了如今的事业。从小他就教导我们，力不到不为财。做生意就跟做人一样，品德要放在第一位，世界上没有不劳而获，只有自己努力付出后收获的果实才是最甜美的。所以做生意要脚踏实地，一步一个脚印，做好自己的本分，坚持不懈，就一定会成功。父亲生了 3 个女儿，这么多年来，他一直坚持一条原则——不搞赌场和夜总会。而我们的皇都酒店也正是凭着这种特立独行的清流风格，受到了许多旅客的青睐。

做酒店协会的领头羊

1998 年我留学归来，跟着父亲学习酒店经营。2003 年，我们作了一个重要的决定——对皇都酒店进行重新装修。我请来了为香港香格里拉酒店做设计的设计师，对每个细节都层层斟酌，没想到这一"折腾"整整持续了 3 年。我们不断优化硬件设施，装修花的钱竟比重建一座酒店还要多。与其他富丽堂皇的五星级酒店相比，皇都酒店延续其雅致、秀丽的风格，致力给客人提供高雅舒适的住宿环境。泰国、马来西亚等东南亚国家的领事来澳门时都喜欢住在皇都酒店，对酒店的设施与服务赞不绝口。没有夜总会和赌场的助力，却也意外得到了许多带小孩的父母以及来澳门开展会议的公司的青睐，于是，我们把目标重点放在了商务、培训、家庭以及世遗文化旅游方面。2015 年，为了更好打造家庭旅行环境，我们将数间套房改造成家庭套房，添置了上下式儿童床以及儿童洗浴用品，为家庭旅行营造了轻松温馨的氛围。通过种种改进，皇都酒店的入住率保持在 85%以上。

2018 年，凭借着多年的酒店经营管理经验，在大家的举荐下，我担任了澳门酒店协会会长一职，这是大家对我的认可，也让我感到非常荣幸。

一直以来，澳门酒店协会发挥着桥梁的作用，与澳门特区政府保持着紧密联系，定期召开例会，邀请政府及业界代表担任主讲嘉宾，分享澳门最新旅游休闲信息及服务政策，积极参与澳门重大社会政治事务，为促进澳门酒店和旅游业的兴旺而努力。

从 2021 年开始，作为澳门国际旅游（产业）博览会的协办单位，协会每年都要投入一大笔经费在设计酒店协会的展位以及公关宣传上，这遭到了部分会员酒店的反对，他们问我："Jocelyn，明明酒店都有自己的展位，为什么又要多出一部分费用来布置酒店协会的展位？"我说："澳门国际旅游（产业）博览会是澳门特区政府大力支持推广的大型展会，其中有不少来自粤港澳大湾区的酒店以及企业过来参展，对于推动澳门酒店融入大湾区，吸引内地旅客过来，让内地更加了解我们是一个很不错的机会。"听了我的回答后，他们也纷纷表示理解与赞同。为此，我每年都积极组织各式推介会，为本会会员与外地参展商提供商务配对和现场交流等，发挥协会作为沟通平台的作用，加强旅游合作，促进澳门更好融入国家发展大局，推动旅游国际化，为澳门的旅游业带来更多的机遇和繁荣。

澳门酒店协会展位剪彩

2023 年 8 月，在澳门特区政府就《经济适度多元发展五年规划》进行公开咨询时，我就此发言，全力支持该规划的实施，认为巩固澳门"世界旅游休闲中心"地位，就要积极推动"旅游 +"新模式。深入挖掘澳门独具特色的人文景观资源，通过串联大三巴牌坊、东望洋灯塔、议事亭前地等多个世遗景点，使澳门历史城区焕发新活力，让游客亲身体验澳门的风土人情。继续加强"旅游 + 会展"产业的联动性，延长旅客留澳时间，促进消费，成为带动经济发展的新亮点。

天道酬勤，深耕旅游业这些年里，我也得到了大家的认可。2019 年 10 月，澳门科技大学社会和文化研究所、社会科学文献出版社主办，澳门基金会赞助的"20 年 20 人：回归以来澳门旅游休闲产业价值人物"暨《澳门旅游休闲发展报告（2018—2019）》发布会在澳门举行，我也有幸获得"20 年 20 人：回归以来澳门旅游休闲产业价值人物"这一荣誉。

疫情下的坚守

2020 年初的新冠疫情打乱了人们的生活节奏，但中国政府以人为本的

2019 年 10 月，澳门旅游局局长文绮华（右）为获得"20 年 20 人：回归以来澳门旅游休闲产业价值人物"的作者颁奖

英明决策，不仅挽救了生命，控制了疫情的扩散与蔓延，而且也减缓了经济的大幅滑坡，在国际上赢得了声誉，我为祖国自豪。

那时家人都在香港，而我在澳门，因为封城，在疫情阻隔下，我们很长时间都见不了面。我每天都要跟家人视频沟通，叮嘱他们不要随意外出，做好个人防护，心理压力非常大，当时我真的很想哭。街上冷冷清清，一向人山人海、热闹非凡的大三巴牌坊几乎没什么人。澳门特区政府也有几台车装着高音喇叭在街上宣传，呼吁市民们减少流动。而受疫情影响，澳门旅客数量急剧下降，酒店入住率不足10%，整个澳门的旅游业几乎处于停滞状态，酒店营业额入不敷出。

怎么办？我一方面通过开源节流管理着偌大的皇都酒店，并在每周停业一天，另一方面负责几百名员工的健康安全，稳定他们的情绪。因为没有游客，房间也是空置着，我就让他们吃、住在酒店。因为市民也会出来吃饭，我们在做足安全保障的前提下，为他们提供服务。得益于父亲从小对我的教导，做人要居安思危，未雨绸缪，我坚守着父亲"积谷防饥"的教育理念，好不容易才挺过三年的疫情。令人欣慰的是，这场疫情改变了人们的消费理念和方式，我们与内地的联系很多，学到不少新鲜的东西。在酒店业的发展中，我逐渐借用新的载体，把产品和服务放到美团、飞猪、携程、小红书等线上平台，效果非常好。

为刺激居民消费，促进内循环，特区政府积极推出的两轮疫情经援措施及协同澳门酒店推出"心出发·游澳门"本地食住游项目。作为酒店协会会长，我也积极推动各会员酒店参与此项计划，配合政府推出合作套餐，提供住宿及餐饮优惠，为市民提供经济实惠的旅游计划。

澳门旅游局也陆续在内地如北京、上海、杭州、南京、重庆等多个城市举办"澳门周"宣传活动，而我作为澳门酒店协会会长，也常受邀跟随澳门特区政府团一同出席，积极推广本澳安全宜游及"旅游＋元素"等，吸引内地旅客到澳门旅游并延长逗留时间，扩展客源，助力本地经济复苏。

在世界舞台发声

自古巾帼不让须眉，我深刻理解女性在社会中的重要地位和面临的挑战，这也促使我对女性权益的关注和追求。为推动澳门妇女事业发展，为女性创造更多的条件和机会，2007 年我加入澳门妇女联合总会，为女性发声，鼓励更多女性走出家门，在生活、学习和工作中，绽放出绚丽的光彩。2013 年和 2014 年 3 月，我两次以中国代表团副代表的身份出席联合国妇女地位委员会，就联合国提出的会议主题"防治家庭暴力"和"落实千禧年发展目标中的女性相关目标的成就与挑战"在大会上作了发言，致力于探索如何保护女性权益，拓展女性的发展空间。

回想起当时的情景，仿佛就像昨天刚看的电影一样。在全球数千名出席者中，座位上的"CHINA"让我备感光荣。我清晰地记得会场上那些充满激情和力量的发言，那些来自不同国家和地区的女性代表们用她们独特的视角和声音，为妇女事业发出了呼声。我也在会上骄傲地说："澳门妇女联合总会，是中华人民共和国澳门特别行政区的一个致力于团结各界妇女，以维护妇女合法权益，办好妇女儿童福利事业为宗旨的非牟利性团体。""我深深感受到，越来越多女性权益意识的觉醒，也让我坚信，通过共同努力，我们可以消除性别差距，创造一个更加公正和平等的社会环境。"

澳门妇女联合会的会务规模也在不断壮大，已然成为保护澳门妇女的温馨港湾，希望通过倡导和执行相关政策，为澳门的女性提供更多机会和平台，让她们展现自己的才华和潜力。在未来的道路上，我将继续为女性权益而奋斗。

乡愁和美食

都说民以食为天，食物是沟通不同文化最直接的方式。除了古朴的葡式建筑、宏伟的妈祖庙宇，美食也在澳门独特的魅力中占据了重要的地位，在这里可以品尝到葡式蛋挞、猪扒包，以及各种腊味和点心，每一样都能让旅客流连忘返。推广旅游离不开舌尖上的事业，以前我们做过日本菜、广东菜，生意虽然也都不错，但总觉得少了点什么。偶然一次和友人的交谈中，她感叹道在澳门都吃不到正宗家乡菜，家乡的味道变成了心中最深刻的记忆。

"秋风起，思莼鲈"，美食和乡愁就是绝配。2006 年我从上海请来厨师，创办了正宗沪扬风味的餐厅——梓园上海菜馆。上海梓园是我祖辈上海慈善家、书画艺术家王一亭的故居，因为院子里有棵百年梓树，故得其名，也曾在那接待过爱因斯坦夫妇。我们引用"梓园"一词，不仅仅是为了缅怀先辈，也是意在承载异乡人浓厚的乡愁。乡愁是味觉上的思念，无论在外闯荡多少年，即使口音变了，一口家乡菜，就能唤醒内心深处的思念，这也是我创办梓园的初衷。在梓园，桌椅摆设、壁画等都尽量还原旧式上海的风格，这也是传承祖辈的精神，人无论走到哪，都不能忘了自己的根。在菜品的选择上，我们确是一波三折。一开始煮的是传统的上海菜，虽然很正宗，但并不受澳门人欢迎，因为相对于澳门人的口味，上海菜还是太过于油腻了。后来，我们调整味道，变得更清淡，才逐渐被接受。

有了梓园的成功经验，我决定再开办一家正宗的葡萄牙餐厅，不仅可以吸引外地游客，同时也能吸引本地的葡国人。2013 年，花道（FADO）正式开业，餐厅名字来自葡萄牙，起源于 19 世纪的传统音乐派别，这也是我多次去葡国采风后突然的灵感，希望以当地多姿多彩的色、香、味，全方位地触动食客。多次走访葡国后，我聘请了葡萄牙国际知名大厨 Luis Américo 作为餐厅主理，以优质的葡国进口食材、精细的味道搭配及创新的演绎手法，为大家呈现一系列精美地道的葡国佳肴，让客人真正认识葡国美食及文化。

月是故乡明

2017 年 11 月，受世界浙商大会茶文化论坛的邀请，我到杭州参加世界浙商大会茶文化论坛，并担任"安吉白茶"推广大使。受父辈的影响，我从小就对家乡的安吉白茶非常熟悉，每次来湖州，都会捎带一些家乡的茶叶回澳门。安吉白茶的外观精致优美，叶片弯曲，形似蕙兰，颜色翠绿，显露白毫，有着出众的口感和品质。以白茶为契机，我也希望自己可以在湖澳交流中发挥桥梁作用。我以皇都酒店为宣传点，将安吉白茶等浙江好茶添加到酒店所提供的茶水选择中，同时在客房中，为住客甄选具有代表性的浙江茶叶，并附上浙江名茶宣传刊物，努力将家乡的好茶推向国际。

2018年11月29日，经过多次磋商与筹备，在湖州市委统战部的支持和澳门中联办的指导下，澳门湖州联谊会正式宣告成立。经过大家推选，我荣任首届会长。当晚在皇都酒店举行成立典礼，安排了湖笔挥春、安吉白茶表演等活动，此外，我们还特意从湖州邀请了知名厨师过来合作推出传统湖州菜，对于湖州知名菜式"宴球""老法虾仁""湖州千张包"等特色菜在梓园进行推广宣传，积极推动两地在美食、文化等多领域的合作。在宣誓的那一刻，我百感交集。联谊会的成立仅仅是开始，我更要珍惜这样的机会，帮助宣传家乡文化，加强湖州与澳门两地的联系与合作，促进两地发展，互利共赢。

2023年9月，为支持亚运，营造浓烈亚运氛围，在湖州市委统战部的号召下，澳门湖州联谊会组织"喜迎亚运 共创未来"徒步活动。以此培养爱国爱澳情怀，提升同胞对国家及澳门的认同感。这次活动得到了会员们的热烈支持，很多会员都带领着自己的孩子一同来参加，还对我说："王会长，非常感谢您呀，让我们有机会参与这么有意义的活动。"一句句暖心的话，让前期活动筹备的琐碎以及操劳也随风消散，也让我感觉肩上担负着大家对我沉甸甸的期望。

政协人、政协情

父亲是全国政协委员，在他的熏陶下，我对政协也有了天然的亲近和向往。2012年至今，我相继担任第十三届宁波市政协委员、第十四届宁波市政协常委，第十一届浙江省政协委员，第十二、十三届浙江省政协常委。

2020年1月中旬，我赴杭州参加第十二届浙江省政协第三次会议，在各位政协委员的支持下，我作为澳区代表就《秉持奋进创新精神，坚持"一国两制"澳门特色》在大会上发言，讲好澳门成功经验，发挥好爱国爱澳的中坚力量作用。2021年，由于疫情影响，在港澳地区的委员都无法回到浙江参加会议，我们澳区浙江省政协委员通过网络连线等多种方式认真学习习近平总书记在庆祝中国共产党成立 100 周年大会上的重要讲话精神。大家表示，要紧密团结在以习近平同志为核心的中共中央周围，认真履行职责，推动澳门"一国两制"成功实践行稳致远。我发言时强调，要发展壮大更多爱国爱澳正能量，确保"一国两制"实践在澳门不变形、不走样，讲好澳门"一国两制"成功实践故事，为实现中华民族伟大复兴努力奋斗。2021 年，《浙江高质量发展建设共同富裕示范区实施方案》开始施行，同年 8 月，在澳区政协委员会客厅开展的"我与示范区建设"恳谈活动中，我提出要深化区域合作，发挥澳门"一中心、一平台"的作用，以投资带动浙江经济提升，助力共同富裕示范区建设，为我省高质量发展建设共同富裕示范区建良言、献良策。

一分耕耘，一分收获。在担任政协委员期间，我先后获得"政协履职优秀委员""省政协履职成绩突出委员"等殊荣。2023 年 10 月，在浙江省政协的支持下，我被推荐为十三届省政协应用型智库组人员。

回望过往，我深切体会到强大的祖国是我们发展壮大的坚强后盾。最艰难的疫情已经过去，在崭新的起点上，澳门重新出发，迈向新征程。让我们更加紧密地团结在以习近平同志为核心的中共中央周围，共同努力，携手并进，砥砺前行，为实现"一国两制"在澳门的顺利实施，为中华民族伟大复兴而奋斗，共同创造美好的未来！

（作者系第十二、十三届浙江省政协常委，澳门酒店协会会长，澳区省级政协委员联谊会副会长，澳门皇都酒店执行董事兼副总经理。

整理者：封玉屏，浙江省政协农业和农村委办公室副主任。）

服务澳门　报效国家

——何敬丰——

家族教诲

在我 6 岁时，爷爷何贤就去世了，但我至今仍非常清晰地记得他在世时对我们家族说过的话："如果没有国家，就没有今天的我们，我们只是比别人幸运，在有一些资源的时候，回馈祖国、回馈家乡是理所当然的。"在我的记忆中，爷爷就是这样一个爱国爱澳的人，他不仅自己身体力行，也一直教导家人亲力亲为，时刻告诉我们要有家国情怀，要感恩国家、报效国家，并为澳门的发展献良策、尽全力。

20 世纪 60 年代何贤先生与部分家人合影

后来，叔叔何厚铧担负起了带领澳门发展的重任。回归之初的澳门面临许多问题：经济连续 4 年负增长、失业率高涨、治安恶化、公务员本地化缓慢……但我相信，叔叔一定没问题的，他一定能够带领澳门走向繁荣。果然，10 年之间，澳门发生了翻天覆地的变化，成为世界上经济增长最快的地区之一：澳门本地生产总值增长 2.6 倍，年均增长 13.3%；2008 年澳门人均 GDP 3.9 万美元，是回归前的 3 倍，位居亚洲前列。社会治安也发生根本性好转，成为现代国际化都市。

我后来也看了他的一些专访，他说："全面准确贯彻落实'一国两制'方针，是澳门保持长期繁荣稳定的根本保证。我们要更加坚定地融入国家发展大局，为祖国的繁荣富强贡献澳门力量。"这也深深地影响了我，作为家族的一员，我也要谨遵爷爷、叔叔的教诲，更好地履行作为祖国一员、澳门一员的责任。

榜样的力量

哥哥何敬麟和我都深受家族影响，2007 年父亲突然病逝后，我们选择了不同的方向，我选择走进内地，而哥哥则决定回澳门发展。

哥哥之前在大洋洲生活，和澳门朋友较少联系，所以刚回澳门时，认识的朋友不多，有些是以前的中学同学，也有从小玩到大的朋友。此时，澳门在国家的大力支持下，经济急速发展，所以哥哥亦决定凭自身的努力尝试创业，与志同道合的伙伴成立"安世地产"公司。他说："刚回澳发展，在物色居所时发现尽管地产中介很多，但经营方式传统，欠规模及专业性，没有一家具有代表性的本土品牌，加上当时未有地产中介发牌制度，居民及投资者对本澳地产中介缺乏信心，倾向选择港资公司，令我萌生成立专业团队、打造本土品牌的念头，于是便和几位朋友合作成立地产公司。"

经过多年的内地市场调研以及自身的实力和发展需求，"安世地产"在2015年正式进军内地房地产中介市场，加快推动公司业务扩展，整合资源，向内地客户提供更优质、更专业、更创新的房产中介服务，并成为服务澳门、服务内地的知名企业。

2014年，哥哥被澳门特别行政区授予工商功绩勋章，现时他已是澳门颇具知名度的青年企业家；此外，他还积极参与社团工作，担任澳门工商联会会长、澳门青年企业家协会理事长、中国澳门体育总会联合会副理事长等职务。谈到参与社团工作的启迪和收获，他表示很高兴认识到很多来自不同界别的朋友，亦有机会参加各种国内外交流团，到不同地区考察，开阔眼界，扩大自身圈子。

中国人自己的超跑

作为一名澳门人，我很感恩我们这一代年轻人能够生于和平繁荣的年代，比父辈、祖辈有着更多更好的发展机会。有着家族的教诲，有着哥哥的榜样示范，我也希望能够报效祖国，贡献自己的一份力量。

后来，恰逢电动汽车行业高速发展，中国作为汽车生产和消费大国，亦有着在新能源汽车领域弯道超车的愿景，不过此时的国产电动汽车主要集中在中低端领域，在最顶尖的超跑领域一直缺乏竞争力。这时，我非常清楚地意识到，自己尽全力的时刻到了，于是我义无反顾地投身新能源汽车行业，广泛联合到澳门、香港的一些投资人，以自己有限的能力促使港澳企业加速融入国家发展的大局。我们布局了海内外最顶尖的3D金属打印、顶级超跑品牌、轻量化工程技术、汽车设计与研发、充电桩等方面的先进科技企业，将其引进内地、引进澳门，并与内地企业一起合作，促进中国汽车行业的高端智能化发展。

2020年，我把集团旗下的Apollo超跑带到了中国国际进口博览会，让内地观众可以亲眼见到这件价值300万美元、顶级的汽车工业设计的"艺术品"。

2020年，Apollo超跑在中国国际进口博览会上展出

2021年，我又把集团最新一代超级跑车Apollo EVO和电动超跑概念车Evison S带至澳门，让澳门同胞得以见到最酷炫、最顶尖的汽车产品和电动超跑概念，也让全世界知道这个属于澳门的品牌。

2023年，我推动集团与内地豪华车企高合汽车合作，由双方进行联合设计、联合研发，并在2024年11月推出了双方联名的电动超跑HiPhi A，也践行了我对"中国人自己的电动超跑"梦想的执着追求。

制度优势　齐头并进

2018年10月24日港珠澳大桥正式通车，听到消息时我异常激动和兴奋，不仅因为这为经常往返港澳和内地的我提供了极大的方便，更因为这座桥是我们祖国的国家工程、国之重器，体现了我们国家逢山开路、遇水架桥的奋斗精神，体现了我国综合国力和自主创新的能力。

正如桥上的"中国结·三地同心"主题斜拉索塔所展示的，港珠澳大桥的顺利通车，是"一国两制"在澳门、香港成功实践的象征，也代表了内地与澳门、香港齐头并进、共同发展的良好愿望。从20世纪80年代发轫，到2018年梦想成真，这座长达55公里的大桥承载了三地同胞太久的等待，在伟大祖国的带领下，在"一国两制"的方针指引下，这座中国桥梁史上的杰出作品、这项"世纪工程"终于得以完成。

（作者系第十四届北京市政协常委，Apollo智慧出行集团有限公司集团主席，丰生控股有限公司董事长。）

澳门的"大桥人"

——林衍新——

　　港珠澳大桥跨越伶仃洋，东接香港特别行政区，西接广东省珠海市和澳门特别行政区，是在"一国两制"框架下粤港澳三地首次合作建设的超大型跨海交通工程，是世界总体跨度最长、钢结构桥体最长、海底沉管隧道最长的跨海大桥，也是公路建设史上技术最复杂、施工难度最高、工程规模最庞大的桥梁。大桥于 2009 年 12 月开工，2018 年 10 月正式开通，2023 年 4 月通过竣工验收，正式投入运营。

　　我是在 2012 年初代表澳门民航局加入港珠澳大桥港澳跨境通行政策小组成员，成为一名大桥人的，至今已参与大桥有关工作超过 12 年。

2023年，港珠澳大桥主体工程竣工验收会议

在这12年里，我与无数大桥人一起见证了港珠澳大桥的建设和开通运营，也亲身感受着来自澳门的大桥人，为港珠澳大桥的建设和运营所做出的努力和贡献。一批又一批的澳门"大桥人"默默关心和支持着港珠澳大桥，呵护着大桥茁壮成长。

2015年7月，我从民航局调任交通事务局局长，2018年成为粤港澳三地政府共同成立的大桥联合工作委员会澳方首席代表，澳门特区政府全程参与大桥的前期研究、建设和运营管理工作，有力保障了大桥的成功建设和开通运营。

作为一名大桥人，我见证着大桥一路走来的历程，特别是从2018年初大桥尚未开通前即启动"澳门私家车往来港澳常规配额"首次抽签，到2018年10月大桥开通，再从2019年至2024年3月不同时期推出各种来往香港常规配额抽签，感受到澳门市民的踊跃参与，热情程度一次高于一次，由此可见澳门市民对使用大桥的热情不断高涨，大桥未来发展可期。

虽然受到新冠疫情的严重影响，防疫安全艰巨任务和维持大桥日常营运都迎来极大挑战，然而自2023年以来，随着1月"澳车北上"及7月

"港车北上"等一系列用好管好大桥的政策和措施相继落地实施，到现在已有超过 3 万台澳车和 5 万台港车成功注册，大桥日益体现出巨大的社会效益和经济效益。

满载着乘客的"金巴"穿梭往来在三地口岸之间，港、澳单牌车畅行在南粤大地；看着 2023 年 8 月起澳门货运中转站开始正式投入服务，为港澳之间的陆路货物流通打开新篇章，亦欣喜澳门往来香港机场直通巴士、深圳经香港往来澳门跨境巴士等相继落地，实现大湾区一小时生活圈。

2023 年 12 月，在粤港澳三地政府共同努力下，大桥蓝海豚岛的全国爱国主义示范教育基地旅游线路也正式开通，短短 4 个月参观人数已经超过 10 万。同月，第二期开放澳门车辆经香港口岸进入深圳湾口岸的"港珠澳大桥大湾区配额计划"也宣布实施，使港珠澳大桥"同心桥"的凝聚作用进一步发挥开来。

三地政府时刻牢记习近平主席关于"用好管好大桥，为粤港澳大湾区建设发挥重要作用"的殷殷嘱托，正持续发力，努力推动更多用好管好大

2023 年，"相聚同心桥　共赏大湾区"港珠澳大桥游开通仪式

桥的政策和措施出台。

2024 年 10 月 23 日,是港珠澳大桥开通 6 周年;12 月 20 日,是澳门回归祖国 25 周年。在此送上大桥人的祝福:衷心祝愿港珠澳大桥明天更兴旺,澳门明天更美好,伟大的祖国繁荣昌盛!

(作者系第十四届北京市政协委员,澳门特别行政区交通事务局局长。)

新时代的澳门故事

—— 徐德明 ——

　　自澳门回归以来，在祖国的坚强领导下，澳门这座中华文明的璀璨明珠焕发出勃勃生机。2019 年 2 月 18 日，国务院正式发布《粤港澳大湾区发展规划纲要》（以下简称《纲要》），成为新时代推动全面开放新格局的新尝试和推动"一国两制"事业发展的新实践。《纲要》进一步明确了澳门"一中心、一平台、一基地"的定位，即建设世界旅游休闲中心、中国与葡语国家商贸合作服务平台，打造以中华文化为主流、多元文化共存的交流合作基地。如今，澳门正积极以其"二五"规划和推进"1+4"经济适度多元发展策略为指导，蓬勃发展，紧密融入国家发展大局，不断提升国际化水平和核心竞争力。

作为湖北省政协委员，我有幸亲身见证并与广大同仁一起参与和推动澳门的发展变革，深切体会到澳门居民的生活越来越繁荣美好。本文将分享自己与同仁的实践故事，讲述澳门奋斗者的使命情怀，鼓励青年一代踏上新征程，续写新篇章。

投身鄂澳合作，融入国家发展

任湖北省政协委员期间，我不但见证了各省、市港澳政协委员队伍的发展壮大，也在新形势新任务新要求的学习中，不断感受到港澳政协委员对"一国两制"方针政策的拥护和支持，对爱国统一战线的巩固和发展和对内地和港澳在各个领域合作的深化和推动。我也充分发挥"双重积极作用"，为内地和澳门的经济社会发展和长期繁荣稳定作出积极贡献，积极融入湖北政协组织"大家庭"。履职尽责，在湖北省政协的领导和支持下，推动湖北与澳门在旅游、文化、教育、科技创新等领域的交流合作，提升提案、建议的前瞻性、代表性和科学性。

积极参加会议，提交多项提案 高度关注湖北省的经济发展和社会进步，并积极建言献策，提出了一系列具有前瞻性和针对性的建议。于2017年提出《"公共云计算中心"助力中小企业发展的建议》；2018年提出《加强推动和第三方影像专科医疗机构发展合作的建议》；2021年提出《构建公共"物联网交换中心平台"助力湖北省经济社会发展的建议》和关于"完善科技人员服务企业发展机制"的若干建议等，获湖北省相关部门积极回应和立项。连同其他澳门委员一起发挥桥梁作用，为湖北省引进外资、技术和管理经验，为促进湖北省的产业升级和创新发展起到了积极作用。

热心湖北公益事业，关心湖北社会经济情况 积极参与湖北省社会公益事业，捐资恩施自治州来凤县翔凤镇兴建红岩堡小学，2013年5月捐赠湖北省恩施自治州来凤县百福司镇兴建医疗站扶贫济困，解决群众就医困难，帮助湖北省改善民生条件，为湖北省的社会和谐稳定贡献绵力。

推动鄂澳科技合作，共建研究中心 在科技方面，我在2014年推动华中科技大学与MTel电信有限公司共建"下一代互联网接入系统国家工程实验室澳门研究中心"，研究中心已经开展"光纤无线融合宽带接入技术""面向澳门智慧城市的物联网感知与接入技术""基于IPv6的云接入与信息服务"等研究和应用，并于2017年联合华中科技大学向科技部和澳门科学技术发展基金申请，成功获得立项；联合申报"面向5G的光纤无线融合通信技术及应用"之硅基多功能可重构光谱滤波器（中国发明专利号201711294640.8)，该项目补齐了5G网络信号室内覆盖难点，推动了5G在室内覆盖性能的提升。

研究中心提高了行业关注度，有效地推动政府、高校投入资源，极大地促进了澳门对下一代互联网研究的发展。未来，随着湖北省与澳门特区交流合作的不断深入，湖北省政协澳区委员的作用将更加凸显，将继续为湖北省的经济社会发展贡献智慧和力量，为推动澳门与湖北省的交流合作迈上新台阶多作贡献。

促进国际交流、擦亮国际大都市"金名片"

2024年5月，中央港澳工作办公室主任、国务院港澳事务办公室主任夏宝龙赴澳门考察时表示，澳门回归祖国25年来，在中央的全力支持下，澳门开创了历史上最好的发展局面，发展成为国际大都市，形成了具有澳门特色的独特地位和优势，并寄语澳门，要齐心协力把澳门国际大都市"金名片"擦得更亮。

中央赋予澳门国际大都市"金名片"，这一定位不仅充分说明澳门已具备成为国际大都市的格局和潜力，也代表国家对澳门发展的重视和支持，更彰显了"一国两制"在澳门的成功实践和政策优势。身为擦亮澳门国际大都市"金名片"的一员，我见证和推动了澳门国际影响力的日益增强，并将继续努力为其添砖加瓦。

开展国际交流与合作，出任"PAA"联盟组织主席　我曾于2011年至2012年出任泛亚电子商务联盟（以下简称"PAA"）主席，与中国、新加坡、日本、韩国、马来西亚、泰国、菲律宾、印度尼西亚等国家和中国香港地区的相关代表出谋献策，促进跨境电子报关合作等，为推动多边合作、构建人类命运共同体作出了积极贡献。上述国家和地区主要电子商务服务供货商加盟 PAA，网络由亚洲扩展至欧洲及大洋洲。至今 PAA 服务超过 35 万家贸易和物流业者，每天处理数以百万计的电子交易，其交易外贸额达到全球贸易额的三分之一以上。

PAA 于 2000 年成立，是亚洲第一个旨在促进和提供安全、可信赖、可靠和增值的 IT 基础架构和设施，以实现高效的全球贸易和物流的区域电子商务联盟，致力推动和提供安全可靠的全球跨境无纸化贸易。

当时，我代表澳门特区政府经济财政司下属澳门电贸股份有限公司，与香港贸易通电子贸易有限公司（Tradelink）在电子商贸领域紧密合作，分别代表中国澳门和中国香港，携手推动亚洲乃至全球电子商务贸易的发展。2011 年 8 月，澳门成功主办了 PAA 第三十八届会议，之后分别于 2011 年 12 月在马来西亚槟城、2012 年 4 月在韩国首尔相继举办 PAA 会议。

2012 年 9 月，PAA 第 41 届会议在印度尼西亚日惹举行。当时我在接受媒体采访时指出，PAA 关于电子自我认证的提案获东盟单一窗口接受，PAA 与东盟的合作得到了进一步加强。2012 年 12 月，第 42 届 PAA 会议在台湾高雄市举行。

澳门面积虽小，但能够在推动电子商务发展领域让澳门在国际舞台上发出自己的声音，展示出中国澳门的形象，这无疑是澳门人的骄傲和荣耀。

搭建专业平台，推动人才培养

人才的培养和建设，是社会发展的基础。澳门持续完善人才体制机制，背靠祖国，联通世界，力争培养和引进全球高端人才，为国家和澳门发展贡献力量。

带领澳门资讯科技协会，推动澳门信息科技人才交流 回顾几十年前，随着时代的发展，网络、信息、科技的不断进步，我基于自身电信行业的丰富经验，敏锐意识到澳门有关通信技术和计算机技术人才的培养，虽是"短板"，但意味着拥有巨大的发展空间。澳门资讯科技协会（ITA）前身为"澳门业余电脑学会"，成立于 1983 年，2000 年正名为资讯科技协会，是澳门第一个对计算机科技及互联网进行研究与推广的学会。ITA成立40多年来，一直与各地友好单位建立恒常的互访、交流、合作关系，积极与本地、内地、香港及各国各地相关业界联系，组织参观访问交流团，掌握ICT新趋势；积极参与中国科学技术协会举办的活动，组织考察中国国际高新技术成果交易会乃至一系列研讨会，建立港澳ICT人才网络。近年，结合澳门和大湾区智慧城市和数字化治理的发展趋势，ITA发挥在资讯科技行业的经验，成功举办多项活动，促进了澳门高新资讯科技的应用与普及。

2023年，值ITA 40周年会庆，ITA在澳门举办"智慧城市论坛"，邀请多名港澳学者分享他们在智慧城市建设方面所积累的经验，互相交流、集思广益，为澳门如何建设智慧城市提供多角度思维与理念。作为ITA会长，希望澳门在高新技术ICT发展的同时，能为信息科技人才提供良好的生态环境，让年青一代更好接手信息科技的创新创业发展。

2023年12月，庆祝ITA 40周年会庆及新一届理监事成员就职典礼暨智慧城市论坛活动

与华中科技大学合作，培养公共管理人才 华中科技大学是我国最早

创办公共管理学科相关专业的高校之一，2008 年获评湖北省唯一公共管理重点一级学科，2013 年蝉联湖北省公共管理重点一级学科。

作为华中科技大学澳门校友会会长，我积极加强母校与澳门校友的联结交流。为推动澳门公共管理人才的培养，澳门资讯中心与华中科技大学公共管理学院在澳门成功开设了三届电子政务专业和一届危机管理专业的硕士学位班，充分发挥华中科技大学公共管理高水平的教学科研优势，为澳门培养 81 位公共管理硕士学位 MPA 人才作出了贡献，赢得了时任澳门特别行政区行政长官何厚铧先生和全国政协副主席马万祺先生的高度评价。

举办传统活动，弘扬中华文化

夏宝龙主任在 2024 年考察澳门时表示，澳门具有中西文化荟萃的人文优势。澳门拥有东西方文化交融的历史、多元共存的宗教、丰富多样的语言、千姿百态的建筑，各族群友好共处，体现出澳门中西方多元文化交汇的鲜明特色和独特价值。在《粤港澳大湾区发展规划纲要》中，中央也提出澳门要打造以中华文化为主流、多元文化共存的交流合作基地。

我生于澳门，长于澳门，对澳门独特的中西文化耳濡目染，亲见中国、西方文化交融与涤荡。而如何在多元文化的交汇中，增进澳门青少年对中华优秀传统文化的认识，培养家国情怀，也成为澳门社会和教育领域的重要议题。我积极弘扬中国传统文化，通过举办、支持、赞助、参与一系列活动，尽己之力，传承爱国爱澳精神，也欣喜地看到，澳门居民对国家民族的认同感和向心力日益巩固与提升。

组织与策划澳门首办"两岸四地祭祖轩辕黄帝大典"活动 为弘扬中华民族优良传统，团结中华儿女，我在 2011 年联合世界道教法师联谊会，在澳门首次举办"两岸四地祭祖轩辕黄帝大典"活动，祈福澳门地区民康物阜、风调雨顺、繁荣发展，也见证了澳门独具特色的文化蓬勃发展。

活动以"承传文明，开拓华夏"为主题，在澳门塔石广场，与河南省新郑市黄帝故里和陕西省黄帝陵以及世界各地华人小区，同步于清明节上午祭祀黄帝。活动吸引了逾 600 人参与，除了澳门特区政府官员、中联

2011 年，在澳门塔石广场举办祭祖轩辕黄帝文化活动

办、外交部驻澳特派员公署、澳门全国人大代表、全国政协委员和社会贤达等嘉宾出席，江西省龙虎山嗣汉天师府、香港道教联合会等也纷纷派出代表前来参加，盛况空前。

此次活动开启了澳门社会举办恭拜轩辕黄帝大典的仪式习俗，发展成为澳门最盛大的节庆活动之一。不但有助于推广中华文化，更让澳门居民发扬中华民族优良传统，促进社会和谐。

身体力行弘扬中华传统文化　多年来，我身体力行，率领所在公司员工，积极赞助、支持和参与澳门的中华文化活动。例如近年举办"敬老展爱心义剪活动"，发扬敬老爱老精神，派出义工协助专业发型师为澳门长者提供义剪服务，并赠送爱心实物和物资包裹，为长者送温暖，营造充满爱心与善意的社会氛围。

2023 年，为传承澳门本土的龙舟文化，在由澳门龙舟总会主办的2023 总会杯龙舟赛上，冠名赞助翱翔龙舟队，并组织"MTel 电信—翱翔"队伍参加了当日 200 米及 2000 米赛事，弘扬中华传统文化。

"讲好中国故事"创意传播国际大赛已成功举办 7 年，今年首次设立澳门分站，也是第一次走到境外，意义重大。在澳门分站赛的举办中，我出钱出力出场地，希望能在澳门回归 25 周年之际，将澳门与祖国的故事进一步传播。澳门分站赛在全国年度大主题——"多彩中国　美美与共"

下，围绕讲述澳门回归祖国 25 周年故事展开，按照新闻纪实类、剧情故事类、多模态创意类 3 个类别进行视频征集。大赛将重点遴选一批国际传播短视频精品，面向全球推介，将中国故事、中国声音多维度、立体化传播。

多年来，更多的澳门人士也同样积极投入弘扬中华文化的事业中，国家意识和爱国精神在青少年心田中深深扎根，爱国爱澳核心价值在澳门社会居于主导地位，澳门的"一基地"建设拥有广泛的群众基础、文化基础。

新时代澳门的未来展望

澳门在新时代中，经济、文化、教育、社会福利等各个领域都取得了显著的成就，令人瞩目。展望未来，《澳门特别行政区经济适度多元发展规划（2024—2028 年）》是澳门特区首个全面系统的产业发展规划，是澳门特区政府贯彻落实中央要求，做好经济适度多元发展这个必做题的重大纲领性文件。澳门特区政府将全面准确贯彻"一国两制"方针，团结带领社会各界，以规划为引领，以更大作为加快推动澳门经济适度多元和高质量发展。同时，澳门也将进一步深化与粤港澳大湾区的融合发展，尤其是在横琴粤澳深度合作区建设总体方案中，澳门的发展前景更加广阔。在中央人民政府的大力支持下，澳门居民将继续团结一心、奋发向前，积极以新质生产力投身于澳门的建设与发展，共同书写新时代的澳门故事，共同开创澳门更加美好的明天！

（作者系第十一、十二届湖北省政协委员，MTel 电信有限公司董事长。）

周晓文　　　吴广平

千里送清泉
思源怀祖国
—— 珠海向澳门
供水纪实

——周晓文　吴广平——

　　澳门，位于珠江口西侧，在祖国大陆与南中国海的水陆交汇处，由澳门半岛和凼仔、路环二岛组成，现陆地面积 32.9 平方公里。几百年东西方文化的交融碰撞，使澳门已发展成为充满葡国风情、世界闻名的自由港和旅游休闲中心。

　　长期以来，由于澳门境内无河流湖泊，可蓄地表水条件差，不具备建大中型水库条件，故淡水资源匮乏。20 世纪 60 年代以前，主要靠收集雨水、抽取地下水和雨季抽取青洲河淡水作为供水水源，但无法满足用水需求。那时的澳门人，常常备用数十艘水艇，每天轮流到珠海湾仔银坑装水运回澳门，然后由担水妹挨家挨户送水。据史料记载，

1958 年至 1968 年 10 年间，澳门曾 4 次停水，累计达 457 天，足见澳门的用水之"难"。

1958 年，广东全境连续遭受旱灾，珠江上游几乎没有降雨，水位急剧下降，咸潮开始大面积上溯甚至到达广州城区。澳门完全被咸水包围，居民饮水成为严重的问题。公共水龙头前排起长队，但打上来的水依然咸涩异常，澳门境内的 3000 多口水井基本不能饮用，葡澳政府费尽心机修建的水塘也见了底。对"水"的渴望成为澳门人的心结和难题。

从 1959 年到今天，60 多年的珠海对澳门供水历史，润物润心，把珠海和澳门紧密相连，承载着两地同胞绵延的亲情，正是珠海与澳门"相濡以沫、涓涓亲情"的写照。

寻找水源济澳门

1959 年，澳门知名人士何贤、马万祺和柯正平三人商量，以澳门中华总商会名义致函广东省政府，请求援助，解决澳门用水问题。当时，马万祺来到广州，与当时的广东省委第一书记陶铸和广东省省长陈郁会晤，向他们再次讲述了澳门人民生活用水和工业用水缺乏的情况，期盼广东省政府体恤澳门同胞，帮助解决水源问题。陶铸及时向中共中央汇报了这个情况，周恩来总理亲自批示，亲令广东省解澳门燃眉之急，同意立即部署建设对澳门供水工程。当年 8 月，陶铸约了何贤、马万祺和柯正平三人到中山石岐共同商量解决问题。当时，他们议定了三项内容：第一项是需要澳门方面出资，因为国内经济还很困难，而且是澳门自己要用水；第二项是确定了中山县（当年珠海县撤并入中山县）要出劳动力；第三项是供水地点选在珠海湾仔的竹仙洞和银坑，明确要尽快建成两座水库供水给澳门。经省政府批准，建设位于珠海湾仔的竹仙洞水库，作为对澳门供水的重要水利工程。当时中山县成立工程指挥部，从全县 25 个公社抽调 4000 人，扛着红旗开进了湾仔竹仙洞水库建设工地，开始建设竹仙洞水库和银坑水库。1960 年 3 月 8 日，总库容量 240 万立方米的竹仙洞水库建成投入使用。这天，放水的闸门启动了，清冽的淡水通过管道和明渠哗哗流进了澳门，岛上一片欢腾。同年 7 月，总库容量 168 万立方米的湾仔银坑水库竣工。从此，澳门同胞坐在家中就喝上了内地的优质淡水，而辛苦的担水妹和担水婆由此也渐渐地退出了历史的舞台。马万祺倍感祖国对澳门百姓关怀备至，澳门同胞饮水思源，对祖国充满了无限热爱。

此后 20 年间，珠海一直肩负对澳门用水的"保供"重任。随着澳门用水需求量逐渐增大，珠海不断修缮供水设施，增设供水管道，相继建设了夏湾加压站、南沙湾泵站等设施，利用大镜山水库、前山河水源加大对澳供水量，排除万难，与澳门相互协作，尽心竭力地满足澳门经济社会发展的用水需求。

对澳供水事业发展至今天的规模不是一蹴而就的。从 20 世纪 80 年代开始，随着亚洲经济的快速发展，我国改革开放进程不断深入，澳门和珠海携手并进。90 年代，中国经济进入黄金发展期，澳门人口也持续快速增长，用水需求随之激增。珠海陆续扩建了南屏水库、大镜山水库，完成了珠海南北水库群的联通，初步形成了"江库联通、库库联通"的大格局。有了珠海作为水源地，澳门的供水又进入了磨刀门时期（1985—2003 年）、千里调水时期（2004—2008 年）、竹银时期（2009—2014 年）、第四管道时期（2015—2023 年）以及粤港澳大湾区时代。

珠澳两地供水事业已携手走过 60 多年，必将以新的姿态持续深化合作，共同面对新的机遇和挑战，携手开创新的发展领域，为珠澳两地经济社会发展提供更加有力的供水保障，为珠澳两地人民创造更加美好的生活。

千里调水压咸潮

澳门经济社会的繁荣发展离不开与珠海在跨境供水领域的良好合作，这种合作已经跨越了半个多世纪。源源不断的汩汩清泉，把珠海和澳门紧密相连，见证了两地人民血浓于水的亲情。珠海开启了一轮又一轮的供水扩建，把最好的水源源不断地输往澳门，即使在咸潮最厉害的年份，珠海人民宁愿自己喝咸水，也要保障澳门居民喝上甘甜的淡水。

20 世纪末和 21 世纪初，珠海、澳门频频受到特大咸潮灾害的袭击，咸潮已成为珠澳供水安全最为严重的威胁因素。据档案史料记载，1998 年冬至1999年春，咸潮比较严重，对珠澳两地居民生活影响比较大，引起澳门和珠海的重视。2003—2005年，咸潮再度严重来袭，形势更为严峻，珠海供水主要取水泵站——广昌泵站已被咸潮覆盖，无法取水，解决澳门和珠海用水问题迫在眉睫。

经广东省政府、珠江水利委员会和珠海市政府的通力合作，解决澳门、珠海供水问题再次上升到国家层面，珠江水利委员会编制的澳门、珠海供水规划获国务院批准。2004年11月，国务院、水利部和广东省政府的"千里调水"计划正式实施。这是我国水利史上罕见的千里调水计划，珠江上游各水电站先后开闸放水，滚滚江水倾泻而下，在一段时间内把入海口的咸潮压回去，让泵站乘机抢抽淡水。珠海的平岗、广昌、洪湾三大取水泵站开足马力，抢抽淡水，为珠海供水水库蓄水。这是一次史无前例的流域调度，一举化解了澳门同胞的咸潮之困和用水之忧。随后7年间，西江流域多次实施应急调水和水量调度，澳门同胞动情地说，这是上游送来的"救命水"。2005年，马万祺亲自拟定、亲笔撰写了"千里送清泉、思源怀祖国"这幅题词，赠送给珠江水利委员会，不仅表达了马万祺自己

珠江水利委员会获赠马万祺先生题词"千里送清泉　思源怀祖国"

对祖国的感恩之心，也深刻阐释了澳门同胞对祖国的感激之情。

冉冉生机向未来

受到全球气候变暖和温室效应的影响，全球海平面不断上涨，造成咸潮上行，几乎位于珠三角最南端的珠海和澳门，将长期面临咸潮的威胁。据记录，中华人民共和国成立后到 2010 年的 60 年间，发生大的咸潮次数有 13 次以上。特别是进入 21 世纪，随着西江流域社会经济发展及全球气候变暖，澳门、珠海等地的咸潮越发严重。如果仅仅依靠临时性的压咸补淡应急措施，只能治标而不能治本。

为了能够从根本上解决"压咸补淡"的困难，在千里大调水的同时酝酿出了一个治本方法——"西水东调"。为了保证西水东调后，在咸期能有更大概率取到淡水，磨刀门沿岸抽水泵站须向上游移动 20 多公里转移建设，以避开入海口的咸潮危害。同时，取水口上移后，如何把水输送到珠海南区水库群又面临新的难题。于是，珠澳两地携手共建了竹银水库和平岗—广昌咸期应急供水工程，凝聚了珠海和澳门两地人民共同战胜咸潮的决心。

2006 年 12 月，平岗—广昌咸期应急供水工程建成通水。2011 年 4 月，珠澳供水系统中最大的蓄水水库——总库容 4333 万立方米的竹银水库建成，与平岗—广昌咸期应急供水工程及同期建设的竹洲头泵站一同构成了竹银供水系统。这个系统为整个珠澳供水系统增加了 4011 万立方米的调节库容和 65% 的淡水储备，是珠澳联手抗击咸潮的成功之作，在此后多年的咸期供水中发挥了重要作用。竹银水库概算总投资 9.56 亿元，其中包含了澳门同胞以预付水费形式支援的建设款项。如今，澳门 99% 的原水由珠海供应，澳门同胞一到春节就喝咸水的情况再也不会出现了。

随着澳门路氹发展日新月异，用水量不断增加。2011 年，直接通往澳门氹仔岛的对澳供水第四管项目被列入当年的粤澳两地政府议事日程重点推进，拟将原水从横琴方向进入澳门，以解决路氹地区用水问题。2016 年 4 月 19 日，对澳供水第四管项目正式开工。2019 年 7 月，这个被列入粤港澳大湾区发展规划纲要的重点项目完成竣工验收，日输水能力可达 20

珠海竹银水源工程竹银水库全景图

万立方米，不仅使对澳供水能力增加到 70 万立方米，也优化了对澳供水管线的布局。珠海对澳门供水能力、抗风险能力大幅提升，进一步增强了供水的安全保障及可持续发展。2020 年 10 月 22 日，第四条对澳供水管道的上游工程珠海平岗—广昌原水供应保障工程正式通水，有效解决了珠海西水东调能力不足及单管运行存在风险等问题，为珠澳供水提供更加有力的原水保障，对澳供水保障能力进一步提升。如今的澳门，饮用水已经达到欧盟标准，经过严格的检验后，自来水在澳门是可以直接饮用的。

未来，珠澳原供水系统基础设施建设必将不断完善，智慧水务建设水平将进一步提升，珠海将与澳门及大湾区各地市在供水领域开展更加紧密的交流与合作。随着粤港澳大湾区建设的深入推进，一个世界级的城市群将屹立于珠江口两岸。在这个寄托民族复兴梦想的新时代，珠海对澳供水事业将随之掀开崭新的篇章。

（作者周晓文系广东省珠海市政协文史资料委员会主任；吴广平系第九、十届珠海市政协委员，珠海市档案馆二级调研员。）

文化繁荣

传播中国文化
讲好中国故事
——张宗真——

　　今年是澳门回归祖国 25 周年的重要时刻。在中央政府的坚强领导下，澳门经济取得了显著成就。2019 年，澳门 GDP 比回归之初增长了近 8 倍，人均 GDP 跃居世界第二。2023 年澳门经济已稳步恢复至 2019 年的七成水平，人均 GDP 在全球排名第五。在此期间，"一中心、一平台、一基地"的建设步伐不断加快，经济适度多元发展的策略正逐步深入实施，为澳门的高质量发展奠定了坚实基础。我们更加坚定了高质量发展的信心，对澳门的未来充满了期待。琴澳融合"从梦想走进现实"、中西文化交融荟萃、中葡商贸交往频繁，桥梁纽带的作用更强，澳门谱写了具有澳门特色"一国两制"成功实践的华彩篇章。

推动文化强澳，建设文化强国

2023 年 6 月 2 日，习近平主席在北京出席文化传承发展座谈会并发表重要讲话。他强调，在新的起点上继续推动文化繁荣、建设文化强国、建设中华民族现代文明，是我们在新时代新的文化使命。要坚定文化自信、担当使命、奋发有为，共同努力创造属于我们这个时代的新文化，建设中华民族现代文明。我们要深入学习和领会习近平主席关于中华文化传承的重要讲话，其中他提到中华文明的"五大特性"——连续性、统一性、创新性、包容性和和平性。这"五大特性"，每一特性都是篇大文章，都值得我们大书特书。我们应当以最朴素的语言，将这些特性讲给每一位老百姓，确保他们能够听得清楚、听得进去。同时，我们也要用易于理解语言，将中华文化的精髓，以及习近平主席在讲话中所强调的核心理念，传递给更多的老百姓。

总之，这"五大特性"不仅是对中华文化传承的深刻总结，更是我们未来推动文化发展、弘扬中华优秀传统文化的重要指引。我们应当认真领会、深入实践，为中华文化的传承和发展贡献自己的力量。

同时，澳门居民应牢记 2014 年 12 月 20 日，习近平主席亲自到澳门大学为澳门居民讲授了一场跨越千年时空的中华文化公开课。习近平主席用他独特的历史尺度和哲学思维，引导同学们思考中华文化的核心价值。习近平主席着重指出，爱国与诚信是中国最为核心的价值观念，这不仅是中华文化的精髓所在，更在实践中展现出其不可替代的重要性。因为爱国并非一个空洞的口号，而是深深植根于每个中华儿女心中的信念与行动。

在澳门的这片中西文化荟萃的土地上，文化的种子早已深深扎根，并随着时代的脉搏不断茁壮成长。作为中华文化传承与创新的重要阵地，澳门正以前所未有的热情与决心，积极响应国家文化强国战略的号召，以文化强澳，为中华民族伟大复兴贡献独特的澳门力量。

传播中华文化，讲好中国故事

作为一名全国政协常委，我始终致力于传播中华文化，讲好中国故事，并多次积极参与面向港澳台同胞和海外侨胞的宣讲活动。值得一提的是，2022年3月24日，我在澳门的美国企业永利集团宣讲"两会"精神。会上，我从历史的角度、从必要性和重要性的角度谈了自己对拥护"两个确立"、做到"两个维护"的理解。当时20分钟的宣讲，全场爆发了数次掌声。这次宣讲不仅被澳门市民广泛认可，还在内地、港澳台地区以及美国华人社会中，以多种形式被自媒体转载转发，阅读量高达5000万。这也让我摸索出一条服务国家战略、讲好中国故事的思路，就是用对方听得懂的语言、愿意接受的方式，讲实讲细，无论是全过程人民民主，还是"一国两制"成功实践，都可以向世界传播出去，被更多人认可。

在不同的宣讲场合中，我多次强调，保护与传承中华历史文化是澳门特区政府的神圣使命与责任。文化、信仰与历史是制度的基础，中国共产党已经为14亿中国人民找到了最适合自己的发展道路，只有中国共产党才有这样的博大胸怀，实事求是，为澳门制定了"一国两制"的伟大国策。

"一国两制"就是中央给澳门人民的最大民主与最大自由，回归之前中央的承诺全部完成，没有一件不兑现。更为重要的是，澳门在发展过程中碰到任何困难，只要澳门提出，中央总是有求必应，其实即使一位母亲对自己的亲生儿子由于客观条件的限制，也无法做到有求必应。我们不听党的话，那还能听谁的话？不跟党走，我们又将何去何从？我坚信，听党话、跟党走，这不仅是澳门社会普遍认同的共识，更是澳门青年从文化根源上认识、理解、接受并拥护中国共产党的体现。他们心怀对长城、长江、黄山、黄河的向往，对北京天安门的崇敬，这份情感，正是他们内心深处对中国共产党领导地位的坚定拥护与追随。

以澳门所长，服务国家所需

澳门文化界联合总会于2023年成立，作为该会的创会会长，本人一直不遗余力地推动澳门文化界的发展。本会成立的宗旨是希望通过汇集澳门文化艺术界的各方力量，促进文艺界的大团结、大协作、大联合，助力"一基地"建设，特别是与葡语国家的文化交流合作，向世界传播中华文化等。

在我看来，澳门应充分发挥其独特优势，积极响应国家的需求。中央

2023 年 8 月，澳门文化界联合总会成立大会

已为我们制定了明确的发展定位 ——"一中心、一平台、一基地"，其中"一基地"即指文化基地。如今，澳门文化界联合总会的成立，正是为了服务并推动这一文化基地的建设，我们期望通过不懈努力，为澳门乃至中华文化的繁荣发展贡献更多力量。

个人认为，澳门所长是以旅游为核心的产业链。客观来讲，澳门在旅游全产业链的任何一个节点，如设计、规划、运营、培训都已进入世界的前列。应以澳门所长对接国家所需，不能拿澳门的短处去发展。

总之，为了推动澳门旅游产业的发展，我们要解放思想，推动香港澳门同城化，充分发挥港珠澳大桥的作用，利用香港的四大优势带动澳门产业发展，旅游市场更加国际化，实现港澳产业同城、就业同城，在此之后推动港澳台一体化，为澳门"1+4"多元化产业的发展方向创造国际生态环境与条件。

着眼人文特色，发挥澳门优势

2024 年 5 月 19 日，中央港澳工作办公室主任、国务院港澳事务办公室主任夏宝龙完成为期7天在澳门和横琴粤澳深度合作区的考察调研行程，并希望各界齐心协力把澳门国际大都市"金名片"擦得更亮。在考察调研期间，他深刻指出澳门六大优势：具有"一国两制"的最大制度优势；具有充足的发展空间优势；具有国际化程度高的营商环境优势；具有实力雄厚的经济基础优势；具有中西文化荟萃的人文优势；具有爱国爱澳的传统情感优势。夏宝龙主任对澳门六大优势的提出，不仅提振了澳门市民的信心，更是澳门未来发展的发力点。

一直以来，打造以中华文化为主流、多元文化共存的交流合作基地是澳门的发展定位之一。澳门作为中西文化交汇之地，有着独特的历史背景和文化底蕴，特别是在近现代历史进程中，澳门见证了中华民族的百年沧桑。

为了充分发挥这一人文优势，澳门应该创造更好的政策条件和营商环境，发挥中西文化荟萃的人文优势，在澳门建设一个中西文化荟萃园，吸引中外文艺名家、文博机构和文博项目到澳门落户，一同交流思想、切磋技艺、共同创作、联合展演，致力将澳门打造成为中国的文化硅谷。

面对百年未有之大变局，澳门应当充分发挥中西文化交融发展的独特优势，通过深入挖掘本地的历史文化资源，通过举办各类文化活动、展览、演出等方式，讲好"中国故事"和"澳门故事"，让世界各地来澳门的游客能多维度地感受到中华民族伟大复兴进程中所展现出的坚韧不拔与卓越成就。

未来，澳门将继续发挥其作为中西文化交汇地的独特优势，推动文化创新和融合发展，为世界讲述更多中国故事，展现中华文化的独特魅力。相信在中央政府的支持下，在澳门特区的共同努力下，澳门必将以其独特的文化魅力，继续在国际舞台上绽放光彩。

（作者系第十四届全国政协常委，第五届澳门特别行政区政府行政会委员，永同昌集团董事局主席。）

行是知之始
知是行之成
——记"澳门青年人才
上海学习实践计划"

——吴志良——

　　"爱国爱澳"是澳门优良的社会传统。澳门回归祖国时，受过去几年经济低迷和治安不靖的影响而百废待兴，犹幸当时全澳居民怀着当家作主的精神，以十足的精神和干劲，同心同德、同舟共济、共克难关，成为拥护"一国两制"、积极建设澳门特区的主流力量。

　　青年是澳门社会的未来栋梁。我工作了多年的澳门基金会长期以来高度重视青年工作。回归前，我们就开始推动相关项目，例如举办"中学生读后感征文比赛"、组织"优异生旅行团"和发放研究生奖学金鼓励赴内地读书等，尝试在不同层面给予青年学生认识祖国、了解澳门、感受澳门，与祖国同呼吸、共命运的机会。回归后，澳门经济飞跃发展，社会转型速度加快，培养青年爱国爱澳、厚德尽善的品格，构建主流核心价值观成了现实的需要。澳门基金会配合特区政府的施政，在既有的基础上发展、推出或举办新的项目与活动，如扩大与内地和海外交流项目的规模、筹设以青少年为对象的澳门科学馆、开办社会科学界学者研修班、举办增进归属感的历史文化知识的竞赛、出版本土历史文化的图书等，不但拓宽了青年学生的视野，在推动澳门与内地密切交往和交流方面也取得了一定的成效。这些项目很多都是具有开拓意义的，为日后本地的社团机构推出类似的项目活动提供了组织上的参考。

进入新时代，中华民族迈进全新的历史阶段，世界也进入百年未有之大变局。中华民族伟大复兴的中国梦的实现，从未像新时代这样如此接近；世界格局的变化，从未像新时代般来得如此紧迫。这一切，更要求我们按照以习近平同志为核心的中共中央所作出的各项战略部署，以奋发有为的精神，把"一国两制"伟大事业不断向前推进。具体到我们的工作层面，就是创造条件让澳门青年认识祖国，使他们积极自觉配合和融入国家发展大局，"爱国爱澳"优良传统得以薪火相传、后继有人，便成为确保"一国两制"伟大事业行稳致远的重要任务。

2011年，全国政协港澳台侨委员会组织澳区全国政协委员前往上海考察。乘着改革开放的春风社会经济突飞猛进发展的上海，社会管理日渐成熟，处处焕发生机。2010年，上海成功举办了中国第一次，也是发展中国家第一次举办的世界博览会。为了办好这次盛会，上海市进行了大量的投入，无论在基础建设、管理水平方面还是在生态环境方面都有了大幅度提升，城市面貌焕然一新。其时，上海正朝着"创新驱动、转型发展"的方向努力，与澳门致力发展成为"世界旅游休闲中心"的转型目标高度契合，上海在公共管理和社区服务方面取得的成功经验，显然值得澳门加以借鉴。

全国政协副主席何厚铧一直希望加强沪澳合作关系。考虑到澳门青年只有熟悉内地经济社会发展情况，不断提升综合素质，才能把握机遇与挑战，在澳门与内地交流合作中占领先机。何厚铧副主席在考察期间提出希望可以设立一个稳定的平台和机制，每年派出一定数量的澳门青年到上海学习实践，然后带着上海的经验回到澳门，服务特区。他回到澳门与时任行政长官崔世安先生交换意见后，确定由全国政协港澳台侨委员会、上海市政协、澳门特区全国政协委员、澳门中联办和澳门基金会共同主办这个项目，由澳门基金会负责具体的组织工作并提供资金上的支持。

确定分工后，我们又在选派学员、实习时长以至住宿安排、学习内容等方面与有关方面反复研究和讨论，最终确定学员主要来自基层社团，以从事社区工作的人员为试点，每一期学员人数不超过30人，时长3个月。学员在出发前必须完成澳门基本法、社会经济发展情况等行前培训，到上海后再完成一个星期的学习，务求先让学员形成必要的国家意识和较广阔的视野，再通过在上海的实习活动汲取经验，以较高的水平完成学习实践。由于这个计划以培育澳门青年人才为目的，所以我们把它命名为"澳门青年人才上海学习实践计划"（以下简称"计划"），时间定在每年的9月至12月。

当"计划"在2012年7月下旬公开接受申请时，招募情况不太理想。毕竟"计划"还是一项新的尝试，而那时澳门青年对内地的认知度也远不如现在，要让他们"离乡别井"到上海实习3个月，无疑是一种"挑战"，"人生路不熟"所产生的心理焦虑需要调适。为了应对这种情况，我们以"计划"提出对拟报名学员须具有一年及以上工作或社会服务经验的要求为切入点，拜访澳门主要的社会团体，主动听取他们的意见。针对社区工作人员人手相对紧张的意见反馈，我们耐心地向他们解释"计划"对提升社团服务和管理水平的益处，同时决定在"计划"实施初期调派一名基金会人员作为学员领队常驻上海，负责日常联络和管理工作，让学员们能安心学习，最后说服社团派出具有潜质的优秀青年人员参加"计划"。

在开班式上，我曾对入选的学员们说过："能够参与此计划，得到悉心的栽培，在座28名学员都是幸运儿。"尤其让人感到欣慰的是，经过3个月的理论学习、实地参观和工作实践后，学员们也切实感到自己能入选参加"计划"真是幸运儿："我们是幸运的，因为关于上海的种种，并非靠几则新闻，或是大量的材料和模型就能体会得到的。即使生活在上海多些日子，也无法从日常体验中得到诸如这样有系统、有序并且环环相扣的信息。"也有学员比对上海和澳门的发展情况,不无感叹:"城市的发展是相似的,但城市发展的轨迹各不相同。生于澳门、长于澳门的我们,尽管一直生活在一个被贴上'中西文化交融'标签的国际化城市中,拥有最多的渠道去了解世界,但若非走出家门,也许我们不曾发现,自己对世界的认知是如此的肤浅,宛如井底之蛙。"更意识到"在实践的过程中,加深对上海城市的了解和体验,并且消化当中的精华,最终反馈给我们的社会,这正是对何副主席、本计划以及所有为它付出过汗水的老师和工作人员最大的报答"。通过学员们的亲身体会,"计划"期望为澳门青年带来的积极效益就这样发挥出来了。

或许是学员们口耳相传的结果,始料不及的是,从2013年举办第二期"计划"起,我们每年都收到大量的查询,"游说参加"从此变成"争抢名额"。我们也总结经验,把学员的招收面从社团服务人员的试点扩大到各类机构的专业人才。可以说,"计划"的短短3个月学习实践,不但使学员有机会在上海生活,深入体会当地海纳百川的文化特色,开阔眼界,也让学员体会到即使人在内地,即使文化背景有所不同,在同一个社会大舞台上也完全可以施展所长,澳门青年完全可以用更宏观的视野审视

2023年10月,学员参观延安革命纪念馆

自己、看待社会。更重要的是，他们对国情的认知、对国家的感情都有了非常大的提升，成为日后推动澳门发展、助力澳门进一步融入国家发展大局的动力，让报效国家、服务澳门的意识深深植根在学员的心中。"计划"在上海的成功开展，也给予我们充足的信心和底气，2015年又举办了分别以社区工作者和大学生为对象的"澳门社区工作者陕西体验式研修计划"和"澳门大学生天津学习交流计划"，还在2016年至2019年间执行行政长官办公室安排，与教育部和全国青联合作、以每年培养1000名青年学生到内地交流学习为目标的"千人计划"活动，务求通过不同层次、不同领域、不同方式的培育，发展和壮大具备大局意识和家国情怀的澳门青年人才队伍。

粤港澳大湾区的纵深建设，推动澳门形成进一步融入国家发展的大格局。从学员对内地认知不足，到两地交流交往日渐频繁密切，进而使学员的学习态度也越来越积极，心态越来越成熟。为了使"计划"达致更大的效果，就在第一期"计划"结业的时候，我们便提议成立一个社团组织，凝聚历届"计划"学员，使之成为一支爱国爱澳的青年梯队。2014年，"汇智社"成立，构筑起一座搭桥铺路、团结学员的舞台，伴随他们更好地成长。有些参加过"计划"的年轻护士已经成为护士长，有些银行职员已擢升为经理，有些普通社工已经成为社会服务中心的总监。学员们在"计划"的学习实践中所吸取的种种经验和切身体会，成为他们心智成长的催化剂，为他们日后的事业发展和人生规划架筑起一条不一样的道路，也让"计划"的道路越走越宽，成为青年培训工作的品牌项目。

2019年，第八期"计划"全体学员满怀热情地向习近平主席写了一封信，信中提及他们从学习实践中深刻感受到我们的国家制度是符合实际、与时俱进的，有信心把"一国两制"的制度优势坚持好、发展好、完善好，习近平主席来澳出席回归祖国20周年庆祝活动时对学员们的来信给予热情回应。习主席的表扬，令历届参加"计划"的学员和参与"计划"筹备和执行工作的人员深受鼓舞。

时光荏苒，2024年迎来"澳门青年人才上海学习实践计划"的第十期。回想起我在第一期"计划"的结业式上对学员说过："行是知之始，知是行之成。"何厚铧副主席的远见，沪津延澳各级机构人员和同事的通力

2024 年"澳门青年人才上海学习实践计划"开班式暨十期学员交流活动

合作，学员们的不懈努力，知行合一，如今有成，令人欣慰。不论是上海还是天津和延安的学习计划，我们都是本着同样的初心和使命，就是让澳门青年在各种各样的学习、实践和交流中时时砥砺自己，不断锻炼成长，在活动结束后能以年轻人应有的心态面貌、创新思维和孜孜不倦的精神，为澳门社会发展不断注入新的动力，更要让新一代澳门青年爱国爱澳、自信自强的精神风貌在新时代焕发出耀眼璀璨的光芒。正如其中一位结业的学员在总结时说："也许，我们离'人才'仍有一段距离，但我们更明确要以成为'人才'为目标，以更高标准、更负责任的态度要求自己，努力提升自己，更好地服务社会。"作为参与其中工作的一员，我感到十分骄傲和自豪。

（作者系第十四届全国政协委员，全国政协文化文史和学习委员会副主任，中华海外联谊会副会长，澳门基金会行政委员会主席，澳门文化界联合总会会长。）

澳门星·航天情·中国梦

————陈季敏————

　　2023 年 5 月 21 日，首颗由内地与澳门合作研制的空间科学卫星"澳门科学一号"成功发射。5 月 23 日，习近平主席回信给参与"澳门科学一号"卫星研制的澳门科技大学师生，称赞他们投身国家科技事业和航天强国建设的热情与担当，肯定澳门深化与内地在航天等领域的科技合作取得的可喜成果，勉励澳门高校和科技工作者继续传承爱国爱澳的优良传统，积极融入国家发展大局。

　　习近平主席的回信语重心长、饱含深情、催人奋进。这封回信不单是对澳门科技大学师生的祝贺与肯定，也是对全体澳门居民的关怀和期许，更是对广大澳门居民的巨大鼓舞和激励。澳门社会各界反响热烈，澳门科技大学师生、全体

2023 年 5 月，澳门各界传达学习习近平主席重要回信精神座谈会

澳门高校师生、科技工作者将习近平主席的回信作为工作指南和动力来源。

我全程参与了"澳门科学一号"卫星项目工作，负责协调与内地合作方的沟通，并拓展与国际科学界的联系，回顾工作历程，对此十分自豪，感触良多。

历史上的大航海时代，催生出一批西方列强，称霸全球达数百年之久。迈入航天世纪，"东升西降"态势日趋明显，东方实现大国崛起，中国矢力构建人类命运共同体。新中国的航天事业，就是追梦、筑梦、圆梦的过程。我国航天工业经过 60 多年的独立、自主发展，建成了完整的航天科技工业体系。特别是党的十八大以来，习近平主席高度重视，航天事业取得了举世瞩目的成就，汇聚起实现中国梦的巨大力量。

脚踏实地、仰望星空，从近地空间探索，到月球、火星、太阳探测，再至神秘深空遨游，中国航天事业突破重重苍穹。

"梦想有多大，空间就有多大，舞台就有多大！"而"澳门科学一号"卫星项目成功实施具备了坚实的政治基础、牢实的社会基础、扎实的科研基础。

政治基础坚实

回归后，在中央政府的坚强领导和祖国内地的大力支持下，澳门治理体系日益完善，经济实现跨越发展，居民生活持续改善，社会保持稳定和谐，全面体现了"一国两制"的成功实践。

2019年11月，在澳门回归祖国20周年之际，中央政府批准实施"澳门科学一号"卫星项目，这是落实习近平主席关心澳门发展的重要工程。澳门特别行政区政府和国家航天局联合组织推进项目，发挥"一国两制"优势，快马加鞭研制卫星。

"澳门科学一号"卫星项目的成功，是澳门贯彻中央关于科技自立自强、秉承"国家所需、澳门所长"精神要求的重大成功实践，是澳门发挥自身的优势和作用，更好融入国家发展大局的一道亮丽风景线。

社会基础牢实

早在回归前，澳门各界人士便已踊跃支持祖国航天事业的发展，不但工商界人士出资出力，社会各界也注入了极大心血，引领澳门市民广泛参与其中。回归后，澳门携手中国航天基金会，在爱国主义教育、航天科普宣传、青少年培养、扶贫帮困、奖励资助等方面深入合作，结出了累累硕果，将澳门无数颗爱国的火热之心持续传承下去。

自2003年起，澳门组织大中学生前往酒泉卫星发射中心等发射基地进行航天科普交流，不少参加活动的澳门青少年就是从那时起萌发了从事科学研究的志向。澳门基金会也为扎根边远艰苦地区、从事航天科研试验任务的航天工作者子女提供奖学金，协助他们前来澳门高校深造。

正是有了牢实的社会基础，"澳门科学一号"卫星项目才得以顺利推进。

科研基础扎实

回归后，澳门高校积极参与国家航天工程。2005年开始，澳门科技大学成为港澳地区最早参与国家首个深空探测高科技航天项目的高校，适时

月球与行星科学国家重点实验室一角

获得嫦娥1号、2号飞行器探测月球的科学数据，展开研究。

2011年，澳门科技大学成立太空科学研究所。2016年，我国火星探测项目立项，澳门科技大学科研团队受邀深度介入火星探测项目，参与"天问一号"等探测器的研制生产、数据处理及分析工作。2018年10月，这是天文与行星科学领域唯一一个国家重点实验室。国家重点实验室在国家大力发展深空探测的战略指引下，已开展了多项月球与行星科学的基础研究工作。

得益于中央的大力支持，澳门不单在航天科技领域，在中医药、半导体、物联网与智慧城市的建设和发展等领域，也在与内地科技交流与合作中取得了重大进展。在10多年内，科技部先后在澳门成立了4个国家重点实验室，使澳门成为珠江口西岸地区现代科技的高地。

因此，政治基础、社会基础、科研基础得以筑牢，都是澳门积极融入国家发展大局的结果。澳门积极参加祖国航天事业，成功实施"澳门科学一号"卫星项目，是一个"爱国爱澳、薪火相传"的典型案例。

再接再厉，助力国家科技自立自强

"澳门科学一号"卫星成功发射后，深受鼓舞的科研团队继续展开后续科研工作。"澳门科学一号"卫星在轨运行后，建立我国首个高精度磁测卫星星座，依托横琴粤澳深度合作区、粤港澳大湾区科技建设，助力国家高水平科技自立自强，围绕重大科学发现、原创性技术发明、核心产业发展，打造粤港澳大湾区新科技平台。

"澳门科学一号"卫星项目科学家团队目前已与18个著名国际研究机构协作，如与美国哈佛大学、丹麦国家空间科学中心、瑞士苏黎世联邦理工学院、英国里兹大学、英国埃克塞特大学等签订合作协议，吸纳了一批国际科学家和工程师，联合开展"澳门科学一号"卫星的研制及相关科学研究。

2023年9月，澳门科技大学成立"澳门空间技术与应用研究院"，立足澳门、协同大湾区、融入国家、面向世界，将继续推进"澳门科学一号"卫星在轨测试、科学研究、工业应用，促进澳门在航天科技领域的高质量发展。同时深化内地与澳门在航天等创新科技领域开展合作的新路径，拓展以大湾区为基础、澳门为窗口开展空间科学、空间技术、空间应用广泛合作交流的新空间。

薪火相传，培育青少年科学家

"澳门科学一号"卫星项目的实施计划中包括科普工作。科研团队组织澳门学生和青年亲身参与设计科普卫星、试验及科研活动，在他们心中埋下探索宇宙的好奇种子。在言传身教、耳濡目染之下，不少同学真正体会到了"特别能吃苦、特别能战斗、特别能攻关、特别能奉献"的航天精神。一批批澳门青少年，怀爱国爱澳之心，立报国兴澳之志。

2023年底，澳门启动"青年科技村"科创人才培养计划，为在科技领域有特长的学生提供专门培训，及早发掘、及时培养科技领域人才。国家级科研平台吸引更多有志向的澳门青年投身科技事业，他们逐渐成长为澳门融入国家科技发展大局的主体力量，为祖国建设世界科技强国的战略目标贡献才智。

凝心聚力，丰富"一国两制"实践内涵

在中央政府的关心和支持下，由澳门特别行政区政府与国家航天局联合组织的"澳门科学一号"卫星项目顺利实施、成功发射，不但推进了航天科学研究，提升了航天技术水平，更是在新时代新征程上，丰富"一国两制"实践新内涵的生动体现。它极大鼓舞了澳门投身祖国航天事业、投身航天强国建设的热情，极大增强了澳门实现高质量发展、助力粤港澳大湾区科技发展的动力，更加彰显了澳门背靠祖国、联通世界得天独厚的显著优势，更加体现了祖国支持澳门推进自身高质量发展、融入国家发展大局的信心，更加坚定了澳门继续发挥自身优势和特点、推进具有澳门特色的"一国两制"事业的决心。

国家航天科技的发展，倾注着澳门同胞的爱国热忱和期盼。国家早前宣布选拔、培训第四批预备航天员，给予香港、澳门各一个载荷专家名额，进行空间科学实验工作。这一喜讯既振奋了港澳社会，又掀起了经久

2023年11月28日，"澳门科学一号"卫星投入使用仪式在澳门举行

不息的爱国热潮，并正吸引更多香港、澳门优秀人才投身国家航天事业及相关高技术产业。

澳门，由航天科技的支持者，到尖端科技的参与者，再成为某些领域的引领者，是长期坚持"国家所需、澳门所长"的宝贵结晶。"澳门科学一号"卫星成功发射、澳门深度参与国家航天事业，正是澳门发挥自身的优势和作用，更好融入国家发展大局的一个缩影。

在强国建设、民族复兴的新征程上，国家让我们拥有了施展才能、发挥才智的广阔舞台，更为澳门投身横琴粤澳深度合作区与粤港澳大湾区建设、融入国家发展大局创造了良好的条件。新时代的号角，催人奋进，鼓舞我们凝聚力量、团结一心，繁荣科教事业，继续为深合区、大湾区的发展，为"一国两制"行稳致远，为中华民族伟大复兴的中国梦作出积极贡献。

（作者系第十四届全国政协委员，澳门科技大学校董会秘书长。）

见证回归后澳门教育事业的发展

——林伦伟——

我在见证历史

1999年12月20日零时，是我见证历史的时刻。在电视上目睹第一任澳门特区行政长官何厚铧在中葡两国元首见证下，由葡方手中接手澳门政权。澳门回归祖国，我的内心无比激动，那种见证处于大时代交替的洪流下的感受，那种作为中国人的心灵冲击，深深刻在我的心坎里。当年各方媒体大量报道，家人、学校、朋友也紧张地筹备着各种庆祝活动及工作，这是一个祖国母亲寻回孩子的动人时刻，令人感怀。

在回归祖国后，澳门社会各方面发生了翻天覆地的变化，政策改善，经济发展迅速，教育制度变化，"一国两制"制度优势的充分发挥，使得每个人都在国家和特区政府带领下，为新时代新征程全面发展贡献自己的力量。

1999年，是我迈向人生转折点的一个重要时刻，是我醉心于教育事业之时，也是我投身教育事业之始。教育之道，在于明德，要培养一个健全

20世纪50年代，家长们协助兴建劳校小学部校舍

的人格，是教育目标；育人育己、教学相长是我在教育路中的体验。而如何建立以人为本的全人教育，树立人品典范，是我在教育生涯中仍在不断学习与反思的过程。十年树木，百年树人，教育是百年大计，不可轻忽。同时，我亦为教育事业定下明确目标，在我的心中种下为祖国育人树人的种子。

回归前后的澳门教育发展

回归前，在20世纪五六十年代，澳门经济飞速发展背景下，生育率激增，教育需求大，加上澳葡政府对华人教育的不重视，澳门民间亦自发组织教育工作。如澳门工会联合总会因应职工群众的需要及配合社会发展，提出"救济失学，维持就学"的呼声，积极开办教育服务，创立了劳工子弟学校，为一众职工子弟提供了就学的机会，提供了改变命运的机会。之后，在社会的努力争取下，华人积极参与政治后，澳葡政府才逐渐

劳校师生高举"回归啦"标语，表达澳门渴望回归祖国的心情

对教育服务有更多的投入。直到80年代，政府推进教育制度改革，重点包括义务教育政策、《私立教育机构章程》《特殊教育制度》《规范技术及职业教育》《高中课程框架法令》等。进入90年代，澳门非高等教育改革持续发展，统一学制、统一教学语言、改革学前教育、实施免费教育、兴建新校舍以解决教学空间不足、规划和发展教育专业化队伍、解决学额不足、设立本地化课程与教科书等。

　　回归后，特区政府在祖国指引下改革发展，也明确了未来发展的方向。现时澳门的教育服务模式及相关政策建立，是基于澳门基本法第121条规定"澳门特别行政区政府自行制定教育政策，包括教育体制和管理、教学语言、经费分配、考试制度、承认学历和学位等政策，推动教育的发展"。2000年以后，教育相关法律修改及制定加快，不断推进非高等教育变革及课程改革。同时建立起新的课程领导体制，改进课程结构、增强各领域和学科的课程基准、优化本地教材，覆盖面扩展到由幼儿至高中15年免费教育的所有阶段。在爱国主义、公民意识、品德教育等多个范畴配合下，紧随着澳门社会的发展成就现时的体系。在回归后的将近25年间，澳门教育经历了一次辉煌的跃进。

中国新时代教育现代化模式

百年大计，教育为本。在祖国《中国教育现代化 2035》和《加快推进教育现代化实施方案（2018—2022 年）》中描绘了中国教育现代化的宏伟蓝图和施工图，为教育现代化订立了长远的规划、部署及要求。如何建成服务全民终身学习的现代教育体系，总体实现教育现代化是本澳的下阶段目标。教育是国家发展中的一个战略定位，而澳门教育事业具有几百年发展独有风格及特长，日后应侧重为祖国人力资源发展做人才支持及储备，以努力提高教育质量、加强本地教师团队建设、激发创新教育活力、加快信息化时代教育变革为重点发展方向。

在澳门回归 25 周年之际，我愿在教育之路上，继续为澳门教育奉献己力，继续引领青年人构建教育新格局。同时充分利用澳门"一中心、一平台、一基地"的优质资源，培养时代发展需要的人才，提升本地青年人的国际视野和影响力，以习近平新时代中国特色社会主义思想为指导，信心满满地迈向新时代教育发展的新征程。

（作者系第十四届全国政协委员，澳门立法会议员，澳门工会联合总会副会长，澳门劳工子弟学校副校长。）

与国偕行
——澳门教育变迁亲历记
——高锦辉——

　　2024 年注定是非凡的一年：祖国 75 周年华诞，澳门回归 25 周年，培正中学创校 135 年。与国偕行，与校偕行，我今年正好 60 岁，自己也在培正中学工作了 40 年，有幸见证了澳门回归前后许许多多高光的历史时刻，也见证了祖国和澳门特区的腾飞巨变。

　　在此，我想以我的亲身经历，与大家分享回归前后澳门在教育上经历了怎样的发展，也想让大家真切地体会到，澳门特区教育的累累硕果是怎样在"一国两制，爱国爱澳"的伟大旗帜下茁壮成长的。

回归前的身份认同迷思

　　我是土生土长的澳门人，1984 年从澳门培正中学毕业，那时的我和同龄人一样，既有蓬勃的朝气，有时也感到前途迷茫，难免焦虑彷徨。虽然祖国内地五年前就开始实行"改革开放"，但那时仍处于葡国统治的澳门，依旧封闭保守，加上中葡两国关于澳门回归谈判还没有落实，前途不明，我感觉自己处在一种虚空的状态下，迷惘而不知所措。

我记得，中英谈判在1984年底签署联合声明，香港"股灾"频频，人心惶惶，出现了"移民潮"，导致不少人的"身份认同"出现"困惑"，同时波及一水之隔的澳门。回归前，澳门一直是香港的"附属"，没有找到自己的"主体性"——以前写信，怕老外不知澳门在哪，往往会在地址上写上"Macau（via Hong Kong）"，这也导致不少澳门人的"身份认同"出现"困惑"。

"身份认同"，敏感而微妙，是一个复杂的、流动的属于社会学和心理学范畴的词汇。因为它是社会化的产物，往往会随着社会的变迁而改变。从历史上来看，"小城故事多，充满喜和乐"，澳门曾经是很不起眼的小城，它的故事不足为外人道也。然而，它是东西方文化交汇的窗口，也是清末民初、抗日战争、解放战争时期的避风港。在时代的洪流下，澳门人的"身份认同"回环往复，也曾有过激烈的动荡。

"澳门人"的组成是很复杂的，大多数"澳门人"来自广东，五分之一来自福建，还有1949年和1979年从内地南来的各省人士，少量的葡萄牙人、中葡混血的"土生葡人"，20世纪六七十年代从东南亚回来的"归国华侨"，还有很多菲律宾人、越南人、印度尼西亚人和泰国人等——虽然共同挤在不足30平方公里的弹丸小城里，在身份认同上，却是"各自精彩"。

不过，如同当时大街小巷传唱着汪明荃的《勇敢的中国人》那样，大多数的澳门人和当时大多数的香港人，在"中国人"的"身份认同"上是没有含糊的。

那时候，祖国内地还没有开放港澳学生读大学的途径，澳门刚创办了一所东亚大学，声誉未显，学费却甚昂贵。当时想读大学的，多半去香港、台湾，家里条件好的，可以出国深造，将来留在国外定居生活。

我自己却无法继续升学，因为那时的光景与现今大不一样，若非成绩突出，拿到奖学金，一般工薪阶层，实在难以担负不菲的学费。中学毕业后，我只能选择就业，以纾解家里的压力。

毕业那年，蒙母校培正中学不嫌弃，我得以入职，当起一名排球助教。那时学校每年都会组织教职员工到广东或外省旅游考察，了解各地风土人情和发展状况。看着祖国的大好河山，我为自己是一名中国人而感到自豪与骄傲。虽然当时中国大陆还比较落后贫穷，但我对祖国的发展前景充满信心。

课程改革，教育多元

位于澳门半岛高士德大马路的培正中学，拥有 135 年历史，是一所兼具中国传统严谨治学态度和西方自由开放探究精神的学校。澳门培正学校是一所"一条龙"学校，即幼儿园、小学、中学部均设在同一校址，学生人数维持在 3000 多人。

我与培正有着莫大的缘分，这是我的母校，也是我开启"人生第一份工"的地方。我在学校担任过不同的职位：排球助教、实验室管理员、数学科老师、德育处主任、副校长等，一直到校长，现在更荣任澳门立法会议员和全国政协委员。无论哪一个岗位，我都抱着学习的心、感恩的心，努力尽责；不管身担何职，我为教育奉献的心始终不变；不管前路几何，我都坚持发扬培正爱国、爱澳、爱校的优良传统，与祖国和澳门同行，为国为澳，培育英才。

回想起来，我小时候学习成绩其实并不好，究其原因，每个人的兴趣、才能各有不同。可见，没有最好的课程，只有最适合的课程。因此，在担任校长后，我结合个人经历，致力推进校本课程改革创新，钻研教学改革，以实际行动诠释教育者的初心与使命。经过一段时间探索，我在2012 年推行培正中学教育改革。

在我当上校长不久后，有一位校董跟我说："高锦辉，你要带领培正冲出澳门、冲出亚洲，带领学校达到国际水平。"校董的话，让我倍感鼓舞，对我既是压力，也是动力。"向高山举目"，我一直在思考，怎么样才能实现这个目标。当然，实现这一目标有漫长的路要走，也需要全校师生勠力同心，共同奋进，这些都不是一蹴而就的。万事起头难，最关键的是找对发展的方向，以及依托什么样的力量。

对一所学校而言，发展方向当然就是指要培养什么样的学生的问题。北宋司马光的《资治通鉴》有言："德胜才谓之君子。"证诸今日，仍具深刻意义。本着"提高教学质量，改善学习环境，保持严谨校风"的办学方针，我十分重视落实学生以德为先的教育理念，同时着重学生在德、智、体、群、美、灵六育中均衡发展，通过各项活动的开展，保障学生在各教育阶段获得多元、均衡且完整的学习经验。我期望通过优质的教育，培养有爱心、有责任感、有国际视野、有审辨思维、有创新能力、有竞争力、综合素质良好的爱国爱澳青少年。

于是，经过几年的深入调研，我走访内地、港台，乃至世界各地的著名学校考察，加上缜密的思考和反复的讨论，自2012年起，我和全校的教职工一道，共同推动课程改革。课程改革的核心，是实践多元评价。回顾培正课改10年，最初通过科学数据分析，确立学科改革的次序、内容和形式，再从个别学科、班级落实改革方向，逐步推广至全校各科，最后成功开辟了一条前人未曾走过的路。培正在10年间引入了电子学习、个性化教学、多元评核及STEAM（科学、技术、工程及数学）跨学科课程等，提升学生课堂参与度和学习效能，降低留级率，令优等生及后进生都得到适切发展。

在推进课程改革的过程中，学校持续通过国际评鉴了解学生能力，从中了解到学生能力不断进步，让学校有更大信心推动改革步伐、协助学生减负，以及确保学习内容符合国际标准，进一步衔接未来升学。课改至今，不同程度和类型的学生，都尽可能地得到了各自发挥的平台，而德育工作更从中得到拓展，老师自身亦能一展所长，培正校园充满了拼劲和朝气。

长期勤奋耕耘，最终换来了喜人硕果。近年来培正学生在世界舞台上展现了澳门学生的风采，屡创佳绩，这也反映出培正学生水平在不断提高。学校长期以来高三毕业生升学率保持在100%，其中不乏进入世界一流院校者，一些学生在国际比赛上也取得优异成绩。

2019 年，"新时代下万众创新理念落户基础教育——澳门培正中学 STEAM 融入正规课程之实践与推广"项目获得"2018 年国家级教学成果奖（基础教育）"一等奖，我作为代表到北京接受表彰。9 月 10 日在北京人民大会堂，习近平主席与我握手，得知我来自澳门特区后表示："澳门的教育办得不错。"这是澳门学校首次获得该奖项，也是全国唯一以 STEAM 为题而荣获一等奖的学校。卓越的成绩，真正体现了澳门培正课改的成功之道。习近平主席的高度评价，我认为这是澳门教育界的光荣，表示国家对澳门教育工作的支持和肯定，同时也是给全澳学校的鼓励，为澳门教育写下浓墨重彩的一笔。

2019 年，澳门培正中学获国家级教学成果奖一等奖

不仅仅是澳门培正中学，其实整个澳门的基础教育和高等教育，在回归以后，都有了翻天覆地的变化，成绩有目共睹。澳门高等教育近年规模不断扩展，2023 / 2024 学年，澳门高等教育共有 10 所院校，有学生 55611 名，较 2019 / 2020 学年的 36107 名学生，大幅增加超过六成，且当学年共约 14 万人报读澳门高校，学额需求旺盛，反映出澳门高校已成为众多学

子的选择。澳门公立高校在录取内地本科生时，会参考内地高考一本线或相应范围，进行择优录取。对比回归初期，课程数量增加约 50%，教研人员和学生均增加 3 倍。

澳门大学在回归前的全球排名在千名以外，只能算是"社区大学"，名不见经传。回归后，在国家的关怀、特区政府的支持、各界的努力和师生的共同奋斗下，澳门高校国际排名不断攀升，教学和科研水平得到国际的认同。在 2024 年泰晤士高等教育的世界大学排名中，澳门大学首次跻身世界前 200 强，排名第 193 位；在内地和澳门地区排第 14 位，在内地及港澳台中排第 20 位。澳门科技大学全球大学排名第 251 ~ 300 位；在内地和澳门地区排第 18 位，在内地及港澳台中排第 24 位。澳门理工大学于 2023 年泰晤士高等教育可持续发展目标"就业与经济增长"及"可持续城市和社区"排名中位列全球第 101 ~ 200 位，知名度不断提升。在 2024 年 QS 世界大学排名中，澳门大学由第 304 位上升至第 254 位；在内地和澳门地区排第 10 位，在内地及港澳台中排第 19 位。澳门科技大学全球大学排名第 505 位；在内地和澳门地区排第 32 位，在内地及港澳台中排第 45 位。澳门旅游大学在 2023 年 QS 世界大学"款待及休闲管理"学科排名中位列全球第 10 位，亚洲排名由 2022 年的第 3 位攀升至第 1 位。

非高等教育部分，澳门特区政府对非高等教育的资源投入，从 2000 年的约澳门币 10 亿，到 2024 年的澳门币 77 亿，增加了 7 倍多。94% 以上的高中毕业生会升读高等教育；90% 以上的澳门私立学校都加入了 15 年免费教育的行列。

因此，回归以来，澳门非高等教育的发展成果骄人，这可以从 PISA（国际学生评估项目）成绩和创新科技成果两方面来观察。调查发现，在参与 PISA 2022 的 81 个国家 / 经济体中，澳门 15 岁学生的数学、科学和阅读素养均表现出色，在 PISA 素养排名表上分别位列第二、第三和第七，尤其是作为本届主要测试领域的数学素养，澳门学生更首次位居全球第二，是历届 PISA 测试所取得的最佳成绩。创新科技方面也乐见其成，现在大家都在说"教育兴澳、人才建澳"，在特区政府的大力投入，尤其是在澳门科技发展基金的大力支持下，澳门的创新科技教育得以蓬勃发展，捷报频传。

中华文化，爱国爱澳

　　我们都是伟大时代的见证者，1999 年 12 月 20 日，是一个永载史册的日子。这一天，澳门结束了长达 400 多年的葡萄牙统治，回到了祖国母亲的怀抱。这是中葡两国政府在澳门文化中心举行政权交接仪式的日子，也是中国政府恢复对澳门行使主权的庄严时刻。我印象最深的是澳门社会各界"翘首盼归"的心情。回归前，澳门治安不好，经济不景气，社会各界最期盼的就是早日回归，期待着回到祖国之后澳门人当家作主，期待着在中央政府的支持下，澳门可以快速地实现经济增长、社会安定、生活改善。

　　回归以来，澳门"一国两制"成功实践，爱国爱澳成为全社会的核心价值观。澳门特区政府对教育的支持和投入，让澳门教育事业得以稳步发展，成效彰显。特别是面向青少年，深入开展爱国主义教育，巩固了"一国两制"成功实践的思想基础，让爱国爱澳核心价值薪火相传。澳门培正

1999 年 12 月 20 日，澳门回归祖国，培正中学举行升旗礼仪式

中学就是这样一所有爱国情怀、有社会担当的学校，长期以来深耕爱国爱澳教育，厚植中华文化根基。

培正中学虽然是一所成立135年的基督教学校，但一直以来却坚持母语教学，以传承弘扬优秀中华文化为教学方针。2013年底，我在中华文化馆开幕典礼致辞时就提到：作为新一代的培正青年，我们不仅要努力学习各种科学知识和社会技能，更要培养对文化和艺术的兴趣，多方面发展、完善自己。而作为中国人，我想，如果我们要期望教育出一个理想的青年，首先就应该让青年对中华文化有一番认识与修养的基础。

2014年12月20日，习近平主席在出席澳门回归祖国15周年大会暨澳门特别行政区第四届政府就职典礼时，对澳门教育界的这一重大成就给予高度评价，称赞"爱国爱澳成为社会主流价值观"。习近平主席指出，"澳门同祖国内地的交流合作日益密切，继续为祖国改革开放和现代化建设作出独特贡献，分享祖国发展带来的机遇和成果。澳门同胞对国家的认同感和向心力不断加强，血浓于水的民族感情不断升华，爱国爱澳成为社会主流价值观。"习近平主席十分重视澳门青少年教育工作，要求"继续面向未来，加强青少年教育培养"。具体而言，就是"要实现爱国爱澳光荣传统代代相传，保证'一国两制'事业后继有人"；"要高度重视和关心爱护青年一代，为他们成长、成才、成功创造良好条件"；"要把我国历史文化和国情教育摆在青少年教育的突出位置，让青少年更多领略中华文明的博大精深，更多感悟近代以来中华民族救亡图存、发愤图强的光辉历程，更多认识新中国走过的不平凡道路和取得的巨大成就，更多理解'一国两制'与坚持和发展中国特色社会主义、实现中华民族伟大复兴中国梦的内在联系，从而牢牢把握澳门同祖国紧密相连的命运前程，加深民族自豪感和爱国爱澳情怀，增强投身'一国两制'事业的责任感和使命感"。

2017年初，中共中央、国务院共同印发了《关于实施中华优秀传统文化传承发展工程的意见》，其中重点提到推广中华文化的方针。2017年7月1日，在习近平主席见证下签订的《粤港澳大湾区合作框架协议》载明，澳门在大湾区的一个重要定位为"以中华文化为主流，多元文化并存的合作交流基地"。这一定位无疑具有划时代的意义，也引发我们思考如

培正的中华文化馆是澳门的中国历史文化推广基地

何在澳门弘扬中华文化。

推行爱国教育方面，回归以来，澳门培正中学高中毕业生赴内地升学的比例大幅增加，由原来的个位数跃升至接近 40%。学校每周都会举行仪式感满满的升旗仪式，伴随着雄壮的《义勇军进行曲》，五星红旗和澳门特别行政区区旗在晨光中冉冉升起。除了升旗仪式，学校还以文化作为爱国主义教育的核心载体，对培养学生的家国情怀和身份认同，都具有非常正面的影响。学校在 2013 年便创立了"中华文化馆"，收藏的物品门类齐全，涵盖广泛。通过实物的展示，使学生对博大精深的传统文化有更为具体、直接而亲切的认识，使文化馆成为校内推广中华文化的基地。文化馆不仅是陈列的场所，最重要的是对学生进行文化教育，使他们对于传统文化有所感受与启发，从而开拓人生的新境。因此，除了藏品的展示外，我们希望借助文化馆这个平台，就学生的程度和兴趣，开办各类与传统文化相关的讲座或课程。我们先后利用正课和余暇课，开设了中华文化、书法、普通话、国学经典读书会、茶文化、诗歌创作、历史时事等门类丰富的文化课程，也重视和校外组织、机构的交流，共同推进学生认识和了解国家。

新时代以来的澳门爱国主义教育得到进一步发展，澳门青少年的国家认同感进一步提高，国家对澳门青少年的吸引力进一步增强，澳门融入国家发展大局的态势得到进一步强化。

如果你要问我，澳门回归祖国以来，教育工作的最大特色是什么？我一定会说："那就是爱国教育，或者叫爱国爱澳价值观教育。"自回归以来，澳门特区政府就有一个十分明确的问题意识，即"加强澳门青年和市民的国家意识和国家认同感"。这不仅成为特区政府施政的主流和主线，更是澳门教育部门工作的主流和主线，以此为轴线，有关设计课程体系、安排教育内容、拓展课外活动、加强教育合作、提升学生素质和能力等，所有教育流程和环节都渗入了国家意识和国家认同的成分，因此也才有了澳门"爱国爱澳"教育所取得的巨大成就。

纵观回归以来澳门教育的发展成果，离不开祖国的支持和关怀。澳门教育发展所取得的伟大成就，有目共睹。融入国家发展大局，与祖国内地共同发展，是澳门回归以来最大的收获。

（作者系第十四届全国政协委员，澳门立法会议员、澳门培正中学校长。）

新时代澳门高等教育发展和机遇

—— 黄竹君 ——

澳门长期担当着中国对外联系的桥梁角色，早在 16 世纪已是贸易中心、中转港和中西文化交流平台。中国第一所西式高等教育学校——圣保禄学院——由天主教教会于 1594 年在澳门创办。经历了数百年的中西文化交流，澳门的教育体系多元、中西兼容，教学语言多元，国际交流频繁，聚集了不同文化背景的师资力量，形成了一定的竞争优势。

我记得澳门的第一所现代大学—私立的东亚大学—由几位香港企业家于 1981 年创办，获当时的澳葡政府拨地支持兴建。大学最初的办学目标是为满足香港学生的升学需求。1988 年，澳葡政府通过澳门基金会收购东亚大学，改为公立性质，并把大学内的理工学院和公开学院独立出来。当年，我还是一名中学生，在考虑升学去向之际，和很多同学一样受惠于此机缘，更获得奖学金升读东亚大学。1991年，东亚大学更名为澳门大学，没多久，我毕业后有幸获得留校任教和进修的机会。1991年和1995年，同是公立的澳门理工学院和旅游培训学院（现今的澳门旅游大学）相继成立，几年后我转职旅游培训学院，见证了往后20多年澳门高等教育的发展。

那段时间，澳门私立高等教育亦蓬勃发展。1992年，亚洲（澳门）国际公开大学成立（其前身为东亚大学公开学院，后于2011年易名为澳门城市大学）；1996年，澳门高等校际学院成立（后于2009年易名为圣若瑟大学）；1999年，澳门镜湖护理学院获政府认可为私立高等教育机构；2000年，澳门首所私立大学澳门科技大学成立；同年，澳门管理学院升格为私立高等教育机构。至2000年，公立院校承担了澳门主要的人才培养任务，学生人数较多，但当时获得高等院校的学位及文凭的学生总共只有8400多名。

澳门受限于面积和人口规模，经济不太发达，主要靠以专营权方式营运的博彩业推动。1999年，澳门回归祖国，成为中国第二个特别行政区。首任行政长官于2002年开放博彩专营权，旨在推动经济发展，改善民生。2003年，中央政府为帮助因受SARS疫情影响而经济低迷的港澳特区，推出内地赴港澳自由行政策，放宽内地居民来两地旅游。两项政策立竿见影，为澳门带来源源不绝的游客，亦衍生了旺盛的人力资源需求。

为推动社会发展，澳门特区政府大力支持教育事业，培养人才。自2002年起，相关部门开始研究修订高等教育法规，提高院校自主权及优化管治，并于2007年推出15年免费基础教育。在高教法修订过程中，我和其他高校负责人积极参与，提出意见和建议。新的《高等教育制度》法律终于在2017年颁布，并于翌年生效。除保证高校自主权外，新法还引入校董会机制、高等教育素质评鉴制度等，优化管治及推动学科高质量建设。

教育是国之大计、党之大计。党的十八大以来，坚持推进教育改革，加快教育现代化、建设教育强国。在国家支持和特区政府推动下，澳门教育事业持续良好发展，高中毕业生升大学的比率一直处于较高水平。高等教育进入了新的发展阶段，无论在教研质素还是学生数量上都有显著的提升。近年来，澳门有多所大学进入国际大学排行榜，并发展出优势学科如商贸、中医药、旅游、葡语及中葡翻译等，教学质量获得国际认可。2023 / 2024 学年总体学生规模约 55000 人，在高教学生群体中，外地学生占 68.9%，澳门输出高教服务的势头已形成，除为本地培养大批高素质人才外，亦为国家经济社会发展提供有力的人才支撑。

在国家支持下，澳门高校的研究力量亦得到很大的提升，拥有中药质量研究、模拟与混合信号超大规模集成电路、智能城市物联网以及月球与行星科学 4 个国家重点实验室。除此之外，亦建立了机器翻译暨人工智能应用技术教育部工程研究中心和多个"教育部人文社会科学重点研究基地（伙伴基地）"。

中共二十大报告首次将"实施科教兴国战略，强化现代化建设人才支撑"作为一个单独部分，并对"加快建设教育强国、科技强国、人才强国"作出全面而系统的部署。澳门教育界加深学习三位一体统筹部署，积极推动产学研发展，持续壮大科研力量，培养创新人才。2023 年 5 月 21 日，由国家航天局与澳门特别行政区政府联合开展、由澳门科技大学月球与行星科学国家重点实验室组织实施的"澳科一号"卫星成功发射。

如前所述，澳门先天受土地和人口资源匮乏所限，中央政府通过推出不同时期的区域融合发展策略，创造条件让澳门参与国家建设及享受发展红利。早在 20 世纪 90 年代，区域经济发展已见雏形，澳门居民当时最关注的是珠三角区域发展，如今大家放眼大湾区，又由粤澳合作聚焦到横琴粤澳深度合作区，区域融合发展的策略越见灵活精准、越见为澳门量身打造。

区域融合发展处处机遇，澳门教育界群策群力，在澳门教育部门的协调下，多年来积极与内地院校建立人才联合培养、研究合作、师生交流等项目。我校近年来为响应大湾区发展规划中关于建设人才培养高地的部分，已在珠海、横琴粤澳深度合作区、广州和佛山与当地文旅部门和企业单位合作设立培训中心和基地，把澳门优势学科资源输入湾区。

2023 年 12 月 21 日，《横琴粤澳深度合作区总体发展规划》正式印发，其中提出高水平建设国际休闲旅游岛，支持澳门世界旅游休闲中心建设。当中亦明确多项有力措施，支持澳门高等教育发展政策，包括允许已获教育部批准具有在内地招收本科生资质的澳门高校，在合作区开展与培养本科生及研究生相关的教学及实验，以及支持合作区科研院所和企业设立博士后科研工作站，探索与澳门高校建立研究生联合培养机制，大力开展旅游管理、中葡双语、跨境电商、金融科技等职业技能培训，培养一批急需紧缺人才。横琴粤澳深度合作区自2024年3月1日零时起正式封关运作，便利澳琴之间的生产要素流动，进一步促进两地经济民生的融合发展。

新时代见证国家在社会经济上的迅速发展，至今已是世界第二大经济体。我有幸和澳门居民一起搭上国家发展的高速列车，亦加快步伐融入国家发展大局。在国家教育科技人才一体统筹布局、区域融合发展增速、高水平对外开放的新时代大背景下，澳门教育界将持续增强实力，携手踏上新征程，为特区和国家培养更多爱国爱澳人才。

（作者系第十四届全国政协委员，澳门旅游大学校长。）

充分发挥"双重积极作用"
深入推动赣澳交流合作

——庞川——

　　我出生于江苏盐城，于2003年8月正式加入澳门科技大学，经历了有"回归大学"之称的澳门科技大学的发展，见证了回归以来澳门高等教育的成就。习近平主席在2018年和2023年两次回信中充分肯定了澳门高校取得的成绩，并对澳门高等教育发展提出要求，其中最重要的就是澳门高等教育深化与内地的合作，助力澳门融入国家发展大局，推动澳门特色"一国两制"成功实践行稳致远，积极参与强国建设与国家重大战略。

　　履职江西政协以来，本人持续提升履职效能，发挥澳区委员优势，结合个人在澳在赣身份，探索"澳门所长、江西所需""江西所能、澳门所需"，推动特别行政区与革命老区的交流协作、粤港澳大湾区建设与中部崛起国家战略的联结，重点围绕两地中医药产业协同发展、高等教育深化合作、科技创新联合攻关等领域献智献策，同时牵头加强两地交流、搭建合作平台，为谱写中国式现代化江西篇章、推进澳门融入中国式现代化贡献力量。

积极打造湾区伙伴，加快推进中部崛起

通过多年的研究和工作，我认为江西与广东毗邻而居，虽地处内陆，但孕育了历久弥坚的开放基因，更应该重视融入大湾区建设和发展的机遇。因此，江西应主动把对接和融入粤港澳大湾区作为构建全面开放新格局的重要举措，全力打造内陆双向开放新高地，在新时代推动中部地区高质量发展中加快崛起。为此，我在江西省政协十二届二次会议的发言中提出，江西要以改革为主线，加快推进"政策融湾"；以人才为抓手，加快实现"产业融湾"；以创新为支撑，加快打造"开放融湾"。此外，我在江西省政协十三届二次会议期间进一步提出，推动澳门与江西更加紧密合作，深入探讨江西与粤港澳大湾区联动互补，大力推动赣澳合作发展。我参与了江西省政协、统战部、庐山市政府等到澳门科技大学的交流活动。

推动全产业链协同发展，促进江西中医药走出去

我调研发现，江西是中医药大省、中医药文化大省，底蕴深厚、自然资源禀赋优良。赣澳两地在中医药产业特色发展、内涵发展、创新发展、融合发展方面各具特色，各有优势。我任职的澳门科技大学拥有中药质量研究国家重点实验室，能够为江西传统中草药资源的质量检测、质量保证、原产地认证、地道药材认证发挥一定的作用。早在 2017 年，澳门科技大学就与江西省签署推动赣澳中医药产业深度合作协议，为深化合作，我在 2023 年 9 月江西省政协界别协商座谈会和 12 月江西省政协第九次月度协商会上提出以澳门中药质量研究国家实验室为平台，加强双方中医药研究领域的合作；发挥"一国两制"优势，江西可探索在澳门申请新药注册的可能路径；引导江西中医药服务贸易以澳门为平台连接葡语国家。此外，本人在江西省政协十三届一次会议上作了题为《增进赣澳教科文合

作 助推中医药协同发展》的发言，指出，建设湘赣粤港澳中医药全产业链协同发展联盟，共同促进"种、科、工、贸"融合，推动湘赣粤港澳地区打造成为全国乃至跨国的中医药产业发展中心。

密切赣澳科技交流，助推两地融合发展

在江西任职期间，我深入学习了江西为积极打造中部地区重要区域科技创新中心，所推出的一大批变革性、牵引性、标志性的重大工程和战略举措。科技研发和高端制造业是澳门重点发展的经济适度多元发展的四大产业之一。赣澳科技合作互补性强、发展潜力巨大，因此我经常思考江西如何加快与粤港澳大湾区对接、融通，努力构建全方位、多层次、广领域的对外科技合作新格局。我在江西省政协十三届一次会议上提交了《关于打造 VR 产业江西高地，加快以数字赋能制造业高质量发展的提案》，提出尽快将江西数字产业融入 VR 新赛道发展思路。澳门科技大学拥有月球与行星科学国家重点实验室，学科建设、课程发展及科研成果享誉海内外，成功发射"澳门科学一号"卫星得到习近平主席的高度肯定和亲切勉励。我在江西省政协十三届二次会议上提交的《关于深入推进赣澳航空航天科技研发领域合作的提案》提出，以月球与行星科学国家实验室为平台，加强赣澳两地空间探测研究领域合作；引导江西航天航空科技贸易以澳门平台连接葡语国家，推动江西与巴西等葡语国家在亚马孙热带雨林保护等领域的空间技术应用合作；澳门历史城区是世界文化遗产，江西有遥感、地理信息系统和全球卫星系统等空间科技应用在文物遗址专项监测上的经验，未来可以通过澳门深化与拥有世界遗产城市众多的葡语国家的科技合作。

增进赣澳高等教育合作，创新人才联合培养机制

回归以来，在中央政府和祖国内地的大力支持下，澳门高等教育事业实现了长足发展，特别是近年来澳门高校的科研水平取得了显著进步，不仅为澳门经济社会发展培养了大量人才，也为国家科技强国建设作出了积极贡献，并获得习近平主席的高度肯定。江西实施科教强省战略，抓住

"双一流"建设契机，早日甩掉"高教洼地"的帽子，更有力地助推江西经济社会高质量发展，已是省内外业内人士的共识。本人作为高等教育从业者，特别关注在高等教育领域推动赣澳两地的合作，很多提案和发言中均提出要推进赣澳两地高校创新协同发展，如《关于深入推进赣澳航空航天科技研发领域合作的提案》提出，开展以空间物理、空间地理、航天工程等学科为基础的高等教育合作；在促进江西中医药发展协商座谈会上提出，开展以中医药教育为基础的高等教育合作。此外，我还见证和参与了澳门科技大学与南昌大学签署合作备忘录、江西服装学院对澳门科技大学的访问等两地校际交流合作。

挖掘赣澳红色资源和文化资源，培养青少年爱国主义精神

2019年，我见证了澳门科技大学历史学博士学位课程开设，加强中国史、澳门史的研究、教育和传播，将澳门历史学学科建设、人才培养提升到更高的层次。2021年，我又见证了澳门科技大学与中国历史研究院合作成立中国历史研究院澳门历史研究中心，统筹全国乃至全球在澳门历史研究方面的资源和力量，开展澳门历史文化研究、教育和传承，促进澳门历史学学科建设与发展。我在学习和工作中深刻认识到，江西和澳门在中共党史、中国近代史、新中国史中占有重要地位，两地也始终与国家民族前途命运紧紧结合在一起。因此本人也关注赣澳青少年交流与爱国主义教育的议题，在不同的提案和发言中提出要发挥两地资源优势，打造可持续发展的赣澳青少年交流精品项目，帮助澳门青少年充分认识以爱国主义为核心的民族精神，不断增强民族自尊心和自豪感，提升国家意识、荣誉感和参与感，引导赣澳两地青少年树立和坚持正确的历史观、民族观、国家观、文化观。如组织澳门青少年走访江西，开展"识中药 爱中华""航天强国"等主题爱国主义教育活动；围绕中部地区崛起、长江经济带发展和粤港澳大湾区建设、江西革命老区发展和澳门"一国两制"成功实践，聚焦赣文化、临川文化、客家文化、书院文化和澳门历史文化，围绕南昌起义、秋收起义、井冈山会师、苏区建设等党史国史重大历史事件以及依托澳门孙中山纪念馆、叶挺将军故居、江西南昌八一起义纪念馆、秋收起

义纪念地、安源路矿工人运动纪念馆、井冈山革命博物馆、毛泽东故居、中央苏区政府根据地、江西新四军军部旧址等红色资源，赣澳两地联手打造"认识国家重大战略""感知国家制度优势""体验中华传统文化""传承红色革命精神"等青少年交流项目。

2023 年 3 月，江西省与澳门特别行政区政府、澳门中联办签署三方合作框架协议，未来赣澳合作将进一步深化。我将持续发挥"双重积极作用"，服务好赣澳合作的大局，用好澳门和澳门科技大学的资源，全力支持澳门共促江西乡村振兴的相关工作安排，助推赣澳两地进一步深化科技、文化、高等教育等领域交流合作，为澳门与江西同发展、共繁荣作出更大贡献。

（作者系第十三届江西省政协常委，澳门立法会议员、澳门科技大学副校长。）

积极融入国家发展大局
加快澳门"一基地"建设

——林发钦——

引　言

在澳门打造"以中华文化为主流、多元文化共存的交流合作基地"（"一基地"）是继"一中心""一平台"之后，国家赋予澳门的又一发展定位，为澳门的长期繁荣发展指明了更加全面、清晰的航向。2008 年，国家发改委在《珠江三角洲地区改革发展规划纲要》中首次提出"巩固澳门作为世界旅游休闲中心的地位"。2011 年，国家"十二五"规划将港澳发展单独成章，提出"支持澳门建设世界旅游休闲中心，加快建设中国与葡语国家商贸合作服务平台"。2016 年，"十三五"规划继续明确支持澳门建设"一中心"和"一平台"。2017 年 7 月，国家发展改革委、香港特区、澳门特区及广东省四方签署《深化粤港澳合作推进大湾区建设框架协议》，在澳门部分增添了"建设以中华文化为主流、多元文化共存的交流合作基地，促进澳门经济适度多元可持续发展"的内容。2019年2月，中共中央、国务院对外正式公布《粤港澳大湾区发展规划纲要》，明确了澳门"建设世界旅游休闲中心、中国与葡语国家商贸合作服务平台，促进经济适度多元发展，打造以中华文化为主流、多元文化共存的交流合作基地"。至此，继"一中心""一平台"之后，"一基地"正式成为国家赋予澳门未来发展的重要定位和方向之一。国家"十四五"规划进一步明确，支持澳门丰富世界旅游休闲中心内涵，支持粤澳合作共建横琴，扩展中国与葡语国家商贸合作服务平台功能，打造以中华文化为主流、多元文化共存的交流合作基地，支持澳门发展中医药制造、特色金融和高新技术产业，促进经济适度多元发展。

"一基地"定位既肯定了澳门在历史上发挥的作用，更赋予了澳门新的时代使命。澳门"一中心""一平台"建设提出的时间相对较早，已引起社会各界及政府部门广泛深入的探讨研究，形成了不少贯彻落实的政策举措、实践经验以及与内地合作的良好基础。而"一基地"定位提出时间较晚，有关政策举措和实践经验还需要进一步优化完善和不断积累发展。

澳门"一基地"定位的提出及其丰富内涵

澳门"一基地"发展定位的提出及被社会认同和确定为政策目标有一个渐进的历史过程。重视澳门的中华文化及多元文化最早体现在澳门的教育法规和政策。经澳门特区政府吸纳社会意见并向中央政府建议，2019年2月，国家《粤港澳大湾区发展规划纲要》正式将澳门"打造以中华文化为主流、多元文化共存的交流合作基地"定位上升到国家战略层面。2021年，支持澳门打造"一基地"又被正式写入《中华人民共和国国民经济和社会发展第十四个五年规划和2035年远景目标纲要》。打造"一基地"的定位符合澳门的历史基因和实际特色，是澳门与其他城市竞争与合作的最为独特的比较优势。

"一基地"定位具有两个突出特点：第一，相较于"一中心"与"一平台"，澳门"一基地"定位提出较晚，推进实施也相对较晚，但是有较大的优势和潜力。第二，"一基地"与其他定位相辅相成。"基地"是"中心"与"平台"概念的延伸、发展与深化，三者是相辅相成、互相促进的关系。

澳门"一基地"概念具有丰富而深刻的内涵：

其一，以中华文化为主流，助力文化强国。澳门的中华文化是整个中华文化的有机组成部分。澳门的中华文化主流主要表现在独具地方特色的价值理念文化、以岭南文化为主的生活习俗文化以及具有澳门特色的新时代"一国两制"文化。未来，澳门将推进"一基地"建设，以澳门为平台和通道，向国际社会特别是葡语国家和地区进一步弘扬中华文化，讲好中国故事，为国家的文化强国战略作出澳门贡献。

其二，示范多元文化共存，贡献文明和谐。澳门吸收了以葡萄牙文化为主的拉丁文化、南欧文化，又伴有东南亚文化以及非洲文化，多元文化之间形成一种和平相处、相互交融、共同发展的"共存"关系，其经验对于构建人类命运共同体、对冲文明冲突论有积极的借鉴意义。

其三，致力交流合作，实现文化创新。文化的交流合作是中华文化协同万邦、包容天下的基因气质之必然体现。"一基地"建设须促进大湾区内部、大湾区与国外乃至中国与世界这三个不同层面之间的文化交流与合作，充分发挥澳门中西文化交流纽带作用，传播中华优秀文化，讲好当代中国故事，讲好"一国两制"成功实践的澳门故事。

澳门打造"一基地"的基础条件和实践进展

历史积淀和现实条件

一直以来，澳门是中西方文化交会的平台和桥梁。澳门文化蕴含着丰富的积极因素，既有岭南文化开放进取、重商实利的特点，又有移民文化多元包容的品性。澳门独特的中西文化交流历史，铸成了澳门文化开放性、重商性、包容性的独特品格。西方文化和中国传统文化多元并存、互相阐释、互相融合，逐渐形成澳门文化中"和而不同"的多元融合特质。澳门的多元文化中，中华文化始终是多元文化的底色，中华文化是澳门多元文化的主流，也是具有澳门特色"一国两制"实践的文化基因。

澳门文化之根是中华文化的基本精神，体现了中华文化自强不息、厚德载物、居安思危、乐天知足、崇尚礼仪等人文精神，强调共存并处，相互调剂。澳门中西文化交汇，不同价值观和文化理念在这里相互交流、相互碰撞、共生共荣，但爱国爱澳始终是澳门的主流核心价值，能够实现和而不同，进而促进"一国两制"的成功实践。澳门多元文化的特点广泛体现在多元宗教、多元建筑、多元教育、多元语言、多元风俗及多元艺术等方面。在"一基地"建设中，"中华文化为主流"和"多元文化并存"两者之间并不矛盾，作为主流的中华文化为多元文化的生存发展提供良好的文化大环境，多元文化与主流文化相互依存、共同发展，成为文化融合、文化传承的中坚力量。

澳门特区积极推进落实"一基地"建设

"一基地"建设成为澳门重要的施政方针。2019年6月，澳门特区政府颁布《澳门特别行政区五年发展规划（2016—2020年）》附件《澳门特别行政区参与粤港澳大湾区建设》，提出了建设文化交流合作基地六项重点工作。2020年11月，澳门特区政府文化局颁布《文化产业发展政策框架（2020—2024）》，在宏观定位、发展目标上为澳门文化产业发展确定了方向。《2021年财政年度施政报告》提出，有序推进"一基地"建设，设立"建设文化交流合作基地委员会"，规划、组织、协调及推动有关工作，开展文化遗产包括非物质文化遗产保护的在线宣传推广及教育工作，加强推动文化遗产旅游，打造文化旅游精品路线，推进澳门历史城区保护及管理立法工作等。《2022年财政年度施政报告》进一步明确，特区政府将着力推进"一基地"建设，启动《澳门通志》的编纂工作，打造澳门国际文化论坛，与故宫博物院和广东美术馆合办专题文物大展，并推进文化产品数字化工作，完善文化遗产保护体系，办好各项文化盛事活动等。2021年12月，特区政府正式公布《澳门特别行政区经济和社会发展第二个五年规划（2021—2025年）》，提出推动文化产业发展、建设中外文化交流合作平台、加强历史文化城区和文物保护、优化文博场馆软硬件设施等部署及重点工作，以切实落实"一基地"建设。

澳门特区构建有利于"一基地"建设的法律基础和体制机制。早在 2013 年 8 月，澳门《文化遗产保护法》在澳门立法会获得通过，并于 2014 年正式生效。澳门《文化遗产保护法》的出台，是澳门文化遗产保护的一个重要里程碑。在国际公约和《文化遗产保护法》的双重规范下，澳门整个历史文化城区的管理便有了扎实的法律基础和法律依据。特区政府先后设立文化创意产业促进厅、文化产业委员会、历史文化工作委员会以及融入国家发展工作委员会等与文化建设有关的工作机制，并将"文化基金"与"文化产业基金"合并成为"文化发展基金"，统一资助文化艺术领域的活动和项目。

在中央和内地的支持下，澳门充分发挥自身优势，助力国际人文交流，促进世界文明互鉴。澳门艺术节、音乐节、国际龙舟赛、格兰披治大赛车……这些承载着澳门历史文化的活动，每年吸引数不胜数的游客到访并参与其中，澳门还致力打造澳门国际音乐节、澳门艺术节、澳门城市艺穗节等艺文节庆活动品牌，向世界展示着澳门的独特魅力。

澳门打造"一基地"面临的问题和挑战

在规划方面：缺乏打造文化交流合作基地系统完善的专门顶层设计与专项规划；文化交流合作基地的内涵尚需进一步挖掘；文化交流合作基地的性质有待厘清。

在文化政策方面：政策有待进一步细化和量化；政府资助和引导方式可多样化；政策需适应时代要求，与时俱进；尚需优化文化政策的体系性和配套性。

对外合作方面：粤港澳文化合作机制有待进一步拓展和加深；粤港澳大湾区与区域外的文化交流有待提高；与葡语国家的友好关系有待加强。

体制机制方面：对于构建文化交流合作基地尚缺乏主导机构；尚未形成国家层面支持澳门"一基地"建设的体制机制；缺乏定期检讨与改进机制保证文化交流合作基地的可持续性；文化活动需要制度创新。

资源保障方面：缺乏足够人才；高校作用发挥不充分；交流合作平台欠缺；对国家及内地资源引入不足。

推进澳门"一基地"建设的总体思路和基本策略

澳门打造"一基地"应担当的战略使命

第一，助力"文化强国"建设，共担中华民族伟大复兴历史责任。澳门"一基地"建设，不仅是澳门特区自身的事，更应放在国家发展的全局中来考虑，特别是要将其与我国文化强国建设战略紧密联系起来，使"一基地"建设成为澳门同胞共担中华民族伟大复兴历史责任的一个重要内容。

第二，示范多元文化交融共存，促进人类命运共同体的构建。澳门的多元文化发展经验需要不断积累总结，通过"一基地"的构建，不断推陈出新，并向全世界传播弘扬，为人类文化多元共存、跨文化跨文明对话及人类命运共同体建设提供有益范例和启示。

第三，促进文化事业和文化产业蓬勃兴旺，提升澳门的软硬实力，服务澳门长期繁荣发展。

推进澳门"一基地"建设的基本原则

1. 明确目标。构建"一基地"建设的目标任务指针体系，有的放矢、有效引领各项工作的开展。

2. 双层共进。推进澳门"一基地"建设不是澳门特区单方面的事，也应当是国家的事，应引起国家层面的重视和切实支持，形成澳门"一基地"建设"双主体、双主力、相互配合、相互补充"的格局。

3. 三位一体。"一基地"与"一中心""一平台"交叉融合，紧密联系，三个定位需要统筹考虑，整体谋划，协调推进，通过"一基地"建设服务"一中心""一平台"，并在"一中心""一平台"建设中充分体现"一基地"的功能和作用。

4. 全业覆盖。既大力发展文化产业，也高度重视产业文化，充分发挥文化赋能加持其他产业的独特功能，秉持"文化+"及"+文化"理念，在澳门现有各产业领域，开拓创新，增加文化元素和文化特色。

5. 软硬俱备。继续加强文化基础设施等硬件建设，并下大力气建设有利于澳门文化蓬勃发展的软环境。

6. 区域合作。将"一基地"建设作为澳门参与大湾区建设的重要内容，与大湾区城市深入合作，为澳门文化产业发展拓展新空间。

7. 项目驱动。适时谋划以建设一些重大项目为载体和牵引，形成带动和辐射效应，有效促进整体工作有序开展。

8. 统筹兼顾。特区政府要有科学完善的决策机制和执行机制，确保各个部门通力合作，相互配合，相互支持，合力主导，同时要充分调动澳门社会各界的积极性主动性。

落实澳门"一基地"建设的主要路径

一是大力推进文化事业建设，夯实"一基地"文化基础。文化部门的诞生和完善是发展文化事业的保障，文化遗产保护是发展文化事业的灵魂，丰富多彩的文化活动是发展文化事业的营养，文化设施多元化与本地文化的挖掘整理是发展文化事业的基石。应继续在这些方面着力，不断前行，开创澳门文化事业发展新局面。加强政府职能，优化体制机制，提升统筹协调及资源分配的能力，更好引领、促进和保障澳门文化事业可持续繁荣发展；优化文化遗产保护，运用先进科技手段，注重精细化管理；在办好现有缤纷多彩的文化盛事活动基础上，进行适当整合，集中优质资源，策划层级高、影响大、具有品牌效应的国际性大型文化活动，并争取中央政府支持，将一些与文化文明有关的国际级活动放在澳门举办；完善文化设施，考虑规划设计具有澳门特色的大型文化地标设施，并加强现有文化设施的对外宣传推广，与旅游、会展等领域结合，发挥好文化设施对澳门文化形象塑造及文化吸引力增进的功用；统合现有研究机构及学术资源，形成合力，做好相关中长期规划，策划一系列历史文化研究及出版重大项目，力争持续产生若干历史文化挖掘整理的崭新成果。

二是大力发展文化产业，拓展"一基地"的影响模式。系统规划建设文化产业综合服务平台，因地制宜发展澳门文化产业，优化文创人才和文创企业引进政策，加强"文化＋科技"的融合，搭建文化创意产业合作交流平台，加强"文化＋金融"，开发更多代表澳门文化内涵的产品，大力发展文化贸易，将澳门打造成区域性乃至世界性的文创服务平台。大力发展文化创意产业，优先发展跟澳门博彩旅游边际效应协同的文创产业，积极扶持商业性文化展演等产业，大力发展澳门影视文化产业，打造国际影视节，扶持有利于澳门文化事业发展的产业。加强区域文创一体化建设，争取建设"粤港澳文化创意试验区"。开拓优化文化旅游产业，优化文化遗产旅游，大力发展节庆活动旅游，筹建历史文化名人主题公园，促进粤港澳青年文化之旅，发展区域"一程多站"旅游，与大湾区城市联合开发旅游新元素，探索建立湾区旅游联合宣传机制，加快发展大湾区海滨旅游，支持澳门发展海上游业务，大力发展大湾区美食旅游、体育旅游，深度参与珠海横琴国际休闲旅游岛建设。

三是深入开展文化教育，支撑"一基地"的使命与内涵。基础教育培植中华文化根基。开发文史相通的本土化教材，构建系统的文化教育课程体系，开展爱国爱澳系列文化活动，持续推动中华文化达标工程，从而引导基础教育加强爱国主义教育、培植中华文化根基、增强青少年民族认同感。高等教育引领多元文化共生发展，扩大对外招生范围，形成文化辐射力；打造特色学科，形成文化多元的人才培养脉络。构建文化教育合作平台，提升大湾区文化软实力。开展与内地文化教育合作，增进文化认同；建立国际文化教育传播中心，促进文化交流；建设文化研究中心，推动文化传承与创新。

四是创新文化传播模式，发挥"一基地"的功能和价值。通过进一步拓展和加强澳门与其他国家和地区的文化合作交流，创新文化传播的路径、方式和效果，提升中华文化的国际区际正面影响，有力展示澳门"文化之都"的积极形象，同时吸纳全球各地文化发展的优秀成果，在不同文化的不断交融互动中创生出新的优秀文化成果。创新文化传播路径和方式，丰富文化交流合作内容，夯实并拓展文化交流合作的区域，完善文化传播及交流合作的体制机制。推进与祖国内地特别是大湾区内地城市的文化交流合作，丰富澳门向粤港澳大湾区传播的文化内容，完善澳门向大湾区文化传播的传播载体，强化澳门在粤港澳大湾区中的文化交流传播功能的政策支持或保障措施。推进与港澳地区及新加坡等华语社会的文化交流合作，推动华语文化传播，提升汉语国际地位；深化教育合作，加强人才培养；开展中医药合作，促进文化认同。推进与葡语国家和地区的文化交流合作，特别是与"一带一路"共建国家和地区的文化交流合作，加强文创产业合作，打造区域文化交流与合作平台，助力国家搭建国际旅游教育合作平台等。

澳门"一基地"建设的配套政策、项目载体及体制保障建议

健全优化配套政策

促进澳门文化事业发展方面政策：制订时限性的整体文化政策规划；继续深入整理本土文化内涵；加强文化遗产及本土历史文化教育；鼓励市民了解文化遗产并参与其保护；适时公布文化设施建设进度及为其作适度宣传；推进澳门出版物进入内地的便利性；定期举办有关文化发展的"座谈会"。

促进澳门文化产业发展方面政策：打造全球文创服务平台；优化文化创意产业统计口径；优化文创产业发展政策环境；探索金融融资服务文创产业的模式；完善文化创意产业管理的体制机制；争取中央政策支持。

促进澳门文化教育发展方面政策：完善文化教育制度建设，提供统一法规纲要；加强文化教育财政支持，设立专项经费保障；统筹文化教育职能部门，整合公共行政职权；重视文化教育宣传，发挥媒介影响作用；建设文化教育研究中心，打造澳门文化智库；调整高校招生政策，提升澳门文化软实力。

促进文化传播及交流合作方面政策：彰显"中西方文化交会"的独有优势，巩固和强化澳门的"中国性"元素和"世界性"形态，打造澳门城市文化的品牌，发挥中西文化传播的桥梁作用；与"一中心"定位相结合，实现产业融合，推动文化交流；发展文化贸易，借助经贸合作活动来促进中华文化的对外传播，助力中华文化"走出去"；结合产业适度多元，加强文化交流与传播。

加强人才保障方面政策：在育才方面，采取有效措施加强本地文化人才培养；在引才方面，将文化人才及文化产业人才作为澳门人才引进优先考虑的门类；在人才保障方面，大力创造有利于文化类人才就业创业及发展的综合环境，积极破解不利于急需人才培养和引进的体制机制性壁垒，

探索急需引进类人才之住房津贴、子女就学等生活保障措施。

加强法治保障方面政策：积极研究探索制定保障澳门"一基地"建设的基础性纲要法律；与时俱进适时制定或更新完善有关专项法律法规；加强执法检查，确保文化法律实施效果。

集中谋划实施若干重点项目

例如，规划建设支撑"一基地"建设的空间载体；建设服务"一基地"建设的功能平台；打造"一基地"研究数字服务平台；建设中华文化教育云基地；主办国家级文化文明交流活动；进一步办好澳门国际文化艺术品博览交易会；推进澳门文化遗产数字化展示与互动；实施澳门出版业振兴工程；加强文创人才培育计划；开展历史文化名师大家进校园活动；实施"焕彩澳门"小区美化计划；整合优化澳门青少年对外文化交流项目。

加强体制机制保障

在特区层面，一方面，发挥特区政府"融入国家发展工作委员会"的相应职能，在该委员会下考虑设立推进"一基地"建设协调小组，负责加强对政府各部门相关工作的统筹协调，在政府内部形成合力；另一方面，建立政府与文化及文化产业类社团、企业、研究机构、专家学者等民间力量之间的日常联系机制，充分激发和调动社会投入参与"一基地"建设的积极性和创造性。

在中央及内地层面，一方面，依托中央港澳工作领导体制、中央粤港澳大湾区建设领导体制及中央外宣工作领导体制，将支持澳门"一基地"建设纳入上述中央领导体制的重点工作，加强中央对澳门"一基地"建设的政策支持和资源投入；另一方面，加强中央外宣、文旅、广电出版等主管部门以及广东等地方相关职能部门与澳门的联系，达成合作协议安排，建立沟通协调机制，切实支持澳门"一基地"建设。

（作者系第十四届上海市政协委员，澳门理工大学人文及社会科学学院院长。）

架设赣澳联谊之桥
传承爱国主义精神

——梁安琪——

江西自古以来就是人文鼎盛之地，孕育了特有的书院文化、陶瓷文化、戏曲文化、红色文化等。我有幸于2003年走进江西，担任省政协委员，一路走来已有近20年。这20年是"江西崛起"的关键时期，我以港澳同胞、政协委员的身份，见证、参与了江西的高质量跨越式发展之路，并贡献了自己的微薄力量。

2003年，我初次来到江西，便为《滕王阁序》中所描述的"物华天宝""人杰地灵"深深折服，从那时起，我便下定决心，让更多的港澳人士了解江西。有感于此，我从自身企业出发，积极组织港澳青少年到江西学习考察、接受爱国主义教育，在赣澳两地都取得了很大反响。

2006年，我第一次尝试组织百余名港澳学生、青年前往南昌，有幸得到江西省委统战部、江西省政协的支持和协助，安排我们参观了滕王阁、八一起义纪念馆、八一起义纪念碑等著名景点。这些青年都是第一次来江西，看到如此壮美的景色，听到革命先烈的伟大事迹，感到非常震撼。旅途结束时他们都表示，这次考察学习不仅开阔了眼界，也对祖国和新中国历史增进了了解，更加深了自豪感与归属感。这次成功尝试，让我开始意识到，背靠着江西这座巨大的历史文化、红色资源的宝库，应该好好研究我们履职尽责与发挥作用的方式，让港澳同胞的心与祖国贴得更近。

　　自此我开始每年定期组织公司旗下员工前往井冈山，重走长征路、体验红军饭，接受爱国主义教育。在澳门中联办的协调下，我们第一次带领逾80名青年员工前往井冈山开展为期5天的培训。培训课程充分运用井冈山深厚的红色文化底蕴，除了系统的知识学习，还包括红歌比赛，在野外开展"过一天红军生活，传承井冈山精神"的红色体验教学，"胜利会师"团队培训游戏，自做红军饭等活动，让大家亲身体验当年红军的艰辛历程，寓教于乐，取得显著成效。回程后许多员工不但向身边的同事亲朋

2014年，作者与井冈山小学学生互动

大力称赞此次行程和学习内容，公司内部团队凝聚力亦有显著提升，并直接导致之后每年都有大量员工争先恐后报名参加培训班。甚至有几年因为报名人数急剧上升，我们在增加几十个名额仍然难以回应同事的大量报名需求后，不得不采取"优秀员工优先报名录取"的方法，显见井冈山爱国教育培训的成功实践。

我几乎每年都会亲自带队前往井冈山，受到江西省各单位的鼎力支持，江西省委统战部、省政协等单位领导多次莅临我们的活动，指导我们开展培训，并和我们的员工展开亲切交谈慰问，让大家受到莫大鼓舞。在多次前往井冈山后，我也想为井冈山做点实事，因此在 2014 年与井冈山小学签署了"梁安琪奖学金"计划，由我每年出资 24 万元用以奖励学校的优秀师生，希望能够略尽绵力，鼓励大家继续弘扬革命传统，勤奋向学建设家乡和祖国。此后，我们每年去井冈山除了开展爱国主义教育，还多了一项活动，即出席井冈山小学奖学金颁发仪式。在仪式现场，除了颁发奖学金，很多学生还会主动和我们的员工交谈，向我们介绍井冈山的人

2016 年，组织员工到井冈山进行爱国主义教育

文、风景、美食，我们也会在老师的组织下和学生共同开展文体活动，几年下来这些小朋友也和我们的大朋友结下了纯真的友谊。

经过几年的不懈努力，2014年公司成为第一家在井冈山设立"爱国教育基地"的非内地企业，我带领公司一众管理层和逾百名同事出席了挂牌仪式，当时在内地和港澳都引起了不小的轰动。回澳后多家澳门本地社团、综合旅游休闲企业都向我们咨询前往井冈山开展爱国教育的经验，也让我们意识到，原来我们的员工爱国教育活动的影响力，已经辐射到了整个澳门社会。

有感于此，在红军长征胜利80周年之际，在澳门中联办牵头下，我带领澳门六大综合旅游企业联合组织逾60名员工前往井冈山开展爱国主义教育培训。这次的活动取得了前所未有的成功，六大综合旅游企业是澳门支柱产业的"领头羊"，通过这次井冈山之旅，大家都对红色历史有了深刻认识，回澳后也共同加入了我们的队伍，多次面向社会和员工开展爱国主义教育活动。可以说澳门"一国两制"行稳致远，澳门人心凝聚、爱国主义精神薪火相传，其中不乏我们江西红色基因、井冈山革命精神的功劳。

2021年，受澳门防疫政策影响，我们无奈暂停了井冈山爱国之旅，但我和公司领导层都一致认为，爱国教育不能停。特别是当时正需要大家发扬井冈山精神，"齐心协力、坚定信念、艰苦奋斗"地共克时艰。又适逢中国共产党建党百年，故此我决定带队前往南昌调研，回澳继续开展爱国主义教育，此举受到江西省政协的大力支持。回澳后我们成功举办了"百年党庆——江西革命历史展"，吸引了很多澳门市民、游客前来参观学习。图片展场地设在旅游区中心地段，逾500平方米的展馆内，每天参展人数络绎不绝，多的时候还需要预约分流。除了很多游客入内参观，更有多个本地公益慈善机构、民间社团、中小学校等主动组织市民学生参加，向澳门社会普及党史学习教育的同时，也着重介绍了中国共产党在江西的发展历程，让更多人看到江西、了解江西。

"饮水思源、心系国家"是我们每个港澳居民、炎黄子孙都应当铭记于心的，也是澳门长期繁荣稳定的必要前提。作为一名"长在红旗下"的澳门政协委员，近20年的委员履职生涯中，我始终谨记以爱国精神传承为先。我也衷心希望，我的工作能够助力澳门社会形成广泛而统一的爱国战线，助力江西红土地，为中华民族伟大复兴略尽绵力。

（作者系第十一、十二届江西省政协常委，澳门立法会议员。）

让心灵去旅行

——澳门与内地文化交流琐忆

——何美芝　口述　田峰　整理——

　　2024 年是澳门回归祖国 25 周年，习近平总书记在中共二十大报告中强调："'一国两制'是中国特色社会主义的伟大创举，是香港、澳门回归后保持长期繁荣稳定的最佳制度安排，必须长期坚持。"[1] 想起澳门回归以来我亲身参与的与内地的文化交流，心中感慨万千，往事历历涌上心头。

祖国的大好河山让我大开眼界

　　记得小时候爸爸妈妈常常教导我，祖国地大物博，历

---

[1] 《中国共产党第十二次全国代表大会在京开幕》，载新华网 2022 年 10 月 16 日。

史文化积淀十分厚重。他们也经常带着我到内地旅行，在同学中我去的地方比较多，光北京就去过四次。叹为观止的故宫、绵延万里的长城、美妙绝伦的颐和园都在我幼小的心灵中种下希望的种子，祖国的大好河山如此壮丽，真是不虚此行啊！记得长城很长，因为我年纪小，我们不能走完全程，只能走一段，有一段还是外婆背着我走的。我也在国外工作过，见识过不少伟大的建筑，但我始终觉得故宫才是全世界最美的宫殿。国外的宫殿虽然金碧辉煌，但故宫的美是很精细的，雕梁画栋，美轮美奂，每个雕塑都有一个小故事，代表了中国人的文化底蕴，这些都是经过历史沉淀的产物，特别的优雅。因为小时候去逛故宫，也让我对文化艺术产生了浓厚的兴趣。我是做包的，喜欢把代表中国传统文化的同心扣、同心结做到设计中去，国外的客户买包的时候我们也送一个给他，并向他们解释，同心扣、同心结是我们中国的传统文化，通常是结婚或者喜庆节日时候使用，这是一种祝福，也代表了我们对客户的祝福，国外的客户也非常喜欢这样的设计和寓意。我对建筑和历史都很感兴趣，有一款包的盖头设计，受到大三巴建筑物的影响。我还在读书的时候就带着这款设计第一次去参加在纽约举办的设计比赛，后来得了奖，这里就有我们澳门的元素，后来慢慢地去创立自己的品牌。

因为老家在广东，我也常回家看看。我还去过内地不少地方，如上海、杭州、九寨沟等。记得妈妈带我去上海时，我们住在和平饭店，这是一个有年代感和历史感的地方，1911年，孙中山赴南京就任，途经上海时出席全市各界在和平饭店汇中厅举行的欢迎大会，在这里提出过"革命尚未成功，同志仍需努力"的著名口号。我非常喜欢上海的外滩，因为那里充满了历史的味道，那时候妈妈还带我去听老人乐队唱歌，这些乐队成员加起来都有几百岁了，非常可爱。

杭州的旅行也给我留下深刻的印象。还记得西湖的断桥，中国著名的民间传说《白蛇传》中的故事就发生于此，断桥残雪也是西湖十景之一。妈妈时常讲起许仙和白娘子的故事，如今来到断桥边，我非常激动，这是见证爱情的神圣之地啊！那时桥上还可以挂同心锁，后来因为太重会影响桥体安全，才取消了这个活动。南齐才女苏小小的墓也在西湖边，可以说西湖是特别有灵性和文化底蕴的。

稳定安全才是人们所盼

澳门回归之前，社会上还是有点乱。学校也好，家长也罢，都不太喜欢小朋友放学后在街上乱走，因为会觉得很危险。可回归之后，有了明显的改变，如果说澳门是孩子的话，祖国就是母亲，母亲一定会用心呵护孩子的健康成长。

澳门人都是很爱国的。澳门回归时，13岁的我还在读初中，从电视上看到了解放军进城的全过程。那天天气很好，澳门人民都在热烈欢呼，那是发自内心的欢呼，因为大家觉得安全有保障了，都很开心。回归前夕，犯罪分子也陆陆续续被抓了，市面上就比较太平，市民也觉得生活比较稳定安全，将来会有机会发展。因为稳定的生活才是他们的追求。

因为澳门实行"一国两制"、"澳人治澳"、高度自治方针，后来也开放了赌权，引进国外的人才，经济开始慢慢发展起来。回归后大家都可以很放心地出去上学、放学、补习，可以出去随便走走，非常安全。一些年轻有为的企业家有了施展自己才华的空间，也是从那个时代发展起来。除了博彩业，政府还要求非博彩的元素要越来越多，实行多元化发展。澳门特区行政长官贺一诚在立法会发表任内第四份施政报告，特区政府将采取"1+4"适度多元发展策略："1"是按照建设世界旅游休闲中心的目标要求，促进旅游休闲多元发展，做优做精做强综合旅游休闲业；"4"是持续推动大健康、现代金融、高新技术、会展商贸和文化体育四大重点产业发展，逐步提升四大产业的比重，不断增强经济的发展动能和综合竞争力，着力构建符合澳门实际且可持续发展的产业结构，提出争取未来非博彩业占本地生产总值约六成比重的目标。以前澳门根本没有什么娱乐圈，也不需要。现在很多明星都来澳门开演唱会，澳门本土的演艺人才也开始慢慢培养起来，这就是一种进步。

一次难忘的文化交流

全国有个"百万青年看祖国"的活动。我是浙江省政协委员，当时也是香港演艺学院董事局成员（现在是董事局主席），这个特殊的身份让我觉得应该为青年们做点什么。2017年，我决定带领香港演艺学院的港澳学生去浙江进行文化交流，香港立法会议员吴杰庄先生任文化交流团荣誉团长，我任团长。我们希望带着他们到内地走走，看看内地现在的发展状况，同时也为他们寻找合适的发展机会，因为现在香港舞台剧发展的空间和机会实在太少，市场又太小，相反在浙江有很多影视城和大型舞台剧，如横店影视城、象山影视城、"宋城千古情"等。我们的行程是从杭州至横店再回到杭州。

6月初杭州不算太热，当天下着毛毛细雨，100多名港澳学生都是从香港和澳门搭飞机过来在杭州西湖相约。当天晚上，省委统战部的领导请我们在西湖边的一间茶楼吃饭，并跟学生们讲解杭州的历史文化，包括断桥、雷峰塔等。同学们都对《白蛇传》心存幻想，女生们都想走到桥上看看能否碰上她们的许仙。读万卷书不如行万里路，这些民间传说故事也令同学们对中国的传统文化认识更加深刻。大家聊得很投缘，统战部领导还请我们吃蛋糕，氛围非常好。

我还邀请了香港演艺学院的大师兄王祖蓝先生过来跟学生相聚。大家见到王祖蓝，心情都非常激动。当晚王祖蓝和所有的师兄弟姐妹分享了这几年他在内地工作的情况、经验与感受，跟我们讲内地的录像室有多大，可以容纳很多部电视和镜头拍摄，这些港澳地区做不到。当然同学们也问了他一些问题，尤其以戏剧系的师弟妹最为热情。王祖蓝还鼓励同学们多抓住机会到内地发展自己的事业，实现梦想。

浙江省委统战部金长征副部长帮我们联系参观浙江卫视，令人大开眼界。我第一次在一间录像室看到100台电视机整整齐齐地放在一起，同时播放不同频道的节目。真是眼见为实，我相信王祖蓝所说，这在港澳地区是做不到的。学生们也很兴奋地去看那些不同的录像厂和控制室，讲解员们也很认真地对我们指导和解释浙江卫视内部是怎样操作的。

去横店影视城要坐大巴车，差不多3个小时才能到。长途跋涉难免疲劳，为了安抚同学们，我为他们买了不少零食和饮料。说起来，当时组织这个活动，我承受的压力还是蛮大的。父亲和其他委员也曾质疑过我，是否应该带演艺学院的学生去浙江。因为当时学生还没去过内地，可能认知还很片面，在一些表达上是否会对政府官员不礼貌。我也质疑过是否可行，非常担心他们会在浙江闹出事。但最后我排除万难，决定勇敢地为同学们、为国家做点什么。我觉得如果什么都怕失败，都怕自己要承担责任而不去做的话，那我们的下一代就没有希望了。

当我们到达横店之后，入住了当时当地唯一的酒店。我们一起走进横店影视城，看那些在电视剧《大明王朝》里看到的宫殿。当时 TVB 有个剧组正在里面拍摄，我们学校的客座教授马浚伟老师也在现场，他很友善地向学生讲解，尤其是当他得知有演艺学院的学生时，则更为开心热切。我们还遇到了很友善的马国明老师，虽然同学们一直很兴奋地在聊天，但他们这些资深的演员、老师很宽容，也没有嫌学生们吵闹，反而一直很开心地和我们讲解在内地拍摄现场的实况。我们也到访了当时在拍摄的另外一出内地剧的剧组，台前幕后的老师们对学生们很包容，准许我们进现场探班。

那是激动和感动的泪水

最后我们在横店影视城内搞了一场分享会，邀请当时在影视城拍摄的幕后导演和制片人等和学生们交流。最让我感动的是，横店影视城的创始人徐文荣老先生突然出现，并和同学们热情地打招呼。80 多岁的他坐了差不多大半个小时，他女儿不想让他坐这么久，因为怕他不舒服，但徐老还是很坚持。他跟我们讲横店的历史，怎样去建立影视城。徐老退居幕后已经很多年，早已把横店影视城交给下一代和管理层了。但当他听说同学们来了，竟然亲自过来和他们交流，这一点让我们喜出望外，气氛非常和谐和感动。当徐老踏入教室的时候，我们所有学生都站起来为他鼓掌。我们并没有要求学生们这样做，是他们自发性对老人家为横店的付出而心生敬意。我记得当时老人家眼眶都红了，而我自己也很感动，眼眶一红，流下了泪水，这是激动和感动的泪水，我的压力在那一刻终于释放出来。当大家都质疑我带这批港澳的学生过来是否合适时，他们用实际行动消除了大家的疑虑。他们的尊师重道和彬彬有礼更让我感到很骄傲。

分享会结束后，同学们都和不同的老师交流，并留下了自己的联络方

2017年6月，香港演艺学院学生在横店影视城参观

式。其实同学们对自己的人生和未来充满希望，只要让他们看到希望，任何抹黑宣传都是徒劳无功。港澳学生只希望在未来自己的人生道路上能够找到合适的方向和机会。只要有机会，他们同样珍惜。记得在分享会上，我们其中一个荣誉团长蔡德升也落泪了，这是感动的泪水。他很激动地跟学生们说，一直很害怕这个团会有什么麻烦，是在我极力坚持下才成行，大家都支持我去做这样一件事，最后学生们的行为更是让大家都感到骄傲和感动。他的眼泪是真心的，是汗水和泪水的交集。

我们最后的行程是去杭州，观看大型舞台剧《宋城千古情》。学生们观看后也感到相当震撼，在香港和澳门根本不会有这么大的空间和场地让他们表演和实习，而且大家都看到舞台上的演员功底非常扎实，因为他们夜以继日地在舞台上表演，积累了不少舞台经验。我相信经过这一段旅程，他们会更深刻地体会到内地博大精深的文化底蕴和可以实践的空间，也更了解我们中华传统文化的意义和精神。

从开始时的兴奋到最后的感动，这是我和同学们一路的心路历程。文

2017 年 6 月，浙江横店演艺文化交流团合影

化交流活动让他们整个观念都转变过来，对内地的认识也完全转变过来。这也是一次很好的爱国主义教育。通过这趟旅程，收获的必定是难忘的友谊。耳听为虚，眼见为实。很多事情都要亲身体验才能够了解、理解，那次旅行对很多学生来说也是第一次踏进内地，后来学校的工作人员跟我说，有几位学生也进入内地工作了，跟着一些导演到横店或其他内地影视城拍摄。一次简短的旅程，让他们了解了内地文化，并得到一些工作机会，于我而言是最大的收获。

（作者系第十三届浙江省政协委员，香港芊美有限公司创办人及董事，珠海尚茗文化艺术有限公司创办人及董事。

整理者：田峰，浙江省政协文史编辑部副总编辑。）

心会跟爱一起走
——我的澳门记忆二三事
——钟怡　口述　田峰　整理——

　　我出生在宁波，年幼时，跟随父母离开家乡，远赴万里之遥的青藏高原，支援边疆建设。西藏的日子很艰苦，但我不怕吃苦，援藏经历磨砺了我坚毅的性格，生活和读书的艰辛也激发了我对知识的渴望，"知识改变命运"的信念深深烙在我的脑海里。通过不懈努力，我考入北京第二外国语学院，在北京完成学业。20世纪90年代初，一次偶然的机遇，我进入澳门理工大学，担任教学和行政工作。1999年12月20日，澳门回归祖国，我被征调入特别行政区政府社会文化司，并做了10年顾问，先后从事对外联络、撰稿、翻译及社团协调等工作。社会职务方面，我曾先后担任宁波市政协委员和浙江省政协委员，在"同心圆"

的大家庭，我认真履职、积极建言，努力为浙江经济社会高质量发展出谋划策，无愧于这份责任与使命。从20世纪90年代初来到澳门，至今已逾30年，澳门的发展变化有目共睹，如同每一位澳门市民一样，我有幸参与澳门发展建设的过往经历，更是一段难以忘却、镌刻在心的记忆。

同心战"疫"，爱的力量

2020年初，一场突如其来的新冠疫情阻滞了社会经济的发展，打乱了人们的生活节奏，可谓百年一遇。澳门虽不能独善其身，但在抗疫中充分体现了"一国两制"的制度优势。澳门是宪法和基本法有机结合的典范，立法机构通过的法律和行政长官签署的行政法规及批示均有法律效力。在疫情特别紧张的时候，行政长官先后签署了20多份批示，有效阻止了疫情在澳门内部扩散和小区暴发，稳定了社会和民心，为澳门成功防疫起到了积极的主导作用，极大地发挥了基本法赋予的澳门特区可自行制定法律法规的灵活性。

新冠疫情暴发初期，特区政府针对澳门实际情况，准确分析防疫态势，精准快速制定并通过了一批涵盖抗击疫情、稳定民生、提振经济的批示和法规，如通过第27/2020号批示，关闭获澳门特别行政区政府许可经营博彩活动的场所，为期15日等，这在历史上前所未见。

三年时光，苦乐自知。疫情发生后，我始终在思考，这是一场全民的战役，每个人都责无旁贷。2022年6月23日，在行政长官办公室指示下，澳门基金会积极组建抗疫物资支援小组，要知道，基金会总共只有120多人。我们如同其他政府机关、司法部门一样，抽出一大半人手配合投入抗疫的行动中，留下另一半人坚持网上作业，随时待命在岗，保证基金会基本运转。大家集思广益，将支持小组再分组，每组10人，学会正确穿戴防护服。"第一、第二组同事归队去现场，2：00到2：30要到，3：00正式开始派送，请戴好工作证并做好核酸检测，务必注意安全。"给同事们分配任务时如箭在弦上。工作结束后，我又千叮咛万嘱咐，"回家之前要做好消毒工作，保证睡眠和饮食营养"。6月24日，烈日当空，我们的同事上午按居住客户人数派送政府的菜肉包，下午派送亲朋好友的关爱物资。他们手拎物品，身裹防护衣，天气炎热潮湿，大家被闷得透不过气来。有部分红码区需要爬楼梯，每天将新鲜椰菜、土豆、红萝卜、葱姜、冻肉等送到每个住户门口，尽管疲倦辛苦、酷热难耐，但他们仍旧满脸笑容。市民每天足不出户就能吃到新鲜蔬菜，感觉很幸福，要知道，这坚强的后盾是敬业爱民、以民为本的政府和公务员啊！

在一个多月的工作中，我和同事们随时"弹钢琴"，统筹安排，既要照顾各组的人员组成，协调8号风球情况下的应变情况，又要安排车辆、派员增援、负责劝阻脱口罩在外群聚的市民的巡逻车等具体工作。我们基金会的员工非常给力，他们的团结朝气和有责任感、务实的特质是服务社会的有力保障。"澳门速度温度深度式"的抗疫防疫为我们保驾护航。

我爱写诗，在疫情期间，我创作诗歌以激发心灵的力量，发表了《有一种善良叫为人着想》系列诗歌视频歌词，并在央视网、"学习强国"、新华网、外交公署及驻外机构传播，以文抗疫也是一份真诚。

在行政长官的批示下，澳门基金会还调拨100亿澳门币成立"抗疫援助专项基金"，援助受疫情影响的本地雇员及企业商户，其中《雇员、自由职业者及商号经营者援助款项计划》受益人共约31万人，支付近64亿澳门币。在实施过程中我亲力亲为，带着同事与财政局商定支付方式和甄选资格，与身份证明局商定分区打印住址，与邮电局商量在最短时间内分区派件，与官印局商议支票内容设计和印刷。各部门精诚合作、建言献策、同舟共济，非常的高效。

薪火相传，爱的启航

20世纪90年代初，我到澳门从事翻译和教学工作。虽然在大学的学习中打下了扎实的语言和文字基础，但在实际工作中才发现，光有专业技能并不能满足工作需求。由于对特定领域知识的缺乏，诸如医学、工程、法律等专业词汇，我迫使自己去学习、去钻研，在生活工作中随时汲取新营养，不断拓展对其他领域的探索。2010年，第三届澳门特别行政区政府委任我担任澳门基金会行政委员会全职委员（后于2016年转任副主席一职）。澳门基金会是行政、财政及财产自治的公法人，其宗旨为促进、发展和研究澳门的文化、社会、经济、教育、科学、学术及慈善活动，以及推广澳门的各项活动。在工作过程中，我了解并感受到中央政府对澳门的极大厚爱和支持，澳门居民对于社会祥和安定的期待与坚守。我时常思考，如何更大程度地挖掘有限资源，提升发展前景，配合国家粤港澳大湾区发展战略，使澳门的发展更上一个新台阶。终于，我找到了一致认同的期盼和目标方向。

青年强，则国家强。在担任宁波市政协委员时，我始终不忘初心、牢记使命，把履职尽责、参政议政积极落实在行动中。每次会议都积极发言建言，先后提交《关于加强爱国主义教育，深化甬澳两地青少年交流的建议》《关于"推动甬澳两地青少年培养创新模式，持续培养青年人才"的建议》等提案，为宁波市经济社会高质量发展建设强化软实力出谋划策。在我心中，青年是未来的希望。

只有爱国才有格局，只有有格局才能有成就，这一生才称得上精彩绝伦。2016年开始，澳门基金会与教育部和中华全国青年联合会合作，推出青少年人才培养重要项目——"千人计划"，秉持朴素原则，持续组织青少年到祖国参访学习、开阔视野，为推动澳门的发展，储备具有家国情怀的优秀人才。2017年，在"千人计划"工作基础上，又成立"千人汇"平台，实行具特色、分类别、有阶梯的青少年人才培养模式。参与"千人计划"的青年逐渐形成一股强大、团结的爱国爱澳力量，发展成为一支奋发向上、朝气蓬勃的青年生力军。"千人计划"分为中学组（面向初中及高中本澳学生）及公开组（面向本澳社团及社会青年），3年间，共有31所本澳中学及31个本澳社团参与了"千人计划"，共组织112个交流团出外参访，共计3317人参与"千人计划"。2016年至2018年共有15个交流团赴浙江省交流，包括2018年的"千人计划"中学组澳门教业中学赴浙江宁波东海实验学校的交流团、2019年"'千人汇'——'梦想起航'青年创新创业交流计划（澳门、杭州）"等。

2018年，两地中学的文化交流我还历历在目。10月24日上午，澳门教业中学学生走进东海课堂，与结对同学一起上课学习、思考互动，聆听精彩纷呈的课程内容。我和时任中央驻澳门联络办公室教育与青年部徐婷

2019 年 10 月，"千人汇"青年参访外交公署系列活动

部长一起来到东海实验学校，在贺诚校长和王建垂校长的陪同下看望澳门学子，了解结对生的学习生活。记得组织宁波交流团时，我们打破常规，实行寄宿制，让澳门同学住在宁波同学的家中，这是个新鲜的尝试。我们还进行了家访，爷爷奶奶都特别好客，纷纷拿出美味的糕点和新鲜的水果，还和同学们一起包饺子，回想那些场面，真的很温馨，让人感动。

交流期间，两地学子还展开了一场篮球友谊赛。哨声一响，双方球员就迅速进入了比赛状态，比赛节奏异常明快。球员配合默契，带球上篮，投篮动作帅气利落，三分投篮无比精准，一个个英姿勃发。赛场下，观众的助威呐喊声此起彼伏。下午，同学们又聆听了宁波文化艺术研究院周东旭先生"书藏古今、港通天下"的专题讲座，内容包括江南古城的风韵、宁波的藏书文化和港通天下海上丝绸之路。通过讲座，澳门学子们进一步了解了港城宁波深厚的历史底蕴。

8 个月之后的暑假，宁波东海实验学校的孩子们在老师的带领下，来到澳门，与结对的小伙伴们再一次相聚。吴俊瑶同学激动万分："看见了，看见了，我看见澳门同学们身着整洁的制服，手中举着横幅，正安静地迎候着我们。他们的友善热情给我留下了非常好的印象，先前的紧张顾虑也

2019 年，作者与宁波来澳学生进行交流

全部消散了。身边的同学们一一冲上去与自己的伙伴拥抱，这个久违的拥抱包含着多少思念与关心。大家小声地谈笑着，边互相问好边向机场大门走去。"全体师生进行了文化考察。大家先后参观了澳门回归纪念馆、科技馆、金莲花广场、大三巴牌坊等，深深感受到澳门的繁荣和祖国的日益强大。虽然只有短短 4 天，但在澳门教业中学师生的热情招待下，孩子们度过了一次充实而有意义的访问交流之旅。两校的孩子们早已结下了深厚的情谊，虽分隔两地，但同在中国，都是一家人。

时代赞歌，爱的表达

2021 年 12 月 14 日，中国文联第十一次代表大会在北京召开。作为澳门代表团代表，能在建党百年的特殊年份前来参会，我倍感光荣。会议期间，中共中央总书记、国家主席、中央军委主席习近平出席大会并发表重要讲话。

习近平主席把文化发展、文艺繁荣放到很高的位置，指出文化是民族的精神命脉，文艺是时代的号角，要挖掘中华优秀传统文化，让其成为文艺创新的重要源泉。澳门有责任和义务通过建设文化基地，把优秀文化传播出去，特别是通过中葡平台讲好中国故事。当习近平主席对我们说，"党和人民需要你们、信赖你们、感谢你们"时，在座的每一位代表都热泪盈眶。这是对我们的肯定和鼓舞，更是让我们肩负起更大的使命。作为文艺工作者代表，要按照习近平主席对我们的期待，为人民服务，在世界舞台上，让中华精神和中华文化经久不衰、熠熠生辉。我在接受央视、莲花传媒、中国文艺网等相关媒体采访时表示，大家有义务和责任讲好中国故事，也有基础建强中国与葡语国家之间的交流平台。即使在疫情下如此艰难，澳门特区政府还是坚持举办"中葡文化周"，我也在2022年9月参与了"中国式现代化道路与中国葡语国家关系展望主题研讨会"，并在同年9月和11月在报章上发表了《澳门在打造更加紧密中国与葡语国家关系中的作用》及《人类命运共同体视角下澳门构建中国与葡语国家文化平台路径思考》两篇文章，将中国故事更好地传播出去。而我们还有系列的"芭蕾进校园""京剧进校园"，有外交大使的大讲堂，跟粤港澳大湾区也有文化合作联盟，推广文化、弘扬精神。

澳门作为国家的一份子，在祖国有需要时响应号召，贡献力所能及的力量，这是根植于每一位澳门市民内心的家国情怀，更是澳门社会的优良传统。作为中国文联委员，我更是在重要的时间节点以诗歌为媒，淋漓尽致抒发真情。为庆祝中共二十大胜利召开，我用心创作了《澳门颂》，创作初衷是着眼于融入粤港澳大湾区发展的憧憬，有限的文字道不尽澳门之美，有限的音符唱不尽大湾区的希望，无论是妈祖像下还是大三巴旁，这些澳门文化的标识都包含在这首歌里，而且还特请了澳门土生土长的小歌手王心好用少年的纯洁坚定的爱国爱澳心去演绎《澳门颂》，在内地各大平台点击量超过500万。我还为建党百年创作了《因你之名》等原创歌曲，由本澳及内地多名歌手共同演绎。在歌词创作过程中，我的核心思想就是反映"一国两制"在澳门的成功实践，充分表达澳门人民融入祖国发展大局的信心和决心。用真情歌颂祖国，用真心建设澳门，弘扬正能量，讴歌新时代。

《澳门颂》

百越之岛，濠江之上，我与你千年守望。

沧海桑田，初心不忘，我与你风雨成长。

镜海美，妈祖祥，我要为你护航。

兴湾区，圆梦想，我们共享荣光。

七子归，氹桥长，我要为你歌唱。

兼容并蓄，莲花绽放，我与你传承开创。

东西望洋，华灯明堂，我与你目光远长。

横琴岛奏起最美旋律，十字门矗立远人理想。

（作者系第十三届浙江省政协委员，第十二、十三届全国妇联特邀代表，第十一届中国文学艺术界联合会委员，澳门基金会行政委员会副主席。

整理者：田峰，浙江省政协文史编辑部副总编辑。）

从三尺讲台到国际舞台

——吕绮颖——

以爱浇灌桃李，用心服务青年

我从澳门大学教育学院毕业后，便走上了教师岗位，至今已15年，一直在实践教书育人的理想。我深信"学高为师，身正为范"，一直以"立德树人"作为自己的职责。在教学的同时，我热心参与社会事务，以身教为学生树立榜样。我一直鼓励学生多参与小区服务，回馈社会。记得2017年"天鸽"台风袭澳后，我动员学生参与社团组织的义工队，一起到街上、上门为独居老人清理垃圾，为停水停电的住户送水送饭。面对堆积如山并已发臭的垃圾，学生们竟然没有半点退缩，他们顶着烈日，合力把整条街的垃圾清理干净。谁说这一代学生是"不靠谱的一代"？在澳门这个家有需要的时候，他们会挺身而出。

我在高三毕业那年暑假参加了澳门基金会和中华学生联合总会举办的"中学生西昌航天团"，继而进入学联担任理事，从此开启了参与社会事务之路。在学联工作了10年，积累了一定社团经验后，澳门妇联总会让我担任妇联青年协会理事长，有机会在不同范畴接触议政的工作，更接地气地服务市民大众。我十分感恩妇联的培养，也很幸运遇到一班志同道合的伙伴，大家不分岗位、不分彼此，致力为青年女性提供参与社会和实践理想的机会。在妇联总会和社会各界支持下，妇联青协从2014年起举办"青年女性国际事务培训计划"，开办10年来录得近2000人报名，培养了700多位本地青年女性参与国际事务的能力与热忱，并以实际的参与及行动投身国际社会。2018年和2019年，我与"国培"计划的优秀学员代表澳门参与联合国妇女地位委员会并举行主题边会，介绍澳门妇女发展取得的成就。此后，每年澳门青年女性都以线上、线下方式参与联合国妇地会、联合国人权理事会、亚太女性领导力等多个国际会议，至今超过150人次，展现了澳门青年女性的优秀品质和良好精神风貌，以及逐梦世界的能力和实力，在国际舞台上以青年声音讲好中国故事、澳门故事，成为"一国两制"成功实践的生动写照。

迈向国际舞台，讲好中国故事

感恩外交部的信任以及驻澳公署的指导与支持，让我有机会以国家代表团团员身份列席以及以特区的非政府组织代表的身份举办不同议题的国际会议，实现了回归前完全不敢想象的梦想。我认为，敢于向所有国家学习，就是最有自信心和自尊心的表现。我深深感到，各国历史文化和社会制度各有千秋，没有高低优劣之分，关键在于是否符合本国国情，能否获得人民拥护和支持。实践证明，中国共产党领导的中国特色社会主义制度是最符合中国国情的制度，是一条正确的道路，也是中国发展的"密码"。回忆起参与国际会议的难忘经历，当时有非"朋友圈"的代表质疑内地人权问题，与会的中国代表据理力争，我和同伴们也义正词严地反驳，坚决维护国家尊严。遇到不公平的批评及恶意的中伤，我们也寸步不让，中国

2019 年，澳门妇联派出 NGO 队伍在纽约召开联合国妇地会周边平行会议

人就是不吃这一套！

　　作为新时代政协委员，我深感使命在肩，未来要深化理论学习，引导澳门同胞特别是青少年增强国家意识和爱国精神，进一步坚定"四个自信"、勇于担当、把握机会，与澳门青年一起更加主动地在国际舞台上向世界传播中国声音，宣传好"一国两制"所取得的伟大成就。

　　（作者系第十三届广西壮族自治区政协委员，澳门妇联学校副校长，澳门广西社团联合总会副会长，澳门妇联总会副理事长。）

澳门回归 25 周年
我心我体会
——陈俊拔——

　　不知不觉间，澳门回归祖国 25 周年了。1999 年回归的时候，我刚好大学毕业两年，弹指一挥间，从参加工作到今天已经走过了 27 个年头。回想从毕业到参加工作的这段时间，正好跨越了澳门回归祖国的重要时刻。与此同时，我也见证了澳门最繁荣的时期，亲身体会到在祖国母亲的怀抱中，澳门如何从一个经济结构单一、社会治安欠佳的小城，逐步成为一颗闪耀的东方明珠。从澳门回归到今天这 25 年间所取得的成就，离不开澳门特别行政区政府和澳门市民共同努力，同时也是国家心系澳门，大力支持特别行政区建设的必然结果。因此我希望通过记述我在澳门工作时间近 30 年的亲身经历，展现澳门回归后越来越好的变化，以此庆祝澳门回归祖国 25 周年这一重要时刻。我主要从教育、医疗及住房事业，社会福利发展，社团发展三个方面来介绍，我所看到的澳门回归 25 年来的发展成就。

澳门特别行政区作为中华人民共和国的一部分，坚定不移贯彻"一国两制"、"澳人治澳"、高度自治的方针。在中央政府和祖国内地的大力支持下，回归以来大力发展经济，全面保障民生。澳门特别行政区政府一直重视民生发展，历届特别行政区政府均投入了大量资源支持民生建设。具体可以体现在教育、医疗及住房事业上。

首先在教育方面。澳门特区政府一直重视各个阶段的学生教育工作，在历年的施政报告中都将教育保障作为发展规划的重中之重。为此，澳门特区政府在基础教育上投入大量人力、物力、财力。比如，实行 15 年免费教育，保障澳门所有适龄儿童都能免费享受到从小学预备班到初中的义务教育；再比如，从小学到大学阶段，澳门学生都能领取特别行政区政府提供的教育津贴，方便采购学习用品。除此之外，特别行政区政府还在不断优化青年教育服务，提高教育质量。包括出台《智能教学先导计划》，因材施教，为学生提供个性化课业辅导，缓解学生学业压力。新设立诸如二龙喉公立学校等特殊教育机构，集中资源为有需要的学生提供良好的服务。这些举措不仅有效提升了学生的幸福感，也展现了特别行政区政府在基础教育方面所做的努力。

其次在医疗方面。特别行政区政府践行"以病人为中心的服务理念"，面对由老龄化趋势带来的不断上升的医疗服务需求，持续完善医疗服务体系。澳门特别行政区政府将医疗配套视为一项重要任务，在澳门特别行政区政府 2022 年的施政方针的社会文化范畴中，将"保障及提升医药卫生服务"作为全篇第一个章节，足见特区政府对医疗保障的重视。目前，澳门已经实现基础医疗服务全覆盖，适龄澳门居民可以在全澳设立的 9 间卫生中心和 2 间卫生站享受免费医疗服务。同时政府还通过市场机制完善医疗服务，鼓励医疗体系多元化。澳门以特区政府建设的医院和诊所为主体，引入民间社团设立的医疗所和私家诊疗，三位一体共同完善社区医疗体系，满足不同人群不同的疗养需求。在澳门民屋较多的地方，如果在街上走走，不远处就能看到一间个人诊所，居民的小病小痛在这些小诊所就能解决，这就有效地缓解了公立诊所排队时间长的问题。公立医疗的高度普及和私有化医疗服务的适当搭配让澳门的基础医疗体系相对完善，现在已经成为亚洲发展最好的地区之一。

最后在住房方面。在回归以后，澳门特区政府将居民住房这个基本民生问题作为澳门高质量发展的重中之重。特别行政区政府通过出台阶梯房屋政策，来保障居民的基本居住条件。包括落实公共房屋供应计划、有序开展夹心房屋建设、发展长者公寓、推动房地产市场平稳健康发展。其中由政府主导建设的公营房屋解决了很大一部分澳门居民，尤其是一般市民的住房需求。因为带有保障民生的目的，公共房屋的价格并不像私有房屋那样昂贵，在土地资源稀缺的澳门，公共房屋是保障民众居住的必然之举。社会房屋一般通过租赁的方式出租给符合条件的居民，目前澳门共有15000多个社会房屋，约占住宅总数的6%。另一种叫作经济房屋，颇像内地的经济适用房，主要面向有一定经济条件的家庭。这部分房屋目前约有36000个，占总数量的15.5%。虽然这两种房屋的占比并不高，但是却解决了澳门居民居住的大问题，是切切实实的惠民之举。

在回归之前，澳门虽然不像现在一般人多，但是从未有如此完善和全面的社会保障措施，从教育到医疗再到住房，社会阶层差异较大。但是现在，这种差异正随着澳门自身的经济发展和特别行政区政府的保障举措而不断缩小。我相信不仅仅是我本人，许许多多的澳门人都会有这种感受。

除了教育、医疗和住房，我认为回归以来澳门发展成就的又一个显著表现是社会福利发展方面。澳门的社会福利涵盖非常全面，从社会工作局公布的数据来看，除了受疫情影响的年份，澳门的社会服务支出都是在逐年递增的。而且在疫情得到有效控制、旅澳游客数回升后，社会福利也很快恢复甚至超过疫情前的水准。不仅是数据，澳门的社会福利也体现在生活的方方面面，比如，乘坐公共交通会有优惠等。还有之前提到的免费教育和医疗，其实也都是社会福利程度高的体现。再比如，在每年的施政报告中都会一一列举来年的惠民举措。最主要的方式就是发放各种补贴。这些补贴根据身份发放，涵盖长者、残障人士、学童、弱势家庭等群体，而且可以交叉领取。比如永久性澳门居民就可以享受"税收现金分享计划"以及房屋水费电费补贴，长者又可以同时领取养老金、敬老金等。

在社团发展方面。社团是澳门政治社会治理体系中的重要组成部分，同时也是爱国爱澳能力建设中不容忽视的一环。结社运动在澳门有悠久的历史，从20世纪反帝反殖民地活动，到抗日战争和解放战争时期，再到中华人民共和国成立后社会主义建设时期，澳门社会中始终存在着数量庞大的爱国社团，这些社团为澳门融入国家发展大局作出了许多贡献。在回归后，澳门人能够当家作主的热情使得结社活动也维持着较高的热度。其中，澳门基本法明确保障居民结社自由，同时《行政长官选举法》《立法会选举法》等法律文件中允许符合要求的社团可以成为法人选民，参与相关选举。这样的举措进一步激发了社团参与澳门社会公共治理的热情。截至目前，经过政府注册的社团数量就已经超过1.1万个，平均每6个人就有一个社团组织，类别涵盖所有社会领域，已经形成了一张广泛的社会治理网络。在工作的近30年间，我亲身体会到，社团的发展随着国家的强盛越来越好，而且已经成为澳门地区一种独特的政治文化。我想，回归以后"一国两制"、"澳人治澳"、高度自治方针不仅在基本法等法律文件作出了顶层设计，而且切实为澳门社会在历史演变中所形成的独特社会风貌提供了发展的机遇和土壤。

澳门今时今日所能取得的成就，始终离不开国家和平统一的大局。正是因为背靠日益繁荣的祖国，在"一国两制"、"澳人治澳"、高度自治的方针政策下，地处东西方文化交融之处的澳门才能屹立在浪头之上，有信心和底气去迎接未来的挑战。今天，百年未有之大变局已经到来。我也相信随着澳门横琴粤澳深度合作示范区的设立，以及国家对粤港澳大湾区的进一步谋划布局，澳门一定会迎来一个充满机遇的明天。

（作者系第十五届天津市政协委员，澳门城市大学协理副校长。）

一个旅游目的地的长成记

——文绮华——

　　2024年是澳门回归祖国25周年。一晃我也在旅游局工作超过35年了，多年来经历了不少起伏，总的来讲，喜远远多于忧，每次的新挑战也使得我想象中的公务员的刻板工作变得多姿多彩，让我乐此不疲。

　　这25年来，澳门旅游业的规模从1999年的700多万入境旅客人次增长到2023年的2800多万人次，新冠疫情前（2019年）更达到最高峰3900多万人次；国际旅客方面，从1999年的约50万人次增长到2023年的约150万人次，新冠疫情前（2019年）更达到约300万人次；而酒店房间供应量从1999年的9000个房间发展到2024年的超过48000个房间。

澳门是一个小地方，在我刚加入旅游局工作的那一年（1988 年），我们的解说词介绍澳门土地面积约 16 平方公里；到今天经过多年填海造地，土地面积也只有约 33.3 平方公里。澳门有着中国南方与南欧相结合的独特氛围，居民生活安逸，步伐休闲，不争不抢。如我一位旧同事曾经说过，"香港是你会一见钟情的地方，但澳门会让你日久生情"。也有一句流传在澳门的葡萄牙人圈子里的话："喝过阿婆井的水，就忘不了这个地方。"而阿婆井就是早期葡萄牙人在澳门聚居的小区。但正是这个小城市，在回归祖国后这 25 年来，始终得到国家的大力支持和悉心培养，经历了翻天覆地的改变，逐渐走上国际舞台。

澳门在哪里？

1988 年我进入旅游局（当时叫旅游司）工作后，像所有初投身职场的年轻人一样，怀着一腔热情，希望把在学校学到的市场推广方法运用到工作上，心想着要把澳门好好介绍给不同地方的旅客，吸引他们来澳门旅游。但当我走出去参加国际的旅游展或研讨会等活动时，才确切意识到澳门在他们眼里是微不足道的。在这些活动中，我听到最多的疑问就是："澳门在哪里？"而我们往往都要将澳门介绍为"香港附近的城市，只需要一个小时的船程就能到达"。在学校时曾阅读过一本由 Al Ries 和 Jack Trout 编写的关于市场定位的书籍 "Positioning: The Battle for Your Mind"，里面讲到"我们的脑袋把城市和国家看待为脑袋里的明信片"，很明显，那时的澳门连明信片的地位都达不到。

再后来，当外界对澳门有了一点印象，我们尝试接触他们并为其介绍澳门的旅游产品时，得到的回复就是："我只给你 10 分钟时间。"在不断碰壁、屡败屡战的过程中，我明白了一个道理：全世界旅游目的地千千万万，旅游买家要判断将哪些地方上架到他们的产品目录，作为生意人，没有时间听你啰里啰唆地陈述你的城市有多少景点、美食、酒店、配套设施等。你要在最短时间内让他们看到你的城市的潜力，选择你的城市会为他们和他们的顾客带来哪些好处，你能提供哪些方案去消除他们的顾虑，或者说你要说服他们选择你的城市的概率有多大。要争取买家的青睐，就要学会站在他们的角度去思考，为他们提供好的商业机会，才能在众多旅游产品中突围。

还有一次，我们招待一位很有资历的旅行社老板来澳门考察，在我们介绍完毕我们的旅游产品后，得到的回馈竟然是："我们觉得你们非常官僚。"还好，经过多年的努力，我们成功地把这种观点改变，现在这些老板也成了澳门的"铁粉"，一直有送客人来澳门。每一项工作都需要坚持，改变人家对你的印象是一条漫长的道路，但当你成功后就会赢得一批忠实的支持者。

澳门回归祖国了！

1999年12月20日，澳门回归祖国，成立澳门特别行政区。当看到中华人民共和国国旗和澳门特别行政区区旗升起的一刹那，全澳市民大肆庆祝，人人欢天喜地，憧憬着有祖国的强大后盾，我们能当家作主，为建设更美好的澳门作出贡献。

回归后的澳门旅游业也占尽了天时、地利、人和。中国国民出境游正值起飞阶段，快速成为全球最大的出境游国家。祖国人民对回归的澳门有着浓厚兴趣，希望亲自来看看这个刚回家的"小弟弟"，领会"一国两制"的内涵。在这种有利条件下，祖国内地很快就取代了香港，成为访澳旅客来源第一位。而回归后的澳门也进行了多方面的改善，城市美化、就业稳定、居民生活素质提升、免费教育、医疗卫生保障、良好治安环境等，都让居民有浓厚的"获得感"，提高了他们的自信。《珠江三角洲地区改革发展规划纲要（2008—2020年）》第一次明确要"支持粤港澳合作发展服务业，巩固……澳门作为世界旅游休闲中心的地位"，鲜明阐述了澳门国际旅游城市的定位，彰显了国家对澳门的期许。

感受国家对澳门的关怀

回归后这25年，澳门旅游业平稳发展，没有经历太大的风浪。最大的挑战算是2003年SARS疫情，以及2020—2022年新冠疫情，但在祖国的关怀与支持下，两次疫情后都能迅速迈向复苏。

2003 年 SARS 疫情持续时间不长，但影响蛮大。疫情过后，国家马上宣布从当年 7 月 28 日起，广东省的中山、东莞、江门和佛山 4 个城市试办常住居民个人赴港澳游，开启了旅游业的新里程，让当年的总入境旅客人数不跌反升。后来这项政策发展到 2007 年全国 49 个城市，2024 年 3 月，政策又延伸到西安和青岛两市。个人游签注的开放，令澳门每年的旅游人数飞速发展，占到内地居民赴澳旅游的 50%。

当然，疫后旅游复苏也要靠自身努力，当年 SARS 疫情后，为了快速让旅游重上轨道，我们采取了一系列举措，包括制订"澳门夏日欢迎您"的宣传推广计划等，在短时间内刺激旅游市场恢复。2020 年新冠疫情，对全球都是史无前例的大灾难。疫情较为稳定后，国家在 2020 年 8 月，就让澳门与内地之间恢复免隔离通关，虽然旅游人数有限，但在这个严峻的时期，为澳门注入了非常重要的经济活水。2023 年初，国家启动个人游及团队游，让澳门旅游业稳步复苏。

联合国教科文组织的两张亮丽名片

澳门历史城区在 2005 年被联合国教科文组织列入世界遗产名录，而澳门也在 2017 年成功加入联合国教科文组织创意城市网络，成为美食之都。这两张国际名片是对澳门的文化和旅游的肯定，也给了澳门很大的底气。两项申报都是在国家的大力支持下成功的。

虽然我没有直接参与

2006 年"澳门世界遗产年"启动礼

2005 年的申遗工作，但在申遗成功后，我们策划了 2006 年"澳门世界遗产年"推广计划，充分利用这个重要契机为澳门的文化底蕴做更广泛的宣传推广，让国内外人士对澳门有一个重新的认知。2017 年我全程参与了澳门申报美食之都的过程，由资料收集到筛选再到编写申报文本都与同事并肩作战。在等待网上揭晓申报结果的当晚，心情特别忐忑，因为《澳门日报》通知已经预留了头版去报道美食之都申报成功，如果落空就真的要对不起全澳市民的期盼了。当凌晨看到联合国教科文组织网站上宣布澳门成功申报为美食之都，那时的喜悦真的无法用文字来形容，也让我放下了心头一块大石。之后我们又策划了 2018 年"澳门美食年"的推广活动，利用这张新名片去宣传澳门的饮食文化，特别是土生葡人美食的传承，建立土生葡人美食资料库，而土生葡人美食烹饪技艺也在 2021 年被纳入国家级非物质文化遗产代表性项目名录。

2018 年"澳门美食年"启动仪式

承担国家任务，融入国家发展大局

澳门回归祖国后，在工作或生活中经常听到的，就是要"融入国家发展大局"。个人认为，从细微的与内地加强交流到承担大型任务，都可以算是不同的体现方式。我比较幸运，能有机会参与一些大型活动的工作，感受国家的强大，为国家尽一点绵薄之力。

2009 年国庆 60 周年和 2019 年国庆 70 周年，旅游局两次参与国庆巡游澳门彩车的筹备任务。从彩车的设计理念到提交评审，再到制作，又到筛选彩车上的代表人物，最后到参与巡游，整个过程的严谨程度，都彰显着大国的风范。当看到澳门彩车在天安门城楼前通过的一刻，整个团队都特别有自豪感。另外就是 2014 年 9 月澳门特别行政区政府承办第八届 APEC（亚太经济合作组织）旅游部长会议及第 45 次旅游工作组会议。当时，来自亚太经合组织 21 个经济体的旅游部长或部长代表、APEC 秘书处、世界旅游组织、亚太旅游协会、世界旅游业理事会负责人莅临澳门出席会议，时任国务院副总理汪洋在开幕式上发表主旨演讲。会议举办得非常成功，得到了各方肯定，会议期间达成了 8 项共识，并通过了《澳门宣言》。我们与当时的国家旅游局团队针对每一细节不断完善，合作无间，最终的执行方案被国家旅游局称赞为模板。

建设世界旅游休闲中心，助力经济适度多元发展

回望澳门回归这 25 年，我有幸参与或见证很多旅游发展的节点，传承了前人打下的基础，也启动了新的旅游工作。我们的工作不只是为澳门旅游带来裨益，也在不断探索如何令澳门更好地融入国家发展大局。

国家"十四五"规划明确"支持澳门丰富世界旅游休闲中心内涵"，"扩展中国与葡语国家商贸合作服务平台功能，打造以中华文化为主流、多元文化共存的交流合作基地，支持澳门发展中医药研发制造、特色金融、高新技术和会展商贸等产业，促进经济适度多元发展"。2023 年 11 月 1 日澳门特别行政区政府正式公布《澳门特别行政区经济适度多元发展规划（2024—2028 年）》，作为澳门特别行政区首个全面系统的产业发展规划。行政长官发表的 2024 年财政年度施政报告也明确要"做优做精做强综合旅游休闲业，丰富世界旅游休闲中心内涵"。

我相信，在中央的指导、祖国的关怀与支持下，加上澳门回归祖国 25 年来所沉淀的经验，澳门的发展道路正朝着正确方向迈进，澳门将迎来更

辉煌的 25 年。

最后，以澳门回归祖国 10 周年时，宋绍匡、李峻一填词，李峻一谱曲的《一个神奇的地方》的部分歌词勉励大家继续努力建设澳门：

"一国两制"，是腾飞的翅膀，引领我们，向世界飞翔。

这小小的地方，发出最大的光。让全世界为之神往。

祖国为我撒播，阳光和雨露，我为祖国增添辉煌。

（作者系第十五届天津市政协委员，澳门特别行政区政府旅游局局长。）

回归 25 年服务
冀澳二三事

——梁嘉明——

2008 年底，父亲作为时任全国政协委员，参加了由全国政协京昆室和澳门政协委员"推动澳门文化产业建设小组"联合举办的"两岸四地中国戏曲艺术交流合作传承与发展·澳门论坛"，在澳门看到了《宝莲灯》《泗州城》《嘉兴府》等河北梆子经典曲目，第一次近距离感受到河北梆子的魅力。

而我作为大湾区青年，从小耳濡目染，对粤剧这种南方独有的艺术形式有着深厚的感情。同时作为河北省政协委员，又对河北梆子充满了好奇。河北梆子高昂激越，粤剧大多委婉凄楚，同属国家级非物质文化遗产，两种艺术形态是否能进行融合？或者能够碰撞出什么样的火花，是我们一直思考的问题。在 2015 年澳门回归 16 周年之际，澳门中华文化联谊会组织澳门文艺界各个领域的艺术家到河北参加了"中国梦·冀澳情——澳门河北文化交流活动"，在裴艳玲大戏院观赏了两地艺术家共同演绎的河北梆子、粤剧联唱《大登殿》，在场观众无不被这精彩的表演感染到连连喝彩叫好。

受到这次活动的启发，我们开始着手筹备在众多的戏曲名剧中选择一首来进行河北梆子和粤剧两种传统艺术的融合和创新，并计划邀请河北梆子艺术家来澳门献演。两种独具特色的艺术形态如何融合，又如何在同一个曲目下凸显河北梆子和粤剧的特色和魅力，在创作上我们和两地艺术家们做了不少的沟通和努力。2019 年，澳门中华文化联谊会邀请河北省河北梆子大剧院和广州粤剧院的艺术家第一次在澳门"南北梅花耀濠江"活动中联袂创演经典名剧《宝莲灯》，并于次日举行了河北梆子和粤剧折子戏专场，澳门群众踊跃参与，当天座无虚席。这次专场演出让澳门更加了解河北梆子的文化，进一步加强了两地文化的交流和融合，希望未来河北和

2019 年，"南北梅花耀濠江"——河北梆子和广东粤剧名家联袂创演《宝莲灯》

澳门有更多文化、经济方面的合作。

牵头出品庆祝新中国成立 70 周年暨澳门回归 20 周年歌曲和 MV

2019 年是新中国成立 70 周年暨澳门回归 20 周年，对于祖国和澳门都有着非常重要的意义。作为澳门中华文化联谊会青委会主任，我一直在思考如何能够为双庆贡献一份绵薄的力量。经过和青委会的骨干多次开会反复商讨，决定创作一首专属于澳门文化界青年的歌曲和 MV 作品。

我们邀请中华文化联谊会的会员——港澳知名词曲家创作了歌曲《往前走》，歌词"前面的灯火闪烁着东方的光芒""东方的庙宇遇上了西方的教堂""守护我的信念，寻回我的根源""让文化的种子栽种在理想的土壤""珍惜这青春如水流""文化和历史却不曾忘"，描述了一个充满中西方文化特色的小城市，凭曲寄意澳门跟随祖国母亲的脚步一起"往前走"，表达了澳门青年对新中国成立和澳门回归的喜悦之情，并对祖国和澳门的未来充满无限的期待和憧憬。

同时我们在 MV 的拍摄方面花费了非常多的心思，邀请两地摄制团队共同创作了 MV，其中针对歌曲选取了金光大道、培正中学、妈阁庙、东望洋灯塔、主教山教堂、科技馆心形树及大三巴等澳门特色景点，邀请澳门文化界各领域（西洋乐、民乐、歌手、画家、舞蹈家、书法家和魔术家等）的青年艺术家代表分别在以上景点展示其艺术特长。在镜头设计上也用了很多巧思，如歌词"东方的庙宇"对应的背景是妈阁庙，以及在庙宇前拉二胡的青年民乐艺术家；而"西方的教堂"对应的则是主教山上的教堂，而这里更适合小提琴等西洋乐。另外，第一次出现"往前走"的歌词，用的是一个红灯转绿灯的空镜，寓意着红灯结束，我们要开始继续"往前走"。

另外，我们还特别精心设计了片头（中葡混血女儿以葡语问中国籍母亲：妈妈，你为什么这么喜欢这里？）和片尾（母亲以粤语回复混血女儿：因为这里是我们的家呀！），寓意祖国（中国籍母亲）就是澳门（中葡混血儿）的家，曾在葡萄牙管理下的澳门（小女孩以葡萄牙语发问），终于回到了祖国母亲的怀抱（母亲用粤语回复）。MV 制作完成后，我们召开了新闻发布会及主创心得分享会，MV 先后在"学习强国"、全国青联、《文汇报》、澳广视、《澳门日报》、芒果 TV 等多个媒体上发布。

创作现代粤剧舞台剧《无声的功勋》

众所周知，大湾区包括港澳地区都特别流行粤剧，而粤剧大多是描述古代情爱题材，以悲怆哀怨的风格为主，所以一直以来，我们都特别想创作出一部爱国主义题材的红色粤剧。为了迎接新中国成立 75 周年暨澳门回归 25 周年，去年我们就开始构思筹备以澳门爱国人士——曾任镜湖医院院长的著名红色医生柯麟为原型的爱国主义题材粤剧。在取得柯先生后人的同意后，我们翻阅了大量的历史资料，尽量在尊重史实的情况下进行二次艺术创作。经过一年多时间的雕琢，我们完成了现代粤剧舞台剧《无声的功勋》的剧本和舞台创作，该剧根据柯麟医生（剧中化名柯云）潜伏澳门的真实故事改编。通过讲述控瘟疫、申医权、办医校、建育恤孤院、培养青年救护团等事件，在悬念迭出的生死较量中展现柯云的智慧与勇气，以及中国共产党人无私无畏、坚韧不拔的精神风采，再现 20 世纪三四十年代澳门的历史风云。该剧由澳门中联办宣文部、珠海市委宣传部指导，澳门中华文化联谊会、珠海市文学艺术界联合会出品，珠海市粤剧团、珠海民族管弦乐团演出，知名粤剧编剧梁郁南担任编剧，国家一级导演王东旭担任导演，著名导演张曼君、粤剧表演艺术家丁凡担任艺术指导。我们也克服了异地巡演的设备、人员、服装、经费和交通的种种困难，在北京、澳门、广州、珠海、佛山等多地成功进行了演出，在各地文

2023 年，《无声的功勋》全体演职人员合影

化界的领导和艺术家现场支持与指导下，该剧受到了各地观众的喜爱和支持，并获得国家艺术基金 2024 年度资助项目。

（作者系第十三届河北省政协委员，澳门中华文化联谊会副理事长，澳门金海集团执行董事。）

一首歌　二十年

——穆欣欣——

1999 年，澳门回归。

2019 年，20 年。很多人和事留在记忆深处，未曾忘怀。挥之不去的，还有陪伴我们走过 20 年的一首歌。

1997 年，澳门回归祖国的央视纪录片《澳门岁月》摄制组在澳门，来我家拍摄访谈。20 多岁的我，面对镜头很是紧张，想好的词说了又说，但每一次都词不达意。在此要说明一下，我不是什么名人，摄制组"发现"了我并决定采访我，是因为我当时还有一个身份——南京大学中文系古典戏曲在读硕士生。那时，传统文化的传播和弘扬力度远不如今天这般，在很多人眼中，我就读的专业属于冷门，是在布满尘埃的故纸堆里自甘寂寞，说文以载道不合时宜，更遑论济世救国。而一个年轻的澳门女孩选择了这么个冷门专业，纪录片团队想知道原因。那时的我，青涩而害羞，懵懂又迷糊，对于自己的选择，除了"喜欢"二字，好像也没有更多想法。喜欢戏，喜欢南京这座城市，也连带着喜欢上南京人。是啊，喜欢，又何须理由呢？年轻时的简单真好。时间转到来年的春天，我要回校上课。这一次，摄制组又到南京跟拍了我的校园生活，南大的校园怎么拍怎么美！

五集《澳门岁月》于1999年12月播出时，澳门成了全国乃至世界的焦点。随之，《七子之歌》被瞬间传唱，连带着演唱者容韵琳清纯的模样、稚嫩的歌声和那并不标准的普通话，一起走进人们关于"澳门回归"的记忆。

《澳门岁月》总导演李凯，是个本事很大、平和谦逊的人。从闻一多的诗到传唱至今的《七子之歌》，其间的转换，是李导之功。我至今仍记得他当年的讲述。某一天，李导在家偶然翻到了闻一多的诗，看到七子之一的澳门，想起了筹备中的纪录片《澳门岁月》……就这样，有了李海鹰含泪创作的《七子之歌》。而在选择用什么人及什么方式演唱《七子之歌》时，李凯导演又一创新之举，反其道而行——不要刻意的字正腔圆和经过训练的歌喉是他选择演唱者的标准……就这样，容韵琳和她不太标准的普通话演唱，让这一首歌迅速进入人们的视野。或许，这就是澳门人的本色出演，这就是澳门的味道。

1999年，在澳门回归祖国的大日子里，我有幸走进中央电视台做了一回嘉宾主持。因为这一次经历，改变了我此后的生活轨迹。说起来，不少人认为我和央视的缘分始于1999年。准确地说，我和央视的缘分，当始于上述1997年《澳门岁月》的摄制。1999年12月的北京，印象中有彻骨的寒冷，以及容韵琳所形容的北京的树——"就是一些光光的木棍插在地上"。澳门回归日正值北京最寒冷的冬季，北京冬天的树和澳门的四季常绿形成鲜明的反差。这个澳门小姑娘从未见过不长叶子的树！而我，关于这一年的记忆，更多的是发生在中央电视台大楼里的演练。20年前，电视直播并未像今天这般常态化；那时的直播，要反复演练，台词是根据更早筹备工作时所谈的预先写好的。至今心存感念的是，央视大楼里的人知道我从澳门来，都对我友好至极。那几天，在并不光亮的楼道里，不时飘来走过路过的人哼唱《七子之歌》的旋律。在这幢大楼里，我不认识一个人，却没有孤单的感觉。20 年过后的今天，我和这里的很多人成了朋友，乃至这里还有我此生最亲近的人。

澳门，在内地民众心里，时远时近。而《七子之歌》，是很多内地朋友对于澳门回归最鲜明的印记。2014 年，我以澳门历史题材为元素执笔的京剧《镜海魂》问世，《七子之歌》的旋律在戏中的无缝对接，被观众视为创新。《七子之歌》再次拉近了历史和澳门的距离。

2019 年，是我人生中最忙碌的一年。每一天，我都在被时间推着前行。

半年前，莲花卫视李自松台长找我，说要将《七子之歌》改编成京歌，是否能由我来演唱。当时我心中存疑，一首传唱了 20 年的歌曲，再改编，难；让大家接受，更难。但李台长的这一创意，又着实吸引了我。于是我试着去找志同道合者——著名京胡演奏家张顺翔。我们是多年的朋友，彼此熟悉，对于这一想法，顺翔当即应允，由他来改编，问我有什么要求。我说"好听、易唱、易学"，这是一首作品能够让人接受的基本条件。认真想了两天后，我又对顺翔说，1999 年，《七子之歌》唱的是澳门人盼回归的强烈情感；澳门回归 20 年后的今天，新《七子之歌》应该是

2019 年 10 月 8 日，"同声歌祖国"晚会现场

澳门人一份深情的诉说。一星期后,我听到了顺翔改编的京歌《七子之歌》——京剧的元素、歌曲的结构与形式,音乐风格统一,传统而时尚,古典又流行。无须说更多,一切我想要的艺术表达,都呈现在作品里了。20年,总能遇见这些懂我的人,是莫大的幸运和幸福。

京歌《七子之歌》出现在节目单上。当我领着我的小拍档龙紫岚在台口候场的时候,我忽然有了一份别样的全新体会。我和岚岚之间,就是传承。岚岚无疑是今年澳门最知名的人物之一,不亚于当年的容韵琳。当然,她就是20年之后容韵琳的接棒者。而我,此刻是故事的讲述者,一个关于澳门的故事:"你可知Macau不是我的真名姓",我要娓娓道来,唱得味淡情浓,给我们的下一代。当天,站在舞台上的岚岚和我,有眼神交流,有一致动作,默契无限。一次演唱,一种传承。

一首歌,走过20年。未来,让我们一起边走边唱!

(作者系第十三届江苏省政协委员,澳门特区政府文化局原局长。)

社会进步

脚踏归侨商路
心念七子之歌

——刘雅煌——

1999 年，在外漂泊 400 多年的澳门终于回到祖国母亲的怀抱。作为爱国企业家，我选择坚定走出一条在实业、能源、金融、新经济等行业并存，于公益慈善、文旅等领域贡献力量的澳门非博彩业多元发展之路。

我是澳门印尼侨眷，祖籍广东潮州，修读工商管理学硕士，荣获亚洲知识管理协会院士。我早年偶然读到爱国主义先驱闻一多先生创作的《七子之歌》，先生的诗文字字铿锵、振聋发聩，鼓舞我以"商之大者，为国为民"作职志。自此半生，爱国爱澳，挥洒热血。

久有凌云志，旧貌变新颜。雄关漫道真如铁，而今迈步从头越！

凝心聚力担使命，怀揣复兴中国梦

胸怀"国之大者"，我始终牢记一名爱国爱澳企业家应有的担当与责任，致力于促进澳门与海内外的深入友好交流，为实现中华民族伟大复兴的中国梦贡献绵薄之力。

早在澳门回归之初，为加快澳门青年从"主权回归到人心回归"的进程，消弭当时青年对特区与内地融合发展"不确定性"的疑虑，我在澳门81个青年社团共同推举下当选为青年活动委员会主席。组织史无前例大规模的澳门青年千人访京团；为保护"母亲河"免受风沙侵袭，在八达岭长城下种植"京澳青年友谊林"；在人民大会堂举办"首届京澳青年论坛"，开创了澳门青年大规模赴内地访问的先河……让澳门青年进一步深入了解国情，推动完善爱国主义教育和社会治理实践体系，促进澳门融入国家发展大局。

近年来，在人民大会堂等不同场合，我有幸获得习近平主席、李强总理等多位国家领导人的接见。同时作为民间对外交流大使，我先后与葡萄牙总统、波黑总统及总理、塞尔维亚总理、澳洲总理、缅甸副总统、南非副总统、泰国副总理等多国政要，以及联合国驻华代表常启德等交流对话，发挥澳门平台作用，促进中外经济文化合作。

多年来，我跟随全国政协副主席何厚铧以及时任全国政协副主席的李海峰、厉无畏等国家领导人外访调研考察。2024年5月，中央港澳办主任夏宝龙一行领导考察澳门归侨总会，鼓励我和侨总领导班子引领侨总进一步擦亮澳门国际大都市"金名片"，让澳门侨总同仁及居住在澳门的十余万归侨侨眷倍感鼓舞。借"一带一路"倡议十周年、习近平主席提出"一带一路"八项行动之际，侨

1999年，作者与时任葡萄牙总统沈拜澳会晤

总发起主办"华侨华人高质量发展大会"，并与 63 个国家侨领共同签署《倡议》，达致助力侨二代、侨三代热爱祖（籍）国传承、澳门及深合区多元发展、感受澳门"一国两制"成功实践典范的城市盛景等成效。

驰骋疆野，彼岸悠悠。多年来，我曾多次组织各类"观选团"前往美国、日本、印度等多国领导人大选现场；亲莅日本令和天皇即位礼，威廉王子婚礼，伦敦、巴黎奥运，德国世界杯，巴西大巡游等，加深了解不同制度宗教文化背景下世界瞩目的国家级活动及城市治理系统建设能力，为国家及澳门高质量发展建言献策。

参政议政，敢于发声，彰显社会责任

面对百年未有之大变局，澳门在新时代改革开放的脉动中冲云破雾。作为澳区全国政协常委，本人感受最深的是政治协商民主受到前所未有的重视，取得了各项社会成效，长久以来政协委员通过发挥双重积极作用、化解社会深层次矛盾等方面优势，向世界讲好"一国两制"成功实践的港澳故事。

2009 年，我以候选人身份参与第三届澳门立法会选举，2021 年担任参选组别召集人参与第七届澳门立法会选举，积极助力爱国社团候选人进入议会。历年来，曾分别担任澳门特区政府全国人大代表选委会成员、文化产业委员会成员、政府楼宇管理仲裁中心委员、都市更新委员会委员、旅游辅助委员会成员等社会职务。疫情期间，我司旗下 11 个行业在澳门的 600 多名、内地及全球的近 4000 名员工虽然都受到不同程度的裁员影响，但通过新增 3 家口罩厂和直播基地、再保金融、大宗矿产粮油贸易等新兴业务，以及获银行授信 100 亿港元支持"华侨金融"服务中小企业发展计划落地实施，发挥联通海内外及集团内部人才调控等优势基本确保员工就业。在企业稳定发展的同时，在大是大非面前敢于发声，我在各类媒体上发表关于坚决拥护支持组建中央港澳办、修改《国安法》《行政长官选举法》，强烈谴责蔡英文、赖清德等"台独"顽固分子，日本核污水排海等文章 200 余篇，始终站稳爱国爱澳坚定立场。中共二十届三中全会闭幕后，我第一时间组织举行学习贯彻全会精神座谈会并担任主讲，借助澳门侨界联系世界 100 多个侨团的力量，对外传播中国全面深化改革的声音。

回首往昔峥嵘岁月，我有幸获得了社会和所在行业的认可，支持我脚踏实地、砥砺前行。时任澳门行政长官何厚铧、崔世安，现任行政长官贺一诚，分别为我颁授特区政府奖状勋章；多次荣获全国政协年度好提案、重点提案及个人优秀提案奖；早年为有关部门制定重庆连接印度等欧亚大陆架大通道提出历史创造性的建议，后被誉为渝新欧班列开通的最初构思，为中国西部增长极提供新思路，获颁授重庆市青年人才论坛优秀奖；时任全国人大常委会副委员长陈昌智颁发"可持续发展最具企业家精神的商界领袖"奖等数百个荣誉奖项。

提笔挥毫，传播东方大国的文化自信

中国有礼仪之大，故称夏；有服章之美，谓之华。中共十八大以来，习近平主席在多个场合谈到中国传统文化，表达了自己对传统文化、传统思想价值体系的认同与尊崇。

多年来，我笔耕不辍，履践致远，为讲好新时代的全面深化改革中国故事而不懈努力。为广泛传播习近平新时代中国特色社会主义思想，获授权发行《习近平用典》中文繁体版及葡文版，凸显澳门中葡平台的传播力量。我曾主编由时任国务院副总理钱其琛作序的《澳门》、与中联办、新华社合编庆祝澳门回归 5 周年《辉煌的历程》等大型书籍，成为澳门各重要机构的馈赠佳品和珍贵文献。作为"一带一路"出版社创始人，为庆祝澳门回归 15 周年主编创作《来澳门旅游的 100 个理由》，并分别赠予中央访澳代表团领导成员（简体版由人民日报出版社全国发行），被新华社誉为"访澳宝典"。

商海扬帆拥抱家国情怀，公益路上留下坚定足迹

多年来，我领导的集团与国家发展同频共振，将收获融入这片土地的繁荣之中。集团以港澳为基地，其二级公司是澳门最早期在澳洲上市的非博彩企业，广拓内地、亚太市场，投资及经营地域涵盖欧亚澳等 20 多个国家和地区，拥有二、三级企业 37 家，现已成为澳门非博彩行业大型多

元化本地民营企业集团。业务主要涉及四大板块：一是上市资源及资产管理；二是金融再保及新经济；三是智慧商旅及文创会展；四是医疗供应链及国际商贸，并兼顾各项社会及公益事务。

企业的常青之道，在于不息的变革与进取。党的十八大以来，集团在实现企业商业模式升级的同时，新兴业务也有序开展，从建筑房地产业，再到销售300多个国内外知名品牌商品的连锁大型购物城；从销售至56个国家的医疗供应链互联网企业平台（产品获欧盟CE认证），到储值超过150亿美元的煤、铜产业等资源产业，都取得了长足发展。经过12年的努力，创办的澳门旅博会获得国务院《"十四五"旅游业发展规划》的充分肯定。同时致力于开拓新经济增长点，邀请阿联酋总统穆罕默德之子访澳，双方拟互设金融、航空、旅游等机构，为澳门拓展国际空间、促进经济多元化发展贡献绵薄之力。

"吃水不忘挖井人"，长期以来，我为四川、重庆、甘肃、河南、云南、韶关、潮州、港澳台以及缅甸、土耳其、汤加等地的受灾群众及贫困户捐款捐物，未曾停歇在扶贫、教育、赈灾等公益事业上的步伐。新冠疫情期间，我带领员工在全球范围内采购医疗物资，分别向内地多个省区市和香港的相关部门、澳门特区政府及相关群体及海外捐赠大批防疫物资（是澳门捐赠口罩等防疫物资最早最多的企业之一），成为获重庆市委授予"重庆市抗击新冠疫情先进个人"奖状的唯一境外人士，并获日本前首相鸠山友纪夫等国家政要及多个海外相关机构致送感谢状。

前行不忘初心，面对全新的机遇和挑战，我将持续为筑牢新质生产力发展的国家战略提供支撑力量，准确把握澳门作为高水平对外开放通道发挥的重要作用，助力澳门打造香港以外中国第二国际大通道，为进一步擦亮澳门国际大都市"金名片"，书写中国式现代化新篇章贡献澳区全国政协委员与澳门企业家的力量。

（作者系第十四届全国政协常委，澳门归侨总会会长，澳门万国控股集团董事局主席。）

澳门回归前后
的变化与发展
——陈明金——

　　我 1980 年来澳门，亲历、亲见、亲闻澳门回归前后的
变化和发展，特别是新时代以来"一国两制"在澳门的成
功实践，以及加速融入国家发展大局的事件。

全面准确贯彻"一国两制"、"澳人治澳"、
高度自治方针实践

　　"一国两制"方针是为解决台湾问题而提出，却在香
港、澳门率先实践，澳门的示范作用在全世界备受关注。
特别是 2009 年《澳门特别行政区维护国家安全法》颁布
实施，2021 年全面实施"爱国者治澳"，澳门成为全面准确
贯彻"一国两制"、"澳人治澳"、高度自治方针实践的典范。

这离不开中共中央的正确领导、澳门特区政府和社会各界人士的共同努力。

　　作为一名忠实的爱国爱澳人士，我一心向党，也在全面准确贯彻"一国两制"方针实践的道路上，默默奉献个人有限的力量。1980年我初到澳门，不名一文，为生活奔波，深知基层老百姓的苦与乐，同时也在基层广结善缘。1999年12月20日当天，为迎接解放军进驻澳门，得到大家的支持，我组织了约1.3万人从关闸开始沿路夹道欢迎解放军。我清晰地记得，回归日我心情激动，一大早去了十几家面包店，给迎接解放军的人士准备早餐——一个鸡尾包或菠萝包配一瓶水或维他奶。当天我原本在综艺馆参加庆典活动，由于组织的人数众多，我担心秩序问题，为确保万无一失，就和时任福建省政协委员王建忠从综艺馆一路步行至关闸了解情况。我当时担任澳门福建同乡总会理事长和首届行政长官推选委员会委员。作为一名澳门居民，对澳门回归祖国有种深深的使命感，也感受到澳门老百姓盼望回归的急切心理。我们都会主动想办法把事情做得更好，哪怕是作为一名普通群众，每个人都在自己的岗位上发挥好"螺丝钉"的作用。

　　2005年，我组成"澳门民联协进会"参与当年的第三届立法会直接选举，我和吴在权以20701票成功当选，从此踏上支持和监督特区政府依法

1999年12月20日，澳门数万民众夹道欢迎解放军进驻

施政的道路，参与贯彻"一国两制"实践的体制和机制中。我也一直在思考，如何扮演好在行政主导下，参政议政者和监督者的角色。我想，只有坚持"有碗话碗、有碟话碟"，民心是我心，敢言敢行敢承担、为公为民为澳门，才能得到澳门市民的支持。

当时，港澳地区都存在"超龄子女"的问题，也就是20世纪七八十年代，有大批移民获准来澳门定居，他们尚留在内地的年幼子女因为当时政策调整而耽误了家庭团聚的申请手续，涉及上万人。2005年11月16日，我当选议员的第一次行政长官互动交流答问会上，就提出"超龄子女"来澳团聚的问题。2009年3月全国"两会"召开期间，我作为第一提案人联合其他29名澳区委员联署向全国政协提交《关于及早妥善解决澳门"超龄子女"问题的提案》，得到国家的重视。后来经特区政府和中央政府的多次沟通，终于将澳门超龄子女家庭来澳家庭团聚的问题纳入正常的来澳团聚定居安排，由内地公安机关受理和审批。经过五年的争取，有关问题终于得到解决，也为后来香港解决有关问题提供了借鉴。

2008年，澳门启动二十三条立法，从10月22日开始公开咨询，听取社会各界的意见和建议，取得绝大部分社会人士的共识，进一步巩固了维护国家安全义不容辞的主流观念。从2008年12月19日立法会引介《维护国家安全法》法案，到2009年1月5日立法会一般性讨论及表决该法案，再到2009年2月25日通过立法会细则性讨论及表决，在这个过程中，尽管社会主流舆论全力支持，但是总有别有用心者和境外人士干扰。在维护国家安全这个大是大非面前，我们要敢于站出来表明立场和态度。2月25日下午3点立法会召开大会，我组织了500人在立法会前地（会场外）支持二十三条立法。

澳门回归祖国后，共进行了七届立法会直接选举。2013年是第五届立法会选举，我带领"澳门民联协进会"以26426票打破历史纪录，一个组别取得三个席位，带着施家伦、宋碧琪一起进入立法会。2021年，我交棒给年轻人参选立法会议员，全心全意带领团队竞选，又以26599票再创一个竞选团队夺得三个席位的历史纪录，施家伦、宋碧琪、李良汪一起当选。

以中华文化为主流，开展多元文化共存的交流合作

澳门地方小，但从文化地理的角度看，澳门又是一座独特的大桥梁——中西交会的"文化桥梁"。深入了解会发现，在建筑、习俗、宗教、艺术和科技等各个方面，中西方文化都在这里交融荟萃。正因为其文化特色，2005年，以澳门旧城区为核心的历史街区，包括22座建筑及8个广场前地，被列入世界文化遗产名录。

澳门的宗教文化也非常兴盛。澳门即将回归祖国时，设想建一个建筑物作为回归的永恒纪念。后来确定了在路环岛建妈祖玉雕像，也就是现在矗立在叠石塘山山顶上的妈祖像。塑像由120块汉白玉石雕刻而成，身高19.99米，寓意澳门在1999年回归中华人民共和国。

在妈祖玉雕像即将开光之际，澳门举行了一次妈祖文化踩街活动。踩街队伍自关闸起经澳门总督府最后到达路环岛，行程历时2个多小时，路上自动加入队伍的澳门人士数以万计，中途经过每一处都能看到虔诚的信众敬香跪拜妈祖的盛况。1998年10月28日（农历九月初九）的开光大典盛况，澳门卫星电视台为世界50多个国家和地区进行现场直播，向世界宣传澳门和妈祖文化，进一步提高了澳门的知名度。

2001年5月，以全球最高的妈祖雕像为轴心的庞大宗教文化旅游区——妈祖文化村开始兴建。5月2日举行奠基仪式，特区政府、中联办、外交公署、福建旅游局以及澳门社会人士等参加仪式。总投资约澳门币2亿元的妈祖文化村共分两期进行建设，首期工程石牌坊建筑物于2002年5月落成。天后宫由大殿、钟楼、鼓楼、南北廊、梳妆楼、祭台、广场及山门所组成，按明清时代的庙宇及妈祖天后宫特有的布局设计而成，富有中国传统建筑工艺特色，雕梁画栋，气势宏伟，成为信众和游客参拜祈福、旅游度假的好去处。

与此同时，为推广妈祖文化，宣扬妈祖精神，澳门中华妈祖基金会每年与内地不同省、市举办"澳门妈祖文化旅游节"，以此作为旅游推介平台。同时，每年都会邀请中国台湾宫庙代表参加。首届澳门妈祖文化旅游节于2001年10月25日和福建省联合举办。第二届澳门妈祖文化旅游节

与台湾联合举办。截至目前已与浙江、上海、江苏、天津、河南、山东、辽宁、广东、湖南、江西、陕西、云南、广西、湖北、海南等举办了17届。2009年9月，"妈祖信俗"申报人类非物质文化遗产代表作名录获得成功，成为中国首个成功申报世界级文化遗产的信俗类非遗项目。2016年，"发挥妈祖文化等民间文化的积极作用"写入国家"十三五"规划纲要。这20多年来，我们一直以推广妈祖文化，弘扬爱国主义精神，促进两岸交流，发挥澳门在对外交往和联谊中的独特作用。

积极推动社团规范化、专业化发展

澳门是一个社团社会，结社自由，在1999年回归时就有1700多个社团，随着社会经济的发展，目前澳门已有各类社团近12000个。社团是澳门政治社会治理体系的重要组成部分，对特区的繁荣稳定起着关键的作用，是发展壮大爱国爱澳力量、增强青少年家国情怀、推进"一国两制"事业薪火相传的重要载体，也是融入国家发展大局的重要平台。据调查，每2～6个居民便有一个社团，社团呈现分散化、碎片化特点，无法集中资源办大事。也有不少新成立的社团，由于资源不足，实际并无运作。近年来，特区政府提高社团申请的门槛，逐步引导社团向规范化、专业化的方向发展。

我参与创立了数十个社团。最早参与的是澳门晋江同乡会，成立于1987年，也是澳门福建乡亲成立的第一个社团。1989年，澳门福建同乡总会成立，之后澳门体育联合会、澳门中华妈祖基金会、澳门福建青年联会等陆续成立，是澳门福建乡亲融入社会、参与社会、服务社会的重要平台。后来又参与成立澳门青年联合会、民众建澳联盟等，服务全澳居民。

自1990年开始，澳门青年社团就联合举办携手贺新春活动。澳门回归祖国后，即将迎来千禧年，2000年由我担任"龙年携手贺新春"筹委会主席，联合49个青年社团举办系列活动，包括"春暖濠江"爱心行动拜访澳门弱势机构，到广东电视中心参加粤澳青年龙年携手贺新春联欢晚会，和闽澳青年龙年携手贺新春交流活动。这些活动展现了澳门回归后澳门青年的风采，也为后来成立澳门青年联合会奠定了基础。

2006 年，在特区政府和澳门中联办的关怀下，在澳门社会各界人士的支持下，澳门青年联合会成立，由我担任首届会长。在我担任会长期间，曾举办过多项大型活动和参与多项社会公益事业，包括：设立澳门青年发展基金，在内地兴建多所爱心学校和希望小学，带领青年赴京、港、台等地进行学习交流，举办"手拉手——2007 两岸四地青年慈善晚会"，组织全国"两会"精神传达报告会、澳门基本法座谈会，等等。活动拓宽了澳门青年的视野，加深了澳门青年对国情的认识，增强了澳门青少年的国家观念、民族意识和爱国热情，促进了澳门青年团体与各地青年团体之间的交流与合作。

后来由马志毅担任第二、第三届会长，莫志伟担任第四、第五届会长。如今，澳门青年联合会已经发展到第六届，会长是全国政协委员罗奕龙。在历届会长的共同努力下，澳门青年联合会在引领、传承和弘扬"爱国爱澳"传统，带领和致力解决青年在学业、就业、创业及置业上遇到的困难和挑战，推动澳门青年融入国家发展大局等方面作出了积极贡献。

2005 年我当选澳门立法会议员以来，积极投身社会服务工作。为更好地服务市民，我们决定成立民众建澳联盟，立足北区，服务全澳门。我买下黑沙环丽华戏院，一个可以供 500 人活动的场所，以每年 1 元的租金提供给民众建澳联盟使用。民众建澳联盟于 2008 年 5 月 1 日正式成立，经过 16 年的发展，其主要承担团队参政议政和社会服务的功能。设会员事务、社会事务、大厦事务、医疗事务、青年事务、法律事务等服务平台，有 7 间议员服务处、3 间社区医疗中心和 1 间长者日间中心。

除了开展日常服务，值得一提的是，2017 年 8 月 23 日，百年一遇的"天鸽"台风袭击澳门，重灾区澳门内港、十月初五街一带水位高达两米多，部分区域断电断水，造成 10 人死亡。当晚我们率先组织义工派水送饭，第二天凌晨去内港、筷子基清扫垃圾，共组织了 1000 多名义工。我一直坚持在第一线，深深体会到仅仅依靠澳门的力量无法在短时间内清理风灾造成的破坏，于是我在 24 日上午向特区政府和中联办建议，为避免灾后细菌等滋生，需要请求驻澳部队的帮忙。意见得到采纳，澳门很快恢复往日秩序。

热衷投身教育事业

免费教育

澳门福建学校由德高望重的教育家梁披云先生于 1990 年创办。20 世纪七八十年代，大批新移民涌入澳门，北区是新移民的集中地，更是福建乡亲最密集的地方，学额严重不足，新移民儿童入学非常困难。梁披云先生眼见乡亲为子女求学通宵达旦排队报名，甚至求助无门，非常着急。为了帮乡亲排忧解难，使学生都有受教育的机会，梁老致力办校，遂组成了八人小组着手办校。许多社会人士和乡亲出钱出力，经过多方努力，才有了福建学校，并组成了校董会。当时福建学校是租用澳门佑成工业大厦地下室作为校址，后来由于学生人数增加，在多位执行校董和部分热心教育人士的集资下，购买了与原校址一墙之隔的厂房，以解校舍逼仄之困。到了 1994 年 7 月，随着学校收生额递增，政府十分关心学校情况，在校董会推动下获政府批地建校，才有了现在设备齐全的校舍。

福建学校是幼小阶段学校，目前共有约 18 个教学班，学生近 500 人，教职员工 67 名。福建学校坚持以传承中华文化、推动中华优秀传统文化创造性转化和创新性发展为宗旨，用教育夯实中华文化，做好文化传承，丰富福建学校良好的爱国爱澳办学基因。2021 年，我接替梁仲虬先生担任福建学校校董会主席。

高等教育

1981 年，黄景强、胡百熙和吴毓璘三位博士创办了澳门东亚大学，这是澳门开埠 400 多年来第一所由中国人创办的正式大学。当时是以私人办学方式开办，冀借此促进澳门高等教育发展，为社会培育英才。1991 年，为实现澳门社会稳定和经济发展，澳门东亚大学改制为公立澳门大学、澳门理工学院和私立澳门东亚公开学院（由原澳门东亚大学的研究生院扩充而成）。1993 年经澳葡政府批准，原澳门东亚公开学院和葡萄牙国立公开大学联合组成一所新型大学，名为亚洲（澳门）国际公开大学（后改名为澳门城市大学）。故澳门城市大学与澳门大学、澳门理工学院三校同源。

我从来没想过我会办大学，但我看到特区政府持续高度重视教育事业，以及被三位创办人的教育情怀所感动。2010 年，在三位创办人的邀请下，我接办了亚洲（澳门）国际公开大学。同年 8 月，在林笑云大律师见证下，亚洲澳门国际公开大学正式交由我来承办。2011 年，大学正式改名为澳门城市大学，成立澳门城市大学基金会（行政公益法人）作为大学非营利的办学实体，并积极谱写"更名、改制、转型、升级"的发展新篇章。

我刚接办澳门城市大学时，只有不足 3 万英尺的保怡校区作为校舍，我与时任校长颜泽贤四处觅地办学。其间先与当时的高等教育局协商帮

2010 年，作者接办亚洲（澳门）国际公开大学后与大学领导层及主要教职员合影

忙，其后又向澳门三育中学商借一幢教学楼作为校舍之一，暂作过渡。

庆幸澳门高教界在 2009 年收到好消息——国务院宣布将在珠海市横琴岛东部与路氹城一河之隔的约一平方公里土地，租借给澳门作为兴建澳门大学新校区用地，并批准依澳门法律实施管辖。随着澳门大学新校区在 2013 年底陆续启用并完成搬迁，空置的澳门大学旧校舍获租借给澳门城市大学以及另外两所高校使用。我非常感激澳门特区政府的安排，这是对澳门城市大学的肯定和支持。2015—2016 学年，澳门城市大学正式重返原东亚大学的校园办学。

澳门城市大学于 2004 年起获教育部批准在内地招收全日制研究生，并于 2012 年获教育部批准在内地招收全日制本科生。时至今日，澳门城

市大学学生超过 1 万名，设有商学院、数据科学学院、金融学院、人文社会科学学院、创新设计学院、国际旅游与管理学院、教育学院、法学院、葡语国家研究院 9 所学院，提供 12 个学士学位、19 个硕士学位及 15 个博士学位的逾 40 种中英文制课程，是澳门 5 所开展"本、硕、博"全层次办学的综合性大学之一。在粤港澳大湾区高等教育融合发展的背景下，培养澳门和区域所需的应用型、实务型人才。

（作者系第十四届全国政协委员，澳门中华妈祖基金会执行委员会主席，澳门城市大学、澳门福建学校校董会主席。）

辉煌25年：
我所亲历的澳门社会
团体的发展与贡献
——王正伟——

　　2024年迎来了两个重要的历史时刻：新中国成立75周年和澳门回归祖国25周年。在以习近平同志为核心的党中央的高度重视和深切关怀下，澳门社会各界凝心聚力、抓住机遇，在社会各领域均呈现出蓬勃的发展态势。在这一蓬勃发展的背后，澳门社会团体扮演了极为重要的角色。作为澳门社会团体发展的亲历人、见证者，我密切关注且直接参与澳门社团的发展，深刻感受到从1999年澳门回归至今，澳门社会团体在维护"一国两制"，促进"澳人治澳"、高度自治，推动融入国家发展大局等方面发挥了不可替代的作用。从经济建设到社会事务，从文化传承到教育创新，无不体现出这些团体的积极参与和显著贡献。现就

2021 年 6 月作者在贵州遵义考察

我所亲历的 25 年来澳门社会团体的发展与贡献作一番回顾。

25 年：澳门社会团体发展

澳门的社会团体几乎囊括了澳门特区治理、经济社会发展与增进民生福祉的各个方面。自 1999 年回归后，澳门社团的发展进入一个新的历史阶段，无论是社团的总量，还是社团的结构及功能等，均出现了一些新的变化。

一方面，社团总量骤增与密度上升。1999 年回归之前，澳门有社团 1722 个，而根据澳门特别行政区政府官方网站数据，截至 2024 年 3 月，澳门注册的各类社团累计共 11842 家（包括少部分已注销的社团），回归后的 25 年间，新成立社团竟超过了以往百多年间全部社团存量之和，发展之快令人咋舌。以澳门 33.3 平方公里（截至 2023 年 9 月）的土地总面积以及 684000 人（截至 2023 年底）的居民规模来计算，平均每平方公里拥有 355.62 家社团，且平均 57.76 人拥有一个社团，这样的社团密度比肩甚至超过当前发达国家的水平，因此澳门被冠以"社团社会"实至名归。另一方面，社团类型、功能更加多样化。澳门社团如今涵盖了艺术文化、科学及科技、业主会、体育、法律、教育及青年、基金会、工商及服务、文娱活动、专业、环境保护、宗教、卫生、社会服务、劳工和其他共 16 个领域，其中趣缘性社团，专业类、学术类社团，青年社团，社区类社团及国际化社团数量和比重不断增加。可以说，澳门社团类型非常齐全，领域分布极其广泛。

从功能贡献来看，与传统欧美社会中独立于国家的社会组织不同，与国家与政府"共生"是澳门社团的 大特色。在殖民统治时期，澳门社团致力于平衡殖民者与本地人之间的关系，缓和双方矛盾；尤其是以"拟政府"的角色为澳门居民提供各项公共服务，维护底层权益。而在回归之后，特区政府作为"一国两制"、"澳人治澳"、高度自治方针的实践者，始终引导澳门社会团体的发展与党和国家同向同行，"虚拟政府"功能弱化。一方面，政府通过资助，尤其是通过具有"准政府"性质的"澳门基金会"为社会团体提供资助，保障其持续运行，而非原先的社团自筹资源；另一方面，政府大量依靠本地社会团体扎根澳门社会，并依靠社会团体提供公共服务，回应民意诉求，保障政治参与，激发经济活力。一些社团也借助政府资源从满足社会需要出发，持续不断扩展其社会服务的功能。这 25 年间，澳门社会团体提供的社会服务朝着综合化、专业化与国际化的方向不断发展。

这 25 年间，澳门社会团体不仅见证，更积极参与和推动了澳门社会的变迁。它们在促进澳门的社会稳定、经济发展、文化传承和创新中起到了不可替代的作用，成为澳门特色社会治理体系的重要组成部分。通过这样深刻的变化和持续的努力，澳门社会团体为这座城市的繁荣稳定贡献了自己的力量，同时也展示了在"一国两制"框架下澳门社会的独特魅力和生命力。

25 年：澳门社会团体的发展

作为一名政协委员、企业家，以及澳门多个社团的主导者和参与者，我有幸深度参与并见证了澳门回归祖国后社会团体在这座城市转型和繁荣中扮演的关键角色。我的经历不仅限于政策讨论与制定，更扩展到了与上百家社团的交流合作以及经济、文化、教育等领域的社团组建。从亲手组建社团，到与各类社团的紧密合作，我亲历了社会团体如何促进经济与文化的发展、如何推动闽澳台的交流与合作、如何促进澳门融入国家大局。每一次的交流合作不仅是活动的叠加，更是澳门社会凝聚力和创新力的体现。

澳门社会团体：经济合作的促进作用

25 年来，澳门社会团体在促进澳门与内地特别是福建省之间的合作交流中扮演着至关重要的角色，而我本人更是深入参与以闽澳为代表的多地经济交流合作中去。2023 年 4 月，作为澳门福建总商会常务副会长，我有幸参与接待了绍兴福建商会会长吴劲立带队的学习访问团。通过接待与交流活动，我们不仅展示了澳门商会的成就和经验，也加深了与内地商会的友谊和合作，这是两地商会共同探索合作机会、共谋发展大计的重要一环。同年 10 月 24 日至 27 日，作为澳门企业家代表之一，我有幸跟随澳门特区政府、澳门贸易投资促进局及代表团前往福建省福州市和厦门市进行访问，此行的目标是进一步加强闽澳合作及拓展商机。在会晤中双方签署了《闽澳合作会议第四次会议合作备忘录》，标志着双方经济合作关系的进一步加深。在访问期间，我们获得了一系列深入的交流和学习机会，尤其是在新大陆科技集团的参访交流中，我们聚焦闽澳发展，共探未来多元合作的新机遇。这两次活动不仅是澳门与内地经济合作交流的成功范例，也展示了澳门社会团体在推动澳门与内地特别是福建省经济文化交流合作中的重要作用。

澳门社会团体：社会治理的协调作用

澳门社会团体在社会治理、国家认同感建设及紧急响应中亦发挥了不可替代的作用。近些年影响力极大的澳门街坊总会广东办事处的实践，就显著体现了澳门社会团体在推动社区服务、加强粤澳融合以及提升居民生活质量方面的显著作用。不仅为粤澳居民提供了丰富的社会服务，还强化了"双城生活"模式，同时《横琴粤澳深度合作区发展促进条例》的推出，为进一步促进两地社区治理和服务融合发展提供了政策支持。此外，在香港"占中事件"期间，澳门社会团体也扮演了积极的角色。作为澳门泉州同乡总会创会会长及澳门石狮同乡会永远会长，我不仅在正伟基金会资助的学生中强调树立正确的国家观念和爱国心，还动员同乡会进一步对香港的闽南籍学生进行思想引导，确保他们与国家主流保持一致。学生们的积极反馈和对社会正义的坚定支持，再次证明了澳门社会团体在促进国家认同感和社会稳定中的重要作用。在讨论澳门社会团体在社会治理方面发挥的作用时，除了在粤澳合作、社区服务及维护国家主流价值观方面的贡献，还必须提及在面临自然灾害时的紧急响应和人道主义行为。2017年的"天鸽"台风是近年来影响澳门最为严重的自然灾害之一，造成了巨人的财产损失和人员伤亡。作为澳门石狮同乡会永远会长，我积极响应，领导同乡会在灾后对遇难同胞进行捐助并组织默哀活动。这一行动不仅是对遇难同胞的深切哀悼，更是澳门社会团体在面对重大灾难时展现出的团结互助精神和社会责任感的体现。我们通过具体行动，加强了社会凝聚力，展现了澳门社会在危难时刻能够同舟共济、共克时艰的坚强意志。这些事件和实践凸显了澳门社会团体不仅在日常社会治理、促进两地融合、维护国家安全和社会稳定中发挥着重要角色，同时在应对突发公共事件和灾难时，也能够发挥关键作用，为保护居民生命财产安全、维护社会和谐稳定作出贡献。

澳门社会团体：文化交流的纽带作用

作为澳门石狮同乡总会永远会长，通过参与和主导澳门与其他地区之间的文化交流项目，我深切体会到了澳门社会团体在促进文化传承、增进民众参与及加深地区间理解的重要作用。特别是2016年由我组织并实施的澳门石狮城隍庙谒祖进香团访问活动，活动背景极具历史意义——自石狮城隍公分灵澳门20年来，首次组团返回石狮城隍庙谒祖。整场活动超过300名澳门乡亲参与，我们从澳门出发，先后访问了石狮、台湾及香港，其中包括同根同源的城隍庙。这不仅是一次简单的回归故里，更是一个文化、历史与情感交织的旅程。我目睹了这一跨地域的文化交流活动如何激发社区的参与和兴趣，特别是在澳门，城隍文化的传播和庆祝活动，成为连接澳门与家乡之间的重要纽带。这不仅让旅澳乡亲有机会回顾和纪念自己的文化根源，同时也让澳门社会更广泛地了解和参与这一传统文化活动。在石狮，热闹的铜管乐队和排管乐队表演，不仅为我们欢送，也体现了地方社会团体对于文化传承的重视。澳门城隍宝殿与石狮城隍庙"两庙一源"的故事，不仅印证了两地间深远的历史渊源，也是我们社会团体努力促进文化交流、深化相互理解的生动案例。作为社团的一员，我为能参与这样的文化交流活动感到无比荣幸，更加坚信社会团体在澳门乃至跨地域文化交流中的重要价值。

澳门社会团体：慈善事业的推动作用

经过我的亲身参与，我深刻体会到澳门社会团体在慈善捐助及社会责任履行方面的关键角色及其深远的影响力。其中，由我创立并运营的正伟基金会便是一个典型的例子。2010年，我毅然决然地投入1000万元港币，旨在为澳门籍福建同乡的优秀学子们提供奖助学金，从而推动教育的公平性并提高澳门地区的人才培养水平。这份投资远超个人成就的奖赏，它是对青年一代潜能的信任和鼓励，期待他们为澳门乃至整个国家的繁荣作出贡献。在过去的12年里，正伟基金会共投入超过285万港元，资助了392名学生，激发了澳门社会更广泛地关注教育公平与优秀人才的培养。基金会举办的年度奖学金颁奖典礼不仅成为澳门社会的标杆事件，也汇聚了来自各行各业的杰出青年，这些青年是澳门乃至国家未来的希望。特别值得一提的是，在香港"占中事件"期间，我特意向受资助的学生们强调，树立正确的国家观念、坚定爱国心以及远离一切反动活动的重要性。学生们对此的积极响应和深刻理解让我感到格外欣慰。他们不仅展现了对国家深厚的情感，也在实际行动中证明了他们对社会正义的坚定支持。除了正伟基金会的贡献，我主导的澳门社会团体亦热心投身于更广泛的社会公益和慈善事业，其所参与的慈善项目广泛覆盖助学、助老、助弱、助病、助残等领域，同时也包括对汶川地震和"天鸽"台风等突发自然灾害的紧急援助，累计捐赠近5000万元。此外，我积极赞助政协和海外联谊会活动，并在泉州慈善总会及澳门设立专项慈善基金，致力于进一步支持助学、助残、助贫等慈善事业。我的这些努力和贡献得到了广泛认可，包括荣获

"泉州市慈善家""中华慈善人物"称号以及"中华慈善事业突出贡献奖"，福建省人民政府亦授予我"非公企业社会公益事业特殊贡献奖"。这些荣誉不仅是对我的个人努力的肯定，更是对澳门社会团体在社会公益领域所作贡献的认可。未来，我将继续致力于慈善事业和社会责任的履行，通过澳门社会团体这一独特的平台为澳门及内地的协同进步作出更大的贡献。

这些年来，我目睹了澳门社会团体如何在推动经济多元化、推进教育平等、促进文化交流以及增进民众参与社会治理等多个方面发挥着至关重要的作用。澳门社会团体的成功实践是对"一国两制"成功实施的有力证明，更反映了澳门不断融入国家大局的必然趋势。它们的活动和努力不仅展现了澳门特有的社会文化特色，也体现了中央政府对澳门高度自治的支持。在这样的政策框架下，澳门不仅保持了自身的独特身份和传统，同时也实现了与内地的互利共赢、共同发展。澳门社会团体的发展和成就，既是对澳门治理体系和发展模式的肯定，也是澳门社会活力与创新精神的展现。

25年：澳门社会团体的展望与决心

在回顾过去25年澳门社会团体的发展历程时，不得不提到习近平主席在促进澳门与内地合作、推动"一国两制"成功实践中所起到的关键作用。习近平主席与澳门的渊源深厚，自1999年澳门回归祖国以来，他曾五次访澳，每一次都为澳门的发展注入了新的活力，推动了澳门与内地的全方位、多层次合作。从早期的闽澳、浙澳到后来的粤澳合作，习近平主席不仅在地方工作时积极推动澳门与相应省份的经贸合作，作为国家领导人，他更是将澳门的发展、澳门与内地的互动视为国家战略的重要组成部分。特别是在"一带一路"倡议和粤港澳大湾区建设中，澳门的角色和贡献被高度重视，为澳门带来了前所未有的发展机遇。

我不仅亲历了澳门在这一时期的繁荣和进步，同时也深刻体会到了澳门社会团体在促进地区发展、文化交流以及"一国两制"成功实践中的关键作用。更为重要的是，澳门社会团体的成长和成就，不仅为澳门自身提供了宝贵的经验，也为中国内地乃至"一带一路"倡议下的国际合作提供了重要的借鉴。早在2018年，我便曾在政协会议上提出"关于促进发挥港澳台侨社团组织在'一带一路'共建国家实施'民心相通'工程的桥梁和平台作用的建议"。我的提案旨在强调港澳台侨社团组织在推动"一带一路"建设中的独特价值和作用，特别是在促进文化交流、加强民间联系以及深化共建国家与中国的友好合作方面。近年来，我更加积极地关注并深入参与"一带一路"的建设工作，努力探索和拓展与中东地区的合作机会。通过组织和参与多种形式的交流活动、商务考察、文化展览等，我亲身体会到，澳门社会团体在这一全球性倡议中扮演着至关重要的角色，不仅促进了澳门与"一带一路"共建国家的经济文化交流，也为推进中国与世界的民心相通贡献了力量。这些努力不仅是对习近平主席倡议的响应，也是我作为政协委员和澳门社会团体成员履行职责、服务国家战略的具体实践。

总之，澳门社会团体的发展，不仅是"一国两制"成功实践的有力证明，亦可对中国内地提供经验与启示。习近平主席对澳门的深情厚谊和坚定支持，为澳门的繁荣稳定提供了坚实保障。作为政协委员，能够在这个伟大时代中，为推动澳门社会团体的发展、促进澳门与内地乃至国际的合作交流作出自己的贡献，我深感荣幸。展望未来，我必定坚定不移地继续深化与"一带一路"共建国家特别是中东地区，以及粤港澳大湾区和闽台地区建设中的合作，通过澳门这一独特的平台，推动更多具有前瞻性的项目和活动的实施，为实现中国式现代化贡献澳门的力量。我相信，通过澳门社会团体的持续努力和积极参与，不仅能够为澳门乃至中国内地的发展贡献更多智慧和力量，也能在国际交流与合作中发挥更大的作用，为构建人类命运共同体贡献澳门力量。

（作者系第十三、十四届全国政协委员，澳门友达集团国际投资有限公司董事长。）

亲力亲为　投身澳门
发展建设和"一国两制"
伟人实践

—— 张明星 ——

行云千片，悠悠青天。转眼澳门回归祖国已经 25 周年，但我对澳门发展建设的参与已经远远超过 25 年，参加全国政协工作后，更觉得我们要做的事还很多，需要更多力量共同努力，才能真正实现中华民族伟大复兴。

自强勤勉，团结拼搏，筹建福建学校

20 世纪七八十年代，我和许多福建人一样，抱着对未来的想象和对成功的渴望，背井离乡来到澳门。但是现实与想象完全不同，外地人初来乍到，没有证件，语言也不通，治安环境也比较差，基本的生活都难以维持。三分天注定，七分靠打拼。跟我一起来的那批朋友坚持了几个月、几年没有作为，有的去了新加坡、中国台湾，有的回了福建，留在澳门的大概有60%，我是坚持下来的其中之一，自己站稳脚跟就要帮助更多福建乡亲站稳脚跟，这是我们福建同乡会的初衷，也是传统。

澳门北区是福建乡亲密集的地方，但是当时北区的学额严重不足，儿童求学非常困难，为子女求学，乡亲通宵达旦排队报名，求助无门的情况也时有发生，所以"福建同乡会"成立的同时就决定办校。我从那时起开始参与其中，同先辈梁披云先生和一众乡贤共同发起创办澳门福建学校，得到了许多社会人士的支持，乡亲们也都踊跃捐资，出钱出力。经过多方努力，1990年9月6日，澳门福建同乡会租用佑成工业大厦一层为校址，澳门福建学校正式成立。刚创办的福建学校只开幼儿园和小学一年级，学生人数132人，后来在历任校董会的努力下，在政府的关心下，福建学校获政府首批批地建校，1994年7月搬去台山李宝椿街的新校址。经过这么多年的努力，如今的澳门福建学校师资雄厚，学生逾千人，为澳门教育事业作出了积极的贡献。

亲力亲为，与祖国同呼吸共命运，宣传推广澳门基本法

澳门基本法是特区的基本法律制度，列明了澳门实施"一国两制"的方针，从起草澳门基本法的时候，中央对澳门基本法就非常重视。我从1995年当选福建省政协委员，历任第七、八、九、十、十一届省政协常委，在此期间，也担任澳门基本法推广委员会常务理事，回归之前，已经开始跟着何厚铧先生一起去全国各个省市进行宣传推广澳门基本法。

澳门不同于香港，很多人不懂葡语，所以澳门基本法从起草阶段就经历了非常多的困难，但是自实施以来，澳门基本法保证了澳门的平稳过渡，也保证了特区政府的长治久安。从回归前加入基本法推广协会，到如今基推会的每次会议、常务理事会等，没有特殊情况，我从不缺席，同时也会推荐福建同乡会的理监事加入基本法推广协会，听取基本法讲座。

回望香港、澳门回归历程，在中央人民政府的大力支持下，"一国两制"实践在港澳地区取得了举世公认的成功，两个特区政府也在不断建立和健全维护国家安全的法律制度和执行机制。我们要配合政府做好工作，

坚决将维护中央的全面管治权和保障特别行政区的高度自治权有机结合，保证"一国两制"、"港人治港"、"澳人治澳"、高度自治方针不变形、不走样。

立己达人，热心公益，积极参与国家发展建设

回归之后，进入新时代，我最大的感受就是治安环境好了很多，整体社会和谐安定；同时机会也多了很多，经济更上一层楼，发展速度是完全超出大家预期的。正是在这样的大环境下，我们个人才能取得一些成就。

怀着立己达人的理想抱负和对国家的赤子深情，我同一众友人共同出资创办了澳门地产商会慈善基金会、澳门惠安教育基金会等慈善机构，以实际行动投身慈善事业，关爱有需要的人士，积累了宝贵的经验，也更加深感同天下之忧的意义与责任之重大。

我在中华海外联谊会任多届理事、常务理事，在王兆国、刘延东、杜青林、孙春兰、尤权、石泰峰等历届多位领导指引下，为广东瑶族贫困山区、北京延庆等地捐建希望小学，资助成立福建惠安崇武西华小学、福建泉州黎明大学等多所大小学府，在新疆等地开井、建医务所等，哪里有需要，我们就为哪里出力。

2018 年，澳门福建同乡会给贵州省从江县捐赠 100 万元整

同时，我自己也在福建与朋友合资兴办多家企业，包括发电厂、水泥厂等，为家乡人民提供就业机会。每次国家有需要捐款我都非常积极，2020年组织捐款100多万元支持家乡抗击新冠疫情，2021年为水灾所困的郑州人民筹集捐款，2018年和2021年各组织捐款100万港元支持贵州扶贫工作，等等。

认真履职，勇于担当，配合特区政府做好经济适度多元发展

从2018年担任全国政协委员开始，我每年都会参与中联办、澳门特区政府等相关部门组织的澳区政协代表团到不同省份的考察和调研工作。这些工作让我更加全面深入地了解国家发展状况，从而也更客观地看待澳门和大湾区的发展，更好地为澳门发展、国家发展建言献策。这中间不只参与澳门的建设和发展，也见证和配合政府做了大量的工作。

适逢澳门回归祖国25周年，我们政协委员尤其要配合国家和特区政府做好三件大事：一是切实筑牢澳门维护国家安全的屏障，进一步健全维护国家安全的法律体系；二是推动澳门经济适度多元发展，特别是要做好横琴开发这篇大文章，牢牢把握横琴开发服务澳门经济适度多元发展的初心，让更多澳门青年、企业家了解政策扶持内容，认识合作区发展机遇，鼓励更多澳门青年投身合作区建设；三是做好澳门特区行政长官选举和政府换届工作，汇聚起力量，共同促进"一国两制"事业行稳致远。

紧跟时代，壮大爱国爱澳力量，促进港澳更好融入国家发展大局

除了担任全国政协委员之外，我还担任澳门福建同乡会会长，每年参加完全国"两会"之后，我会同同乡会理监事一起组织"两会"精神学习传达会，通过各种形式的活动，壮大爱国爱澳力量。比如，我们每年组织同乡会会员参观国安展，了解国家统筹发展与安全，以及特区政府为维护国家安全、推进"一国两制"、"澳人治澳"、高度自治方针稳步向前的各项举措和成果，让大家加深对国家主权、安全和发展的认识，提升对维护国家总体安全的重要性的认同。我们每年还会举办闽澳经贸合作学术交流研讨会，推动更多人助力闽澳建设，助力国家"一带一路"建设。

2023 年，作者担任名誉团长，组织澳门福建乡亲赴福耀玻璃总部参观交流

我们同样组织青年去大湾区交流访问，去腾讯、大疆参观等，帮助澳门的年轻人了解国家政策、大型企业文化和经济环境的发展变化，亦培养年轻人勇于承担的社会责任感，让他们认同国家，积极参加祖国建设和发展。

国家将澳门视为掌上明珠，我们要继续紧密结合实际，在新时代发挥各自专长和优势，巩固好澳门发展的良好势头，更好地融入国家发展大局。

每个人的力量都是有限的，我们要集中精力教育和培养下一代，把爱国爱澳爱乡精神传承下去，把吃苦耐劳、敢于拼搏传承下去。同时我们也要教育年轻人根据时代的变迁和发展，不断地充实自身，适应世界发展变化，更加积极主动地去建设澳门，建设大湾区，建设我们的国家。这样到澳门回归 30 年、50 年，我想又会是一番更加超乎我们想象的繁荣景象。

（作者系第十四届全国政协委员，中华海外联谊会常务理事，澳门特区行政长官选举委员会委员。）

亲历澳门回归
与法治建设
——邱庭彪——

回归祖国为澳门带来发展新机遇

回归前的澳门，华人在教育学习、工作晋升及社会参与等方面均得不到公平待遇，直到回归祖国后，这种境况才得到翻天覆地的改变。在中央政府的支持下，澳门人终于可以当家作主，掌握自己命运，各方面均迎来新的发展契机。本人作为其中一员，亦大大获益于澳门回归带来的成果，正是把握了时代新机遇，得以在学业上继续深造，如今还可以参与教育及研究工作，担任澳门立法会议员、行政会委员、全国政协澳区委员、全国政协社会和法制委员会委员、天津市政协委员等职务。

致力普法工作，建立法治社会

回归前澳门很多人不懂法，法律的解释及适用由少数当权者独揽，处境对华人很不利。于是，本人以及许多有志之士主张学习法律，令澳门"法律本地化"的概念得以实践，并希望更多人懂得用法律保护自己，从而也能尊重法律，逐渐将澳门变成一个法治社会。

近年来法院诉讼案大幅增加，这是最能体现澳门法治建设进步的表现之一。较之回归以前，基本无人愿意主动走进法院，然而回归后，澳门培养了大量的法律工作者，促进法律普及率的提升，市民们一旦产生纠纷争议，会优先考虑使用法律手段解决。对此，我认为发生转变的根本原因是：澳门人对法律充满信心才会诉诸法院，法院判决公正则能立信于民并深入民心，良性循环使守法理念在澳门人的心中树立起来。

担任澳门立法会议员、行政会委员、全国政协澳区委员、全国政协社会和法制委员会委员、天津市政协委员等职务以来，我通过各类公开发言，从专业角度解释与法律相关的问题，帮助大家理解法律概念。例如，许多市民对"合理期间诉讼"存在误解，认为法院拖延诉讼程序，为此，我向大家说明事实并非如此。当然，过程中会有许多枝节导致诉讼判决延迟发出，但只要在诉讼行为期间的限制内作出判决，就是合理期间的判决。

培育法律人才，实现宪法、基本法、国安法走入澳门高校、中学

毕业后回到澳门，我主要从事公务员教育培训工作，适逢澳门大学法学院引进人才，于是开始进入大学授课。做好普法工作，希望使更多的澳门人真正认识并尊重法律，推动澳门法治社会的建设，既是我投身法律教育的初衷，亦是令我最感自豪之事。当然，这并非靠我一己之力，而是一大批老师共同努力的成果，毕业生们也将在社会上不断推动法律发展。回顾教学历程，我印象最为深刻的是在澳门高校里推广宪法和基本法。当时，通过与同仁们的多次沟通、开会等筹备工作，并在大学领导层及社会人士的支持下，成功使澳门大学成为澳门地区首所教授宪法、基本法科目的高等院校，下一步还将计划培养更多相关教师资源。

此外，在澳门法律工作者联合会内推动会内的青年法律工作者，以讲座加座谈方式向全澳门的中学生宣扬宪法、基本法、国安法，以及守法、遵法的意义。

保证有法可依，督促简政便民

立法会工作重心在于立法，保证市民和政府行政机关有法可依，许多行为才能够依照规则作为，这项工作异常重要。监察政府是立法会的功能之一，议员们能针对政府不恰当的行为理性地提出改进意见，二者建立良性互动，有利于改善行政，为市民提供更优质的服务。例如，饮食场所发放经营许可牌照制度在坊间存在许多争议。饮食场所取得经营许可牌照一般需一至两年，审批时间过长会让中小微企业经营成本大增，甚至导致无法经营而关闭。因此，我与立法会同事提出缩短审批时间，并简化程序，针对中小微企业及老企业提供协助。对此，政府作出积极响应，承诺修法及颁发明确指引，将执照审批取得流程时间缩短为一个月，同时推出了临时牌照制度。通过改进饮食场所经营许可审批制度，切实给中小微企业带来生存空间，也为全澳市民提供了不同类型的就业机会，不只局限在博彩业，使具有澳门特色的商号亦能为广大游客提供服务，这些都为打造世界旅游休闲中心提供了有利条件。

阳光下的权力，达致公开透明

从回归前的反贪公署到回归后廉政公署和审计署的建立，澳门地区的反贪工作取得长足进步。见证了回归前后两个时代的变化，赞叹整个澳门社会的廉洁程度大幅提升。

此外，廉政公署也推出了相关指引，积极宣传，令公务员知晓贪污是什么，让市民明白行贿为何物。私人机构的贪污被视作犯罪行为，也被纳入廉署的职权监督范围内，促使私人机构也加强了廉洁意识。但如果单论廉洁，有可能让程序变得复杂，导致低效率，而廉政公署配备的行政申诉功能，则是帮助政府改进行政、减少官僚作风的重要举措，使整个社会达到廉洁高效，相辅相成。

就审计署而言，审计署取消事先监察环节，提高效率，事后监察作用也能发挥到位。回归 20 多年来亦陆续提出很多建议给行政机关，行政机关能按照审计署意见调整工作效率和经费限度。

总括而言，廉政公署和审计署使得澳门公共权力的使用更加依法合理。但是制度尚在发展阶段，目前已做到初步依法，以后仍会有修法需要，使法律配合现代社会的发展作出适度改变。

大湾区融合，三地法律需磨合

粤港澳大湾区的最大特点是"一国两制"，具体表现为"一国"之下的多元性，即一个国家、两种制度、三个关税区。大湾区内的粤港澳三地，社会制度迥异、法律体系不同。对澳门市民来说，无论是在香港地区，还是到湾区其他城市工作或投资，首先，要注意遵守三地各自的现行法律，

2024 年 8 月，作者在粤港澳大湾区企业法律服务论坛上发言

了解自己的权益。其次，许多澳门市民容易对债务问题产生错觉，其实澳门人如在内地欠债，返澳后仍需履行债务，因为内地债权人可以凭借内地法院判决到澳门地区确认执行。因此，我建议有关部门多加推广相关法律，促进湾区各城市更好地融合。

在程序法中的仲裁调解制度方面，我建议统一使用《联合国国际贸易法委员会国际商事仲裁示范法》，让大家在程序上能够保持一致。争议并非一定要依仗司法机关来解决，也可以通过仲裁方式解决，而且仲裁结果受法律保障。未来的大湾区使用仲裁解决纠纷的概率会增加，而且将会逐步趋向运用同一套制度。

就长远发展来看，法律会随政治、经济、文化的改变而改变，具体而言，视其发展速度、市民需求等会逐渐显现相应诉求。当这些诉求积累到一定量时，就有修法的必要，反过来也会促进经济继续前行发展。

建立有效机制，将"制度之异"变成"制度之利"

横琴粤澳深度合作区成立于2021年，这是促进澳门经济适度多元发展的新平台、便利澳门居民生活就业的新空间、丰富"一国两制"实践的新示范、推动粤港澳大湾区建设的新高地。

粤港澳三地在法律体系方面存在差异，这为法治协同建设带来了一些挑战。我们经常遇到的一种情况是，跨境聘用的港澳居民在大湾区特别是在深合区工作，发生劳资民事争议问题产生歧义时，应采用争议地法律、聘用地法律，还是两地法律中对工作者较优或有利的制度？澳门和内地劳动法律制度在法律渊源、强制性假日和劳动保障等方面存在诸多差异，我建议在传统方式解决纠纷的基础上，建立更灵活高效的纠纷解决机制。在法律适用问题上，如何确保工作者的权益很重要，如何快速采取保全措施，特别是跨境保全措施的快速执行，更是非常重要。

为了实现法治协同，可以通过建立定期的立法机构间的对话和协商机制，推动各地在相关法律领域的协调。此外，可以考虑先行先试制定共同的民商事冲突法准则，以确保适用法律的一致性和稳定性。解决粤港澳大湾区法治协同建设面临的困难，需要加强各方之间的协同合作和交流，以及建立有效的机制来促进立法、司法、执法和法律服务的协同发展，以推动大湾区建设的进程，并实现更高水平的法治化。

深入发展新时代"枫桥经验"

2024 年"两会"中我印象最深的一点，是最高人民检察院工作报告和最高人民法院工作报告都提到"枫桥经验"，即调解和解，争取把问题化解在萌芽状态，防止问题演变为矛盾，减少司法诉讼。

作为法律工作者，我希望推广多元化解决纠纷方法，未来将深入研究新时代"枫桥经验"，牢记自己的使命和责任，进一步向澳门和湾区居民进行宣介。据悉，在中央人民政府的支持下，目前已在香港成立国际调解院筹备办公室，推动以和谐友好的方式解决国际争议，深合区亦推动商事仲裁调解发展，治未病、抓溯源，助力大湾区法治建设。

提供高水平的仲裁调解服务，需要港澳地区充分发挥法律优势，培育发展国际化、专业化、高质量的商事仲裁调解队伍建设。澳门特别行政区实行的是大陆法系法律制度，不少法律工作者拥有"三文四语"（三文：中文、英文、葡文；四语：普通话、粤语、英语、葡语）的能力，在提供跨区甚至国际的法律服务方面更显得心应手。打造更高素质的人才队伍，为涉外涉港澳法治建设提供智力支撑。如支持珠海加快培育一流的涉外律师事务所，推进港澳律师内地执业试点，促进法律人才协同发展。支持珠海与最高人民法院、司法部、教育部共建全国涉外法治人才培养创新试点基地，与港澳高校共建培养平台，探索法学兼修小语种等"法学 +"培养模式，做好高端涉外法治人才培养储备。

结 语

澳门居民守法意识的增强，有赖于国家和澳门特别行政区政府向社会各界不遗余力推广法律。如今，澳门的司法工作中仍然涉及葡语的适用，故此，我倡议，推广以中文为主、葡文为辅的法律教育。当务之急需要培养中葡双语人才，着眼于长远计划，储备多支人才梯队为澳门社会服务，甚至可以将澳门变成人才培养基地，服务祖国。

放眼大湾区、"一带一路"建设与中葡平台，澳门本土具备"三文四语"的优势，对于研究比较法非常有利，研究葡语国家法律、欧美法律，可以不断为国家的发展提供借鉴、贡献力量。

　　在回归前夕我就坚信，澳门有中央政府作为坚实后盾，必定实现跨越式发展，整个国家亦会愈加繁盛。回顾过去 20 多年，事实证明澳门的确迈出了成功的一大步，社会一切向好。澳门人必定自强不息，努力将澳门建设得更好，为下一代创造宜居的城市环境。

　　（作者系第十四届全国政协委员，澳门立法会议员。）

新时代港澳律师积极融入国家发展大局

———陈华强———

    暖暖照濠江，深深爱国情。作为成长在澳门的中国人，我见证了澳门回归祖国后因为有了祖国的支持经济得到快速发展，而我也从回归时的一名普通警察，成为现在能为国家发展贡献力量的一员。作为全国政协委员，我会努力发挥好澳区委员的双重积极作用，为国家发展贡献智慧和力量。

    我从 2017 年 10 月成为澳门第六届立法会议员开始参政议政，2018 年 1 月我有幸当选为第十二届广东省政协委员。在担任议员和政协委员期间，我多次向特区政府提出建议，也提交了多个提案。

    为了加强新时代下的粤港澳大湾区法治建设，也为了港澳爱国爱澳律师能更好、更快地融入国家发展大局，2018年，我提交了《关于港澳律师如何在大湾区的建设中发挥作用》的提案，其中建议参考当时已经成功的中国委托公证人的制度，让爱国爱港爱澳的港澳律师通过特定的培训和特定考试而取得资格，在内地粤港澳大湾区9个城市执业。

遗憾的是，由于提案涉及整体律师政策考虑及港澳事务等，广东省司法厅并未办理此提案，因而提案被转成意见转发到司法部处理。但我并没有气馁而放弃我的想法，反而更加积极地参与澳门特区和内地的建设，尤其是粤港澳大湾区的建设。

在澳门特别行政区，就关于粤港澳大湾区律师的建议，我以立法会议员的身份多次在议程前发言时表达了相关意见，希望通过澳门特区政府将意见转达给中央人民政府。2020年初，由于还没有明确关于这方面的消息，故我以书面的方式向全国人民代表大会代表崔世平表达了相关想法和建议，希望他能通过全国人民代表大会的平台更好地向中央人民政府表达有关建议。2020年5月全国"两会"期间，澳区代表崔世平和林笑云联合提交了关于澳门律师融入大湾区发展的建议。

有幸得到国家对港澳律师的支持，也有赖于各方面人士的共同努力，2020年10月22日，国务院办公厅印发《香港法律执业者和澳门执业律师在粤港澳大湾区内地九市取得内地执业资质和从事律师职业试点办法》（以下简称《办法》），容许

2018年3月，参加司法部第二批中国委托公证人（澳门）新增委托颁证仪式

律师通过特设执业考试后，可在粤港澳大湾区九市办理民商事法律事务（含诉讼业务和非诉讼业务）。从此，粤港澳大湾区律师制度便得到落实，首批粤港澳大湾区律师也在 2022 年 7 月正式开始在粤港澳大湾区执业。2023 年 12 月，我也以粤港澳大湾区律师的身份，在横琴粤澳深度合作区人民法院，参与了一起原、被告均为澳门居民的民事诉讼。建议从提出，到政策落实、培训考试，最后到落实执行，我见证了粤港澳大湾区律师制度落实的整个过程，见证了新时代下伟大制度的诞生和落实的全过程。

《办法》为港澳律师融入国家发展大局创造有利条件，是港澳律师进入粤港澳大湾区执业的重要举措，是港澳律师参与粤港澳大湾区建设的最佳方式，是港澳律师融入国家发展大局的关键步伐。

粤港澳大湾区律师制度的落实，为国家涉外法治建设提供了源源不断的新鲜血液、宝贵经验，为中国特色社会主义法治体系和涉外法治建设打下坚实基础，是新时代下"一国两制"制度的伟大创举、创新典范和良好实践。

（作者系第十四届全国政协委员，澳门立法会议员。）

我所亲历的新时代澳门律师行业发展记

——林笑云　口述　范晓娟　整理——

我出生在华侨之乡浙江青田，因父亲在葡萄牙经商，我便随同他一起到葡萄牙读书生活。在一个偶然的机会，我来到了澳门，一眼便喜欢上了这个中西文化融汇的小城。但没有想到的是，一直学习并从事理工科工作的我，在不惑之年转而学习法律，并成为澳门历史上第一位华人律师。其中，除了有我自身的努力和坚持外，更多的是时代的机遇。可以说，如果不是因为澳门回归需要培养本地法律人才，我可能今生也不会与律师这一职业结缘。

过渡期：澳门培养本地法律人才

回归前澳门的官方语言是葡萄牙语，但因为葡语不像英语一样世界通行，对于在澳门的中国人来说，如果不是因为家庭经济比较困难，一般不会让孩子去葡语学校读书，所以说，在澳门会葡语的华人很少。我跟随父亲在葡萄牙读书生活时，父亲想让我读的是国际学校，但因为当地没有国际学校，只能去当地仅有的学校读书。就这样，我拥有了一定的葡语基础，这也是后来我被推荐学习法律的契机所在。

回归之前的澳门政府机关内，基本是葡萄牙人，华人即使懂得一点葡语，担任的也都是一些较低的职位，更不用说法律人才了。

1987 年 4 月 13 日，《中华人民共和国政府和葡萄牙共和国政府关于澳门问题的联合声明》正式签署。澳门进入了过渡期，开始着手培养本地的法律人才。1989 年，东亚大学（现澳门大学）开始第一届法律及公共行政本科学生招生，凡年龄在 40 岁左右的公务员，都可以在考试通过后免费就读。我当时在澳葡政府统计局工作，负责整理澳门从事经济活动主体的档案，对一些诸如法人、自然人、股份有限公司、有限责任公司等概念比较模糊。我的上司是一位葡萄牙人，他看我平时工作勤奋，又懂葡语，便鼓励我去读法律。我以前读书选择的是理科，毕业后做过老师，但执教的也是数学、科学学科，后来还在澳门进修过两年大地测量及赴荷兰进修过一年摄影测量课程。虽然我也想通过读些法律知识把在工作中碰到的法律主体概念弄清楚一点，但想到读书中将要遇到的困难，还是犹豫不定。上司便鼓励我说："你不试试，怎么知道自己不行呢？先尝试读一年吧！"当时政府机关一般是晚 5 : 30 下班，上司为了鼓励我去读书，特许我可以 5 : 00 离开。回想当初，第一年可以说我是被上司推着去读书的，现在提及，不得不感谢他的坚持，我才能向学习法律迈出第一步。

整个课程是葡萄牙语授课，我虽然懂得葡语，但面对一些专业术语，听起来还是一头雾水，因此，第一年读起来相当辛苦。当时我就想，如果考试不及格，就不读了。但幸运的是，考试居然合格了。第二年读起来顺利了很多，我的学习兴趣也提了上来。东亚大学当时招生的是法律及公共行政课程，公共行政三年制，法律则五年制。我本打算读的是三年制的公共行政，但第二年学习结束的时候，公共行政与法律分开了，并规定公共行政只接受原已有大专文凭的学生，其余的只能读法律。我已读了两年，放弃又有些不甘。因此，我下了决心，转读五年制的法律课程。就这样，白天我在统计局工作，晚上就到东亚大学上课，每周5天、每天5小时的课程，就这样坚持了5年。记得刚招生入学时，有76名学生就读，5年下来，真正毕业的仅17人，17人中仅3名以中文为母语的华人，我就是其中之一。

澳门有了自己培养的法律人才，便打破了以往澳门人必须赴葡萄牙读大学法学院的格局。在毕业后有多种职业可供选择的情况下，我选择了一个更具有挑战性的律师职业，到力图律师事务所实习，1995年10月取得律师执业资格，成为澳门第一位华人律师。

筹委会：助力澳门法律本地化

澳门回归要做到平稳过渡，政权顺利交接，在过渡期内必须解决三大突出问题：公务员本地化、法律本地化、官方语言本地化。

回归前，澳门作为葡萄牙管理的地方，法律是从葡萄牙主权机构制定的全国性法律延伸到澳门和专门为澳门制定的法律。后来澳门有了立法会，可以本地立法，同时总督也可以制定法令。当时立法会通过的法规占本地区的法规数量不到30%，总督制定的则多达70%。也就是说，过渡期间，澳门有葡萄牙延伸适用于本地区的法律，以及本地区的法律和行政法规，这些法律全部是以葡文为主的，小部分有中文版本。华人因大部分不谙葡文，对这些法律既不懂也不感兴趣，因此，实现法律本地化成为回归前澳门要解决的一个重大及迫切的问题。

法律本地化的第一步就是要将澳门的法律全部翻译成中文，但既通晓中葡两国语言又熟悉法律的翻译人才缺乏。所以，能否将葡语条文翻译成准确的中文条目，对当时的翻译人员来说，是很困难的一件事情。法律条文翻译下来，有些不够准确，有些晦涩难懂。但毕竟时间紧、任务重，翻译方面虽然尽了最大的努力，仍留有许多不足及遗憾。

1993年全国人大通过的《中华人民共和国澳门特别行政区基本法》（以下简称《基本法》）中规定，中国政府对澳门恢复行使主权后，设立澳门特别行政区，实行"一国两制"的方针，其原有的社会制度和生活方式

50年不变，其中就包括"法律基本不变"，但是与《基本法》相抵触的，必须废除，与澳门实际不相适应的，要加以修改。1998年5月，经全国人大批准，澳门特别行政区筹备委员会成立，其职责任务是负责按照《基本法》的规定和全国人大及其常委会的有关决定筹备成立澳门特别行政区的有关事宜。我有幸以执业大律师的身份，参与了筹委会政务小组和法律小组的工作。在这两个小组的成员中，我也是少数熟悉中葡双语的人士。我们法律小组的工作，就是根据《基本法》来审查澳门的法律。

法律小组相当辛苦，弄清楚立法原意、立法目的和立法精神，需要花费大量的精力。其实，筹委会只有一年半时间，在这么紧张的时间里要审查几千条法律，如果再对不适合澳门实际的法律进行修改，恐怕时间上不允许，故此最后的决定是：审查的唯一标准是有关法律是否与《基本法》相抵触，若是，将与《基本法》相抵触的法律或某些法律部分抵触《基本法》的条文内容废除；审查的范围主要是澳门当时有效的法律法令；对从葡萄牙延伸到澳门使用的法律，基于主权原因，回归后将不再使用，故不需审查。

经过一年半的日夜工作，审查后的法律与《基本法》抵触的并不多，并于1999年12月20日获得了澳门立法会通过并即日生效。

回归后，经过25年的发展，澳门懂葡萄牙语的法律人才多了，立法会通过的法律，无论是从立法内容还是表述形式上看，既精准又通俗易懂，符合社会发展和澳门实际所需，使得澳门法律本地化更进一步地发展。

本地化：澳门的"土生"

1993年我入行做律师前，当时任职检察院助理，总检察长告诉我，澳门民事案子较少，华人之间有什么纠纷，他们首先会想通过澳门各业界社团组织进行调解。一方面是因为回归前澳门政府公务员科长以上的官员中几乎没有中国人，葡语是唯一的官方语言。华人大多不懂葡语，很难和他们接触交流；另一方面是因为中国传统思想"生不进官门"的影响，除非诸如婚姻家庭、财产继承等方面必须出具判决书的才会找到法院。所以当时澳门初级法院只有两个法庭，民事与刑事案件一起审理，回归前增加至

4 个法庭。

华人因为大多不懂葡语，必须与政府打交道时，就会通过"土生"作为与政府沟通的一个桥梁。"土生"是澳门的俗称，是一些在澳门扎根的葡萄牙人与华人或东南亚人通婚的后裔，另也有一些从小接受葡文教育并具有相应文化背景的本地华人。他们通晓葡萄牙语，不仅帮华人担任翻译，也可以出谋划策。

记得我刚入行时，就有一名"师爷"（出谋划策并具备翻译条件的人士）入驻我们律师事务所工作。他们地位相对独立，主要承担出庭律师与当事人之间的中介。华人如果想找律师，一般会通过"师爷"和律师联系沟通。过渡期之前，澳门法官、检察官基本上都是由葡萄牙人担任。经本地司法官培训中心培训的第一届毕业生中，初级法院法官中仅有 3 位以中文为母语的华人，1999 年回归时，已经有 22 位本地法官了。到了今天，除了初级法院还有两名葡萄牙法官外，已全部是华人法官。检察官也是如此。华人再到司法机关或政府机关办事，就可以自己来沟通了。

随着法律本地化、公务员本地化、官方语言本地化的完成，澳门华人的法律意识也逐渐提升。以前华人许多民事纠纷因为语言沟通和文化传统等因素多去找社团商会协调，现在转而寻求法律途径解决，所以相应地，澳门法庭数量增多，初级法院由回归前 4 个法庭发展为 12 个法庭，分类也更加细化，不仅包括民事法庭和刑事法庭，还包括刑事起诉法庭、轻微民事案件法庭、劳动法庭、家庭及未成年人法庭等。同时，澳门执业律师的数量也越来越多。1991 年整个澳门有 76 名律师，到 1995 年 10 月我成为正式律师时，我的执业律师牌编号是 116。到了今天，澳门执业律师已达 476 人，其中华人执业律师已超一半以上。

2006 年 2 月，司法部颁发委托公证人（澳门）证书仪式

大湾区：澳门法律人的广阔舞台

回归 25 年以来，随着澳门经济发展，澳门特区政府制定的政策也相应发生变化。比如，原来澳门人办理离婚，需要通过律师向法院申请才能办理，但现在直接到民事登记局申请办理就可以了。可是令人尴尬的是，尽管澳门执业律师数量大幅提升，但如果仅聚焦于本地的市场，执业范围就会越来越窄。但让澳门人欢喜的是，粤港澳大湾区建设为澳门经济社会发展注入了新动能，也为澳门律师执业发展提供了广阔空间。

2020 年 8 月 11 日，十三届全国人大常委会第二十一次会议表决通过决定，授权国务院在粤港澳大湾区内地九市开展香港法律执业者和澳门执业律师取得内地执业资质和从事律师职业试点工作。凡在澳门律师执业 5 年以上者均可报考。2021 年 7 月，广东省司法厅为 4 名港澳律师发出了首批粤港澳大湾区律师执业证书，1 名香港律师和 3 名澳门律师成为首批获准在大湾区内地九市执业的港澳律师。目前已顺利举办 3 次粤港澳大湾区律师执业考试，1500 多名港澳律师报名参加考试，其中取得大湾区律师执业资格的澳门律师有 76 名。成为粤港澳大湾区执业律师后，律师的执业范围从只有 70 万人口的澳门特区，扩大至整个粤港澳大湾区。一名律师可以同时处理他们在内地湾区城市及澳门特区本地的法律事务，无论金钱成本还是沟通成本都会大幅下降。对于澳门企业及居民而言，成为大湾区执业律师的澳门律师可以成为他们在大湾区生活、营商的桥梁，增强港澳投资者在内地的投资信心。

其实在横琴粤澳深度合作区还未成立前，我们就看到了横琴自贸片区吸引了许多港澳人前去投资。横琴适用内地法律，但澳门人熟悉澳门法律，香港人熟悉香港法律，因此就需要三方合作，共同解决在投资、融资和知识产权等方面出现的法律纠纷。为此，2016 年 2 月 15 日，北京中银律师事务所、澳门力图律师事务所和香港方氏律师事务所三地联营律师事务所在横琴自贸片区正式揭牌，成为三地律师服务机构"合伙联营"的第一例。自成立以来，三地联营所致力于打造中国企业与"一带一路"共建国家企业双向投资贸易的优质法律服务平台，充分发挥港、澳超级联系人的作用，发挥双向投资贸易的桥梁、纽带作用。2021 年，横琴粤澳深度合作区建立，澳门多元发展迎来了全新的历史机遇。随着《横琴粤澳深度合作区建设总体方案》的出台，两地之间加强司法协助的需求更加强烈，澳门法律人的舞台也越来越广阔。作为一名曾担任全国人大代表 15 年的法律工作者，我也一直在为深合区建设积极建言献策。

回归 25 年，澳门走过了一段走向"新生"之路，依靠的正是祖国这一坚强后盾。正如我个人的命运选择，从统计局职员到执业大律师，正如澳门律师的事业发展，从本土执业到大湾区执业。我们的成长和发展与澳门回归祖国的进程息息相关。今天，国家给予澳门"一中心、一平台、一基地"的定位，提供粤港澳大湾区的发展机遇，我相信，随着大湾区的深度融合和错位发展，祖国和澳门的明天一定会更美好！

（作者系第十一至十三届全国人大代表，第九届浙江省政协委员、第十届浙江省政协常委，曾任澳门特别行政区筹备委员会及澳门基本法委员会委员，澳门力图律师事务所暨私人公私署资深合伙人。

整理人：范晓娟，浙江省政协文史编辑部副总编辑）。

澳门回归后镜湖医院医疗事业的迅速发展

——吴培娟——

———

全国"两会"每年3月于首都北京举行。"两会"是代表人民意愿和利益的重要平台，也是民主决策和法律制定的重要机制，为国家的发展和改革提供重要的决策支持。"两会"还是展示国家形象和推动对外交往的窗口，每年都实时将国家发展规划向全世界展示，显示大国的自信，中国人民倍感自豪。

我十分感恩澳门中联办、镜湖慈善会对我的信任，从2003年至2023年，我担任第十、十一、十二、十三届全国政协委员，长达20年，使我能为国家和澳门的发展建言献策，服务社会。每年"两会"期间，我都从"爱国爱澳"

的高度出发，积极履职尽责，参政议政。全国政协对政协委员的建议非常重视，对每个提案都回复了跟进及办理结果，令我们感受到尊重，也更加明白自身责任重大。虽然我于2023年不再担任全国政协委员，但对20年的参会经历和澳门回归以来的发展变化感受至深。

澳门回归以来，在中央政府的大力支持下，发挥"一国两制"制度优势，落实"爱国者治澳"的原则，经济腾飞，为新时代新征程再出发提供有益的借鉴。今年是新中国成立75周年，也是澳门回归祖国25周年。镜湖医院作为澳门民营医疗机构的重要代表，在这特殊的日子，回顾它在回归后迅速发展的历程，十分有意义。

二

镜湖医院创办于1871年，是澳门历史最悠久的华人医院及慈善机构，1942年更名为"镜湖医院慈善会"，镜湖医院成为慈善会属下不牟利医疗机构。

镜湖医院草创时期以中医中药为民众疗疾，并施棺殓葬、赈灾救难。1892年孙中山先生到镜湖担任义务西医，开创西医先河。1936年，中共地下党员柯麟医生担任医院义务西医及镜湖护士学校义务教师。抗日战争时期，他组织成立救伤队支援前线，医治伤员，赈济难民，并积极筹款支援抗战；香港沦陷后，他又帮助撤走大批民主精英、文化界名人和爱国人士。1941年他发起成立西医顾问团，争取华人医生手术权。1946年设立院长制，柯麟任首任院长，致力发展西医，为医院现代化打下基础，镜湖医院也成为澳门公认的爱国爱澳红色基地。

1951年，柯麟院长出任广州中山医学院院长兼党委书记，仍然担任镜湖医院院长，中山医学院和镜湖两机构开展合作。"文革"结束后，柯麟院长于1977年担任卫生部顾问。在他的关怀下，通过国家卫生部、新华社驻澳门分社的帮助，中山医院每年派学员来镜湖实习，有的学员最后留了下来。在国家的支持下，我院不断迈向现代化，成为澳门最大的民营综合性医院，回归前承担澳门八成市民的医疗，并肩负疾病预防、卫生宣传普查等工作。但由于是慈善性质的医院，直至20世纪80年代，经济薄弱，困难时期甚至负债经营。

随着国家改革开放，慈善会、医院的思想观念也开始转变。1988年，梁秀珍秘书长担任医院院长后，奋发图强，添置大量新设备，培训人才，聘请内地及港台医疗专家，引进先进技术，开设医疗新项目，医院发展跃上新的台阶，经济上也达到收支平衡。1999年，医院建成了高16层、建筑面积37995平方米的住院大楼，为澳门回归献礼。

三

镜湖医院一向受到医护人员流失的困扰。澳门特区政府医院在本地区招考，导致我院有经验的医护人员不断流失，严重影响我院的医疗质量和病人安全。因此，澳门回归后，国家对我院的支持，主要体现在中央政府的直接关怀和输送医疗人才两方面。

国家卫生部、卫健委多届主要领导，凡莅临澳门，都亲临我院视察指导；卫生部曾派出客座医生前来支援，带教本院医生；我院从内地聘请医疗专家、顾问，或劳务医生、护士，都得到澳门中联办及内地医疗主管部门的支持，同时，特区政府相关部门密切配合，发出所需入境文件。我院正是这样维持着医护人员的稳定。

回归时澳门民营大型医疗机构只有镜湖医院一家，其他700多家为机构及私人诊所。特区政府成立后，重视与非政府医疗机构的合作，通过医疗机构补贴计划（"买位"）为居民购买我院医疗服务，并逐渐形成公私体系互为补充、差异性功能定位。同时，政府还通过澳门基金会资助我院购买部分医疗设备。镜湖医院每年门急诊诊治病人和住院病人人数，与政府医院及卫生中心平分秋色，间接减轻了政府经济负担和医疗压力。这样以较低成本解决市民的医疗需求，对构建和谐社会具有积极作用，不少内地官员和学者都称之为"镜湖模式"。

正是在祖国和澳门特区政府的大力支持下，至2019年回归20周年时，我院才取得快速发展。

1. 优化就医环境。重建或改造扩建原建筑物，包括旧门诊大楼，又于2003年建成放疗大楼，2009年建成霍英东博士专科医疗大楼。

2009 年，霍英东博士专科医疗大楼建成

2. 添置大量先进医疗仪器，加强诊疗的准确性，为提升医疗质量，为提高病人安全性和专科发展创造了良好的条件。

3. 重视信息科技系统建设，将早期的信息系统更新到第三代，接着又与东软公司合作开发了第四代 HIS 系统。

4. 拓展新的服务项目，专科医疗技术蓬勃发展。先后设立康宁中心、骨科及运动医学中心、视力矫正及激光矫视中心、正电子及电脑双融扫描中心等 10 多个医疗中心。

5. 与一些高等院校、医疗机构，在医疗、科研、教学等方面建立了紧密的合作关系。

四

在 2018 年 11 月 12 日会见港澳各界庆祝国家改革开放 40 周年访问团时，习近平主席高度赞扬港澳同胞在国家改革开放进程中的作用和贡献，认为港澳同胞不仅是改革开放的见证者，也是参与者、贡献者、创造者，强调在新时代国家改革开放进程中，港澳仍然具有特殊地位和独特优势，仍然可以发挥不可替代的作用。对此，我们深受鼓舞，在新时代更是积极参与和推动粤港澳大湾区医疗融合，同时追求高品质的发展。

1. 提升医疗服务能力，不断改进医疗质量，构建优质高效整合型医疗服务体系。扩大合作，参与粤港澳大湾区医疗工作协作框架及各类联盟，先后与中大附属一院、三院、五院，暨南大学，上海香山中医院，广州番禺何贤纪念医院，珠海市人民医院医疗集团等签订友好合作框架协议。

2. 着重加强医疗人才队伍建设，加强学科带头人、青年医生的培养。建立高水平、跨地域的专家库，请各地区专家来澳会诊治疗特殊和难度大的病例，带教年轻医生；将中青年医生送到各地名医院进修培训，"走出去""请进来"。建立科学的职称晋升制度，并投入资源实施年轻医生梯队培养计划，提升医院的核心竞争力和技术水平。

3. 重视智慧医院建设。开发"镜湖通"智能医院手机公众平台，实施智慧病房项目；引进 AI 辅助诊断系统、O–Arm3D 导航技术；引进亚洲首套 Axilum Robotics 机械人导航精准定位 TMS 治疗仪、HUGO 手术机械臂等，推动微创治疗技术全面发展。

4. 拓展医疗服务，推动专科技术发展。投入资源成立辅助生殖中心（IVF）；将乳腺病中心升格为乳腺健康中心；将糖尿病防治中心升格为内分泌—代谢疾病—糖尿病防治中心，再升格为标准化代谢性疾病管理中心

2021 镜湖学术年会

（MMC）。

此外，还引入云顶新耀医药公司"耐赋康"，填补澳门 IgA 肾病适应证药物治疗的空白；配合内地中药制剂首次跨境使用，等等。

五

回归 25 年来，我院得到长足的发展。下面将 1999 年与 2023 年主要医疗数据作比较：

	1999 年	2023 年
医院科室	16 个	19 个
医疗中心	2 个	22 个
病床总数	499 张	854 张
门急诊病人人数	582150 人	1437065 人
出院病人人数	14410 人	31233 人
医、护、技人员人数	497 人	1449 人
医院员工总人数	819 人	2108 人

在习近平新时代中国特色社会主义思想的指引下，澳门发展多元化，"一国两制"成功实践。我在回归前至今一直参与镜湖医院的各项管理工作，对医院发展进步过程都非常清晰，可以说是医院这一阶段发展的历史见证人。

随着澳门社会和环境的变化，其医疗卫生体系面临着诸多问题和挑战，为积极应对各种挑战，澳门医疗卫生体系还需进一步的改革，还有优化卫生部门职能的空间。例如，统筹发展、提升特区整体医疗卫生水平；优化政府卫生资源分配，促进公私营医疗市场良性发展；统一规划和协调重大医疗服务项目的开展；优化公私营医疗机构人力资源配置；协调公私营医疗机构专科医疗技术的发展；等等。

习近平主席说过，改革开放没有完成时，只有进行时。只有努力改革和创新才能实现中国梦。的确，镜湖医院这 25 年走来，离不开思想意识及行动上的不断改革创新。我国现正朝着第二个百年奋斗目标进军，在这个新征程中，虽然我已不再担任全国政协委员，但一定会继续保持勇于改革的初心，务实作为，在镜湖慈善会的领导下，带领医院继续前进，为澳门长期繁荣稳定，为澳门医疗卫生事业作出新的贡献。

（作者系第十至十三届全国政协委员，澳门镜湖医院慈善会副理事长、秘书长，镜湖医院院长。）

镜湖悬壶济世传承爱国情
暨南广建桥梁画大同心圆
——我在澳门成长的 20 年
——祁维——

　　记得第一次到澳门，是为了探望 1998 年去镜湖医院当外科医生的先生。

　　那一年，是 2000 年。当时先生兴奋地说要带我去参观他工作的医院。一路上，他绘声绘色地向我介绍 1999 年底澳门回归时的热闹场面，细述 1999 年回归前他在医院工作时所见烧杀抢掠的社会动荡情况。缓步走在那条狭长的斜坡路上，先生顺着街道两旁密密匝匝的建筑物间隙，指着远方自豪地说："看见了吗？街道尽头露出的红色建筑物就是去年澳门回归时，医院新建的住院大楼。"抬眼望去，崭新的橙绿相间的"镜湖医院"四个大字印挂在高高的楼顶上，在周围古旧建筑群的映衬下显得特别令人瞩目。

慢慢地走近医院，转过街角，映入眼帘的是一排郁郁葱葱的大树整齐地沿街排列，院墙内车道出口处的一棵树最高大、最挺拔，巨大的树冠向四周蓬勃地伸展着，似乎要将其他树木包容在自己的树荫之下。

虽然春夏之交散布在它枝干上的嫩绿不如其他树木繁茂，但一簇簇新鲜的翠绿中镶嵌的点点嫣红却让它别具一格。

我好奇地问："这是什么树呀？怎么会有红色？好特别哦！"

先生闻言立刻一本正经地回答："这是木棉树，属落叶大乔木，别名英雄树，特点就是春天开满电灯泡一样火红的花，夏天绿叶成荫，秋天落叶，到冬天就变成光秃秃的啦。"

听毕我开玩笑道："你不是医人的吗？怎么对树也有这么多研究呢？"

先生正言说："这棵树可是医院的宝贝呀，代表了镜湖100多年来的精神追求和信念，具有传奇色彩。"

随着先生走进医院，那棵英雄的木棉树便留在了我们身后……但对木棉树的传奇故事的好奇却在此后多年挥之不去、藏于心底。

2004年我加入镜湖医院，这是我新生活的起点。

1991年我从湖北医科大学（现武汉大学医学部）毕业后留校，在第二附属医院（现武汉大学中南医院）任内科医生。后因家人移居广州，故于1996年离开武汉中南医院前往广州，同年进入了世界知名药企杭州默沙东制药有限公司，在销售部、市场策划部、员工培训部历练了8年。随着女儿的出生、成长，为了能全家团聚，2004年我离开了奋斗多年的广州来到陌生的澳门，加入了镜湖医院。

能够重新回到医院环境工作，首先要感激的人是奉献于镜湖医院超过半个世纪的吴培娟院长，吴院长鼓励我要深入了解镜湖医院深厚的文化底蕴，要努力将自己的临床医学知识，还有多年在跨国公司工作累积的经验回馈澳门社会，服务于医院的现代化快速发展的管理实践中。进院后我被指派去医务部从事医务管理工作，其中一个核心任务是协调医患关系。

记得刚开始的时候，无论是生活上还是工作上都有很多不习惯的地方，陌生环境的落寞和文化差异给我带来很大压力。

一个偶然的机会，我走进了镜湖慈善会纪念馆，馆中丰富、珍贵的文字、图片、实物资料让我目不暇接。在这里，我了解到殖民时期，华人草根阶层缺医少药，一旦染病，求医无门，叩天祷神终难免患的凄苦；我看到了草创时期古旧的庙宇式平房模型，可以想象1871年医院创办时期的窘况和艰辛；纪念碑上一排排曾经捐资捐物的善长的名字，每年都会被清洁、上漆，那是镜湖人用自己独特的方式来表达永不遗忘对先贤的感激；高悬在纪念馆大堂正中的清朝光绪皇帝亲赐的牌匾，说明澳门虽远在当时所称的蛮夷之地，但历史上从来都是祖国版图上不可割舍的一部分；"一脉分来莲岛秀，万株移到杏林春"的石刻对联，时刻提醒着镜湖人不忘悬壶济世的初心；孙中山先生鲜为人知的作为澳门首位华人西医在镜湖医院执业的传奇经历，让我更加全面地了解了新民主主义革命的起源和历史，以及与镜湖医院的关系；抗战期间，大量难民涌入澳门，哀鸿遍野、民不聊生，镜湖医院组织劳军青年慰问团，煮粥赈济、收养难童、收殓尸骸，说明镜湖医院虽身处葡萄牙殖民统治环境，但中华民族大义和仁爱救助精神从来铭记于心；一代医学宗师柯麟院长深耕澳门社会和镜湖医院五十余载，不仅建立了镜湖医院现代化医疗体系，更重要的是他作为优秀的中国共产党党员，在澳门社会团结培养了大量的进步力量，为中国革命事业作出了卓越贡献，而这也铸就了镜湖医院的红色爱国基因……

2021年10月9日，辛亥革命纪念活动后与镜湖医院同事的合影（作者前排右四）

一个个名字、一张张图片、一件件实物在我眼前不断掠过，它们仿佛变成了清静夜空中的闪亮星星，在时空穿梭机的窗外熠熠生辉……新建筑、新服务、新理念、新计划、新发展……我从历史逐渐回到了现实。纪念馆中吹出阵阵清幽的凉风，吹去了我心中的浮躁，在对镜湖医院产生由衷崇敬的同时，也惭愧于自己曾想放弃的念头。

我不由得想起了医院门口的那株木棉树，树形单纯，枝枝向上，树态坚毅，永不低头，它那坚强不屈的精神让我佩服不已。我似乎也明白了多年前听到的关于木棉树传奇故事的内涵。于是我选择了留下，希望自己守望着木棉树，和她一起成长。

此后多年，我和镜湖医院的同事们一起，在各自的岗位上，为践行悬壶济世的初心，也为续写新时代的镜湖爱国情怀，平凡而坚韧地努力着。

记得刚开始参与医患关系协调工作时，作为"外省人"，粤语并非自己的母语，首要的困难是需要使用流利粤语与对医院服务存有意见的病人或家属进行解释沟通。为了攻克语言关，我拿着收音机，一有时间就听广东话新闻，晚上回家就打开电视，看着新闻主持人的口型对着字幕一字一句地学练粤语发音。终于，用了不到三个月的时间，我就能自信地用流利粤语接待对医院服务提出意见的病人和家属啦！医患关系调解是个苦活、累活，但安抚家属的情绪、澄清可能存在的误解、塑造家属对医疗结果的合理期望，同时，及时发现医院在服务过程中存在的不足、制定改善措施、提升医疗安全和服务质量，达致和谐社会的目标，又都是非常重要的工作，是镜湖医院秉持"以病人为中心，以礼待人"服务宗旨的具体表现之一。正如吴院长在讲课时提到的，"面对生命，一定要理解病人，从情感上关怀病人，为病人的利益着想，要履行救死扶伤的天职"。

我一边努力向前辈们学习，一边积极发挥过往临床工作经历所赋予的对医疗工作的深刻理解，充分应用聆听、摘要、提供周详见解等沟通技巧，梳理病人和家属关注的焦点问题，在了解事实经过的基础上，抽丝剥茧地分析问题，并用病人和家属能明白的大众化语言去澄清或解释问题，灵活应用谈判技巧，保障医患双方的合理权益。最开心的是当家属骂骂咧咧地来到办公室，经过细致的沟通调解工作，家属最后能释怀轻盈地走出办公室。加深家属对临床工作的理解，普及他们对医学局限性的认知，进而增强对镜湖医院的信任感。这种化干戈为玉帛的日积月累的努力，让我一方面成为前线医务人员的好伙伴，让更多的医务人员意识到良好医患关系的重要性，自觉主动地学习如何更好地与病人和家属有效沟通，从而提升服务水平，帮助镜湖医院在澳门社会收获越来越好的口碑；另一方面，很多时候因为与家属多次坦诚真挚的沟通，甚至让我最终成了部分家属的朋友，当他们再有医疗需要时，会咨询我的意见，还会再次考虑选择他们身边的镜湖医院。这种满足感使我满怀热情地迎接工作中一个又一个的挑战，培养自己身在兵位、胸为帅谋的格局。

澳门回归祖国以后，在国家的关心和支持下，"一国两制"在澳门的伟大实践获得巨大成功，澳门经济社会极速腾飞，取得了令世界瞩目的发展成就。镜湖医院在澳门特区政府、镜湖慈善会的大力支持下，锐意进取，主动布局新发展格局。我非常幸运地参与并见证了回归后镜湖医院的跨越式发展——专科服务日益完善，医疗设备更新换代达到国际先进水平，2008年落成的霍英东博士专科大楼标志着医院现代化发展迈上新台阶，镜湖医院目前已发展成为医教研全面发展的综合性医疗机构，是澳门地区主要的医疗服务提供者。

镜湖医院拥有爱国、爱澳的优良传统，薪火相传。回归后，为了帮助大家了解祖国改革开放以来取得的巨大成就，学习中华文化，培养爱国情怀，医院每年都会组织中层管理人员分批到内地不同的城市或医院参访。尤其是近10年来，我们的足迹遍及祖国大江南北。我们在井冈山干部学院、延安干部学院研修学习中国共产党的发展、壮大历史；在云南腾冲聆听中华民族团结抗战的英勇事迹；在北京、上海、贵州、陕西、江苏、浙江、云南、福建等多地体验祖国新时代的新变化。

饮水思源，镜湖人是一个懂得感恩的群体。镜湖医院的专业团队发展离不开内地的大力支持和帮助。20世纪七八十年代，医疗专业人员短缺，国家卫生部曾多次从内地不同省市调动医务人员到澳门支援镜湖医院发展，也接受镜湖医院年轻的医务人员到内地医院接受专科培训。滴水之恩，涌泉相报。近年来，当内地发生自然灾害时，镜湖医院全体同事踊跃捐款。2008 年至 2023 年，慈善会与属下机构员工捐款赈济灾区，例如四川汶川特大地震、西南地区特大旱灾、青海省玉树地震、甘肃省舟曲县特大泥石流灾害等，镜湖合计捐款澳门币 10877740 元，人民币 216 万元。这种回报祖国、关心同胞的情怀，是镜湖人文关怀的重要组成部分。

我们与祖国、与特区风雨同舟，患难与共。让我印象非常深刻的一件事，是澳门 2017 年发生"天鸽"风灾，全澳因长时间停水、停电，很多透析病人不能得到定时的治疗而面临死亡威胁。紧急关头，镜湖人借到消防用水，使得医院的透析机重新开始运作，及时救治了大量慢性肾功能衰竭的病人，从而避免了群体性死亡的恶性事件，我作为借水的一员而深感自豪。抗击新冠疫情，镜湖按照特区政府的决策部署，勇担社会责任，全院员工无私奉献，随叫随到，很多同事带病上班，不分昼夜坚守岗位，为澳门取得抗疫胜利作出了巨大的贡献。镜湖团队强大的凝聚力、战斗力和奉献精神赢得了社会的广泛赞誉，也获得了特区政府的褒奖。三年抗疫，同事们的感悟写成了文字，医院特别策划编辑出了专刊，这段令无数人终生难忘的经历，注定成为镜湖历史中浓墨重彩的一笔。

我们与祖国同欢乐、共奋进。镜湖医院有个非常特别的纪念活动，就是举行盛大的国庆联欢大会。近年来，医院员工人数发展到超过 2000 名，为保证值夜班的同事也能参与国庆盛会，活动会分两场举行，值夜班同事参与下午 5 点钟的"头围"，非值班同事则在下班后参加 7 点钟的主会场。主会场同时席开 100 多围，场面宏大，医院同事们欢天喜地聚在一起庆国庆，感受国家发展带来的巨大喜悦。单一机构每年举办国庆活动的如此盛况，在我来澳门之前罕有一见。国家和特区的重大庆典中，总是活跃着镜湖人的身影。2019 年，为庆祝新中国 70 周年华诞暨澳门回归祖国 20 周年，我作为主策划人员之一，组织镜湖医务人员利用工作之余，排演了"镜湖星光璀璨——大型贺双庆文艺会演"晚会，晚会包括歌舞、小品、音乐剧等节目，在澳门银河酒店百老汇舞台隆重上演，我也是头一次在专业舞台上担任司仪。据说，作为非专业团体，能在百老汇这样的专业舞台上，完全由同事自编、自导、自演 2 个多小时，在澳门还是第一次。当晚，400 多位医护技职人员登台演出，中联办领导、特区政府有关部门负责人、社会各界友好机构、镜湖员工家属等近2000名观众观看演出，媒体给予了广泛报道，镜湖人的奋进面貌和多才多艺燃爆全场，镜湖文化名片展现出软实力。

镜湖医院重视青年工作，医院员工青年会是医院团结凝聚青年医务工作者的重要平台。近年来，通过组织各种青年喜闻乐见的活动，青年会会员人数持续上升，活动数量及参与人数也逐年上升，与院外众多爱国社团紧密联络沟通，社会影响力日渐增大。作为镜青会的秘书长，我积极落实会务，带领和鼓励广大青年医务工作者了解、关心国家发展，助力脱贫攻坚和乡村振兴的国家战略。全国政协何副主席2018年9月率领全国政协代表团考察从江期间，曾嘱托镜湖医院吴培娟院长，要带领镜湖员工在从江的医疗帮扶工作中发挥镜湖优势，勇于开创新局面。回院后，吴院长即积极鼓励推动此项工作，指派镜青会于2019年3月到从江调研。我作为其中一员，与其他4位镜青会核心同事组成了先头部队，先后走访了从江县、镇、乡三级卫生机构，对从江县各级医疗机构不同的发展情况有了初步的认知。镜湖医院基于镜青会调研的情况，决定由陈泰业副院长带领相关专科医护队伍共10人，于2019年7月到从江县人民医院进行专科对接，开展了从江示范幼儿园口腔情况筛查、医疗义诊、专科查房等活动，以实际行动践行特区政府与贵州省政府签署的《扶贫合作框架协议》。此后，更向从江县人民医院提出了可操作性和具现实意义的帮扶振兴方案，最终幼儿口腔筛查项目得到医院同意，我们分批次在从江完成了3000例的幼儿口腔健康筛查，为当地幼儿口腔卫生预防保健提供了重要的启发，并帮助当地培养年轻医务工作者，将镜湖悬壶济世的初心情怀与国家的发展需要紧密相连。

除了医院本职工作外，我也时刻牢记吴院长当年的鼓励，发挥镜湖的优良传统，尽己所能，关心社会、服务社会。

在镜湖医院工作期间，我加入了暨南大学澳门校友会。暨南大学澳门校友会成立于1986年，马有恒先生担任会长至今。校友会自成立以来，积极团结校友，支持母校发展，一直坚持和发扬爱国、爱澳、爱校精神。经过38年的发展，现有15个同学会和1个医疗义工组织（暨大恒爱医疗义工协会），会员规模超过 3 万人，是澳门最大的校友会团体。

近年来，校友会会务工作蓬勃发展，各项活动精彩纷呈。校友会发扬"请进来，走出去"的传统，定期组织赴内地的"爱心助学活动""义教助学活动""大湾区交流活动""澳门高中学生升学体验营"等，通过实地考察，了解祖国的发展现状和人民生活面貌，感受祖国日新月异的变化，加深澳门青年对祖国的认同感。校友会鼓励校友积极参与澳门适度多元发展进程，筹办创业、经济、大健康、传统文化等各方面论坛讲座，广邀各行各业高精尖专家学者共聚一堂，号召以新生态模式突破传统，为澳门经济多元化贡献力量。乐体活动为本，组织了"暨'篮'之友——篮球联谊赛""澳门校友会迎新会""澳门文化节"等寓教于乐的活动，进一步增进了澳门校友间情谊，加强了湾区各同学会之间的交流与合作。

特别值得一提的是，我们持之以恒对社会服务的奉献和努力。2017 年 8 月 23 日，超级台风"天鸽"对澳门地区造成了史无前例的灾难。灾害发生后，虽然很多爱心人士和社团纷纷组织救助活动，发送各种救灾物资到居民家里，但仍有很多独居长者因行动不便被困家中，急需得到及时的医疗救助。

在马有恒会长的带领下，校友会决定成立由医生义工及校友义工共同组成的"暨南大学澳门校友会医疗义工队"，向最需要医疗救助的独居长者提供上门身体检查及灾后心理辅导。

为了做好这项工作，立法会议员马志成先生积极与政府相关机构协调沟通，并亲自带领校友会核心成员前往民政总署、社工局等政府部门拜访，确定了义工队提供每周末一次上门探访的服务模式和内容。在紧急起草完成上门服务内容和注意事项后，2017 年 8 月 30 日，马有恒会长、马志成议员带领 30 多位义工到青州社区进行了第一次上门探访。

"天鸽"风灾基本平息之后，暨大校友会医疗义工队并没有停下脚步，挂着校友会工作牌走街串巷成为暨大校友周末的日常。作为核心成员之一，虽然这种坚守不易，但每周末聚集在校友会大家庭里，为社会付出小小力量，是一件让大家都觉得兴奋而又幸福的事情。在马会长的指导和带领下，在学校领导的关心和鼓励下，我们的医疗义工队走过了 2017 年，

2017 年 8 月 30 日澳门"天鸽"风灾后，暨南大学校友会首次上门探访活动（左三马有恒会长，右二立法会议员马志成，作者右一）

走过了 2018 年的"山竹"，走过了疫情，走到了 7 年后的今天。医疗义工队也于 2019 年正式申请成立社团，名为"暨南恒爱医疗义工协会"，代表永恒之关爱。截至 2024 年 4 月底，协会已累计开展定期周末爱心探访 174 次，心理讲座辅导 7 次，累计出动医生义工 1400 余人次，校友义工 2200 余人次，为 6600 余名长者进行了身体检查，为 300 多位长者进行了心理辅导；并赠送了总值超过 46 万澳门元的各类药品及各类日常卫生用品。

爱心探访活动也得到澳门中联办、特区政府的关注、肯定和支持。中联办前副主任薛晓峰于 2018 年接见了义工队的代表，并鼓励义工队要坚持把这项有意义的活动长期开展下去。从 2019 年 8 月起，澳门卫生局也对恒爱医疗义工队的工作进行了经费支持，使得义工活动的开展得到了更好的保障。2020 年，澳门药学会加入这项活动，使活动更专业、更完善。2021 年，澳门卫生局局长罗奕龙接见了恒爱协会代表，高度赞扬了探访活动对澳门弱势群体的关怀和爱护，十分关注恒爱协会多年上门探访中发现的基础卫生保健中存在的不足环节，并着手推动政策改善。2024 年春节前夕，中联办教青部同仁全程和恒爱的义工们一起参与新春社区探访，鼓励暨南恒爱医疗义工协会发挥专业价值，持续支持特区政府发展经济、改善民生，让澳门基层居民特别是独居老人有更多的获得感、幸福感。

在海水拍打的地方，践行暨南人的责任使命，努力擦亮暨南大学金字招牌。身在其中，我感受到榜样的力量，收获着志同道合的喜悦。

斗转星移，转眼间我来澳门快20年了，悠悠岁月在红棉树下悄然流逝。

我从初来时的一位对澳门医疗行业懵懂彷徨的普通医务工作者，到现在成为镜湖医院行政管理团队的核心成员之一；从对澳门社会的一无所知，到成为多个社团的核心成员。还于2019年成为湖北省政协澳区委员，在更广、更大的平台上努力发挥湖北和澳门社会的桥梁纽带作用，促进两地共同发展。2023年10月24日，我受邀光荣地赴京参加中国妇女第十三次全国代表大会，近距离领略习近平主席等中央领导人的风采。我会牢记嘱托，为强国建设、民族复兴伟业，书写新时代"半边天"的新荣光。

我享受着有木棉树陪伴的工作和生活。在这里，有信任、支持自己工作的领导；有互相理解、互相扶持的同事；有踏实努力的下属；有志同道合的朋友；有发挥才干的平台。在这里，我收获了很多心灵的感动。

今年，是祖国75年华诞和澳门回归祖国25周年，再次端详医院门口那棵熟悉的木棉树。虽又经过20年的风雨洗礼，岁月在树皮上刻下了一道道粗糙的裂痕，平添了几分沧桑，但它的树干却依然如当年一样挺拔修长，直冲云霄。开放在树枝上的红色花朵三五成群，微风徐徐吹过，美丽的花朵随风摇曳，就像戴着护士帽的漂亮护士姐姐在交头接耳地沙沙低语。

春暖花开的日子，木棉树开遍一顶的红彤彤。

记得当年年幼的女儿和在木棉树陪伴下出生的儿子来到医院，远远地指着前方的树，我问他们："前面哪棵树最高大、最挺拔？"

他俩异口同声地说："那棵开满红色花的树！"

"知道那是什么树吗？"

"不知道！"

"那是木棉树，也叫英雄树。"

他们稚嫩地问："那树里面是不是住着很多英雄呀？"

我坚定地回答:"对!树里面住着很多不屈不挠、无私帮助别人的英雄。"

木棉树的果实成熟时,白白的棉絮从裂开的果实中四处飘扬,像把丝丝对生命的祝福播撒四方,从不计较和吝啬,那是它借着风播撒种子展开新的生命旅程。即使是随风落到地面的果实,也绝不浪费自己的价值,或被行人拾起入药救人,或化土为泥滋润明年的灿烂。

新时代,一定有更绚丽的风景。

(作者系第十三届湖北省政协委员,暨南大学澳门校友会副理事长,镜湖医院院长助理。)

澳门湖北社团总会成立亲历记

——吕联苗——

目前，澳门湖北社团总会是湖北乡亲在澳最大的社会团体。建立这么一个组织，能够凝聚一大批爱国爱澳、支持湖北发展的各界人士，拥护宪法和澳门基本法，支持特区政府依法施政，致力推动凝聚乡谊，促进澳门及湖北省与葡语系国家之间的经济、文化、教育、科技及公益事业的交流与合作，为两地及祖国的持续繁荣发展作出贡献。这是湖北省委统战部支持筹建澳门湖北社团总会的初衷，是澳门湖北社团总会的宗旨，也是我主持总会会务筹备工作的初心。

以澳区省政协委员为骨干会员，澳门湖北社团总会筹建选址

为支持澳门的长期繁荣稳定发展，促进澳门与湖北的经贸往来、交流发展，在湖北省委统战部的倡导下，拟在澳门成立一个爱国、爱澳、爱湖北的社团，以搭建鄂澳沟通交流合作的平台。

为保证总会筹备组的正确政治方向，打造坚强有力的爱国爱澳社团，省委统战部指示，由我主持会务筹备工作。由于旅居澳门的鄂籍人数相对较少，我经过多方联系，多次深入走访澳门各行各业，摸排鄂籍人士在澳的相关情况；鼓励澳区湖北省各级政协委员、海联会成员去发动在澳湖北籍人员踊跃加入总会大家庭。同时省委统战部也委派易军处长带领工作组到珠海了解工作进展情况，指导筹备工作。

在大家的共同努力下，确定了澳区湖北省各级政协委员、海联会成员、澳区湖北各社团骨干、会员、乡亲以及在鄂澳两地学习的大学生，大约200人。我随即将摸查结果向易军处长汇报，他再一次带领工作者赴珠海组织开会研讨。经讨论和征求省委统战部同意，初步形成以马有恒先生为会长、吕联苗先生为理事长、姜志宏先生为监事长的领导架构，成立了筹备小组，实行组建与筹备同步开展工作。确定理监事成员为全体在澳湖北省各级政协委员、海联会成员、澳门湖北社团总会骨干、会员、乡亲及在澳大学生等。

随后，筹备工作小组先后拜访和请示了全国政协副主席何厚铧、前行政长官崔世安先生，澳门中联办、特区政府和相关职能部门、社会贤达，得到了他们的充分肯定和大力支持，为前期工作奠定了坚实的基础。

由于时间紧，任务重，我组织带领多个工作小组，围绕各自工作领域同时展开工作，确保政府部门注册登记、会址选址、设计装修等工作快速有效进行。

经过多方努力，澳门湖北社团总会于2023年5月29日在我的主持下成功召开了首次会员大会，确定具体职务名单。为充分发挥政协委员的骨干作用，澳区湖北省政协委员均为总会副会长。我向总会捐赠了100万元会务经费。经过3个月的精心筹备，于6月9日举行澳门湖北社团总会成

立大会暨首届理监事就职典礼，澳门湖北社团总会正式成立。

澳门湖北社团总会成立后，我又紧抓会址的装修工程，争取尽快启用新会所，让会员们有个自己的家。准备就绪时临近中国人传统团圆的日子——中秋节了。9月21日下午4时，我们在澳门日报社15楼举行会址启用仪式暨国庆中秋联欢交流会。湖北省政协副主席王兴於应邀出席，与总会创会会长马有恒，在省政协副秘书长孙玉秋和我的陪同下揭牌。澳门湖北社团总会名誉会长蔡志龙、叶荣发，副会长马志华、祁维、王莉、崔天立、何猷君、王如茵、何剑文、徐德明、邓文基及20多名理监事出席了仪式和座谈会，共同见证了澳门湖北社团总会新会所落成。

秉承爱国爱澳爱鄂，澳门湖北社团总会首届理监事就职

2023年6月9日晚，我们在澳门美高梅大宴会厅举行澳门湖北社团总会成立庆典暨首届理监事就职典礼。七时半，庆典开始，奏国歌。司仪上场，欢迎全国政协副主席何厚铧，第三、四届行政长官崔世安，湖北省委统战部部长宁咏，中联办协调部副部长仇昱，湖北省统战部副部长雷邦贵，香港湖北社团总会会长谢俊明等各界嘉宾出席。

宁咏致辞寄语该会坚持"一国两制"、"澳人治澳"、高度自治方针，当好爱国爱澳实行者，发挥鄂澳交流平台作用，当好交流交往的助推器，广泛凝聚在澳湖北乡亲，当好联络联谊的"连心桥"，秉持"爱国、爱澳、爱鄂"宗旨，坚持团结互助，在提升联谊能力和质效上下功夫，切实为在澳湖北乡亲投资兴业、学习创业、安居乐业创造更好条件，最大限度地把爱国、爱鄂、爱澳的各界人士团结起来，不断增强社团总会的吸引力、凝聚力，真正把社团总会建设成为广大在澳乡亲的温暖之家。期望首届理监事成员深度参与国家发展建设，继续做好"一国两制"、"澳人治澳"、高度自治方针的坚定捍卫者，助力鄂澳发展。

马有恒致辞时表示，总会将秉承爱国、爱澳、爱鄂宗旨，坚定拥护"一国两制"、宪法和基本法，团结澳门及湖北省各界人士及社团、发展爱国爱澳力量，致力促进鄂澳交流合作。首届理监事将持续推动会务发展，坚定维护中央全面管治权，支持澳门特区政府依法施政，为维护澳门长期

繁荣稳定贡献力量。

接着，在总会创会会长兼首任会长马有恒引领与湖北省委统战部部长宁咏监誓下，首届理监事宣誓就职。彼时理监事一齐举起右手，随之，同一个声音在大厅回响："本人谨以至诚宣誓，秉承澳门湖北社团总会的创会宗旨，团结爱国爱澳、支持湖北发展的各界人士，拥护'一国两制'、"澳人治澳"、高度自治方针，支持澳门特别行政区政府依法施政，促进澳门与湖北之间的交流与合作，推动两地的经济、文化、教育、科技及公益事业的发展，为两地及祖国的持续安定繁荣发展作出贡献，此誓！"

全国政协副主席何厚铧，第三、四届行政长官崔世安，中联办，外交部公署席下见证，之后与大家合照，留下难忘瞬间。

总会的成立，为澳区省政协委员发挥"双重积极作用"提供了新平台，为湖北对外开放开辟了新窗口。作为创会理事长，我深知责任重大，定将时刻铭记总会宗旨，积极履职，更好发挥总会桥梁纽带作用，广泛团结凝聚澳门社会各界人士，深化鄂澳交流合作。

2023年6月9日，澳门湖北社团总会成立庆典暨首届理监事就职典礼

当好交流联谊的金丝带，推动鄂澳合作向纵深发展

总会成立后，先后开展了一系列活动：

拜访与接待湖北有关领导。2023年11月23日，总会组织"增进鄂澳

联谊互动，加深两地交流合作"——澳门湖北社团总会赴鄂交流学习团，分别拜访省委常委统战部宁咏部长、省政协王兴於副主席和省港澳办章笑梅主任等领导，为澳门湖北社团总会与湖北建立更紧密高效的联系互动打下基础和增添动力，在更广领域建立更深层次的合作机会。2024 年 5 月 8 日，湖北省委统战部常务副部长一行到访总会指导工作，开展鄂澳交流座谈会。8 月 18 日，湖北省宜昌市商务局彭俊红副局长到访总会，与总会理监事进行交流座谈。

组织鄂澳交流联谊。在省委统战部的精心组织安排下，2023 年 11 月，组织赴鄂交流学习团赴鄂州、长阳等地调研花湖机场集团、鄂州颐年医护养老院、临空经济区招商展示中心，考察清江水生态保护和少数民族特色村寨建设情况。鄂州市颐年医护养老院是颐年健康产业集团董事长、总会副会长王莉投资的公建民营机构，占地总面积 81 亩，建筑总面积 34300 平方米，绿化率达 60% 以上，共设置床位 1010 张。集生活照料、医养康护、学习娱乐于一体，主要以城区"三无"对象、社会代养老人为主要服务对象。这次"回家"，我们一行专程到鄂州看望颐年的爷爷奶奶。鄂州颐年爷爷奶奶，手拿小鼓敲起来，欢迎大三巴牌坊归来的家人们。我们还到长阳土家族自治县磨市镇救师口村开展"同心助力乡村振兴"活动。总会向海联少年儿童图书馆项目捐赠资金 50 万元。

开展爱国爱澳学习教育。澳门湖北社团总会成立后，我还经常组织理监事成员加强爱国爱澳理论学习和学习习近平主席系列重要讲话精神，传达学习"两会"精神；组织参加国家安全展。8 月 13 日，总会联合 20 个社团共同组织传达学习全会精神，希望全体会员通过学习，深刻领会会议精髓，更加了解国家深化改革的一系列新思想、新观点、新论断，发挥"一国两制"优势，准确把握国家支持港澳打造国际高端人才集聚地，深化粤港澳合作机制，融入国家发展大局。

做好会员团结联谊和新会员入会工作。我经常鼓励会员积极参加社会活动；与青年委员促膝长谈，培养青年委员爱国主义精神，同时让澳门青年委员积极融入湖北和国家发展大局，呼吁爱国、爱澳、爱湖北人士，有志青年和乡亲加入总会这个大家庭，为澳门社会繁荣稳定和"一国两制"

2024 年 4 月 24 日，澳门湖北社团总会参观全民国家安全教育展

事业行稳致远作出贡献，对外宣讲好中国故事、湖北故事和澳门故事。2024 年 2 月 26 日，总会举办新春团拜会，随后有 50 多名各行各业精英在理监事推荐下加入总会大家庭，让总会队伍更加壮大。

助力澳鄂合作。2023 年 12 月 12 日，总会还与湖北省社会科学院进行学术交流，共同探讨鄂澳两地产业合作机遇，加强在粤港澳大湾区的交流合作。2024 年 7 月 14—19 日，由总会澳鄂大专人士协会承办，教青局主办的 2023 / 2024 学年"梦想启航"中学学生会领袖培训计划，在湖北省武汉市和宜昌市进行活动，共吸引了 20 所澳门中学、24 名学生会骨干成员参与。7 月 16 日，总会鄂澳青年交流促进会监事长丁少雄与湖北省青联副秘书长陈建、武汉市青联秘书长赵联等一行人，在澳门贸易投资促进局武汉代表处主任李雪雅陪同下，到访鄂港澳青创园参观考察，并在青创园挂牌"鄂澳青年交流促进会"以加强鄂澳青年交流交往。7 月 30 日，总会澳鄂大专人士协会举行 2024 年赴华中地区高校升学咨询分享交流会，湖北各高校澳门学生代表上台分享学习情况，活动有 60 多名新生参与。

中共二十大报告中习近平总书记关于港澳工作的重要论述指出，坚定不移地贯彻"一国两制"方针和"爱国者治澳"原则，坚定支持行政长官和澳门特区政府依法施政、积极作为。澳门也被赋予了新的历史使命，打造"一中心、一平台、一基地"，积极融入国家"一带一路"发展大局。澳门回归祖国20多年来，政治环境稳定，经济实力显著增强，反映"一国两制"在澳门的伟大实践取得成功。

今年是喜迎中华人民共和国成立75周年和澳门回归祖国25周年大庆的重要日子，总会将配合特区政府做好相关庆祝工作，积极向外宣讲"一国两制"成功实践故事，为中华民族伟大复兴作出新的贡献。

（作者系第十三届湖北省政协常委，湖北省政协港澳台侨和外事委员会副主任，澳区省级政协委员联谊会理事长，澳门汇力兴业集团有限公司董事总经理。）

扎根基层　让社会服务更贴近民众生活

——李良汪——

在从事社会服务工作之前，我曾于澳门特区行政机关与司法机关任职，服务了7年多时间，对公共行政有一定认识，基于对社会的热诚，在公职期间积极抽出时间参与不同义工服务和关注各项公共政策，从中熟悉社会事务、了解居民需求，更让我深刻领悟到社会服务工作的意义，让心中"服务社会"的种子日渐成长。

2016年，在机缘巧合之下，我认识了民众建澳联盟服务团队（以下简称"民建联"），以及当时已经成为优秀社团领袖及立法会议员的陈明金先生与施家伦、宋碧琪两位议员，他们一心一意选择奉献社会，尤其是陈明金先生，更是经常鼓励青年人要自强不息，贡献自身服务社会大众，这让当时的我深切明白，社会服务是需要有人付出、有人奉献的，自己也应当为社会做出取舍。基于对民建联服务理念的认同，2017年我决定离开公职，正式加入民建联，以理事长身份全身心投入社会服务工作中。

民建联2023年度义工嘉许礼

长期深耕社区，用心为民服务

民建联是澳门一个扎根基层的民间服务团体，于2008年5月成立，多年来一直坚持"用心为澳门、为民众服务"理念，扎根基层、服务市民，坚持做实事，致力为广大民众提供各项社会服务，并积极发挥民众与政府沟通的桥梁角色；通过长期深耕社区的扎实基础，如实反映社情民意，致力推动并完善各项公共政策，为民众争取合理权益。

为鼓励更多青年参与社会，推动青年成长成才，于2018年民建联创会10周年之际，我组织了多位有志服务社会的青年，成立了民建联首个属会——民众青年会，开展一系列培养青年人才工作，期望推动青年提高自身竞争力，积极投身于澳门乃至国家发展大局，发挥青年力量。

2021年，我有幸作为代表，以"民联协进会"第三候选人身份，参与2021年澳门立法会选举，并成功当选为第七届立法会直选议员，跻身议会参与立法工作，持续推动各项有利社会发展的公共政策，反映并跟进民生诉求，为社会服务工作开启新的历程。无论岗位如何改变，对于我来说，都会以"社会服务者"的心态做好工作，这是对自己的要求，亦是对广大市民的承诺。

遭遇风灾袭击，体现社会凝聚力

澳门回归 25 年来，特区政府管治下的澳门，经济发展日益蓬勃、社会和谐稳定、居民安居乐业。这些成就离不开特区政府坚定不移高举"一国两制"旗帜、坚定不移维护宪法和澳门基本法确定的宪制秩序、坚定不移地实行以爱国者为主体的"澳人治澳"、坚定不移地融入国家发展大局。但在社会不断发展的过程中，澳门近年亦经历了严重的天灾及疫情袭击，给澳门社会及经济发展带来前所未有的影响。

2017 年 8 月 23 日，澳门遭遇 53 年来最强台风"天鸽"的正面袭击，偏逢天文大潮叠加，导致暴雨倾盆、海水倒灌，不少民居及商铺被淹，加上树木倒塌，多个地区遭到破坏。

"天鸽"过后，救灾形势严峻。应澳门特区政府请求，经中央人民政府批准，驻澳部队于 8 月 25 日出动官兵约千名，协助特区政府及市民一起参加灾后重建和恢复秩序工作，澳门特区政府部门、社会团体也于灾后自发开展救援工作。

作为服务社会最前线的人员，我与民建联员工亦不敢怠慢，及时组织义工队伍，在本澳各区进行灾后救援，并为老弱及行动不便的居民送上物资，以缓解生活困难。同时，于民建联总部设立救灾支援指挥部及各区分部，竭尽全力为受灾居民作出最有效的支援。其间，全体成员及各方义工日以继夜全力投入不同的支援工作中，积极发扬邻里守望精神，贡献个人力量，不遗余力共建澳门，深刻体现出同舟共济、守望相助、关怀互爱的精神。

2018 年，澳门再次受到台风"山竹"吹袭，吸收了"天鸽"风灾的经验，政府及居民在抗灾、防灾、应变及灾后支援等方面都有所提升。民建联亦积极发挥自身力量，在台风吹袭前已建立义工联系网络，于台风吹袭期间与各区人员及义工保持紧密联系，更好掌握各区实际情况，于灾后支援期间积极组织义工配合政府多次动员，竭力为居民进行善后处理工作。

民众同舟共济，全城守望相助

2020 年，新冠疫情由年初开始于世界各国暴发并不断扩散，澳门亦难以独善其身。为防止疫情在澳门传播，特区政府于 2 月 4 日宣布澳门所有娱乐场即日起关闭 15 天，并随后宣布一系列措施，有效遏制疫情在社区蔓延，直至 2021 年 8 月前澳门持续 400 多天本地零感染。

疫情期间，作者联同民建联成员参与政府防疫工作，在核酸检测站支援

防疫工作需要社会各界共同配合，除了统筹及相关部门人员、前线医护等需要坚守岗位，更需大量人手协调分工，尤其义工在当中更发挥了重要的支持作用。在澳门经历三年疫情期间，我与民建联成员在遵照特区政府防疫指引的前提下，组织近 350 名义工协助各项防疫工作，他们来自各行各业，亦有停课在家的学生、长期参与义务工作的青年、自由职业者及创业者等。在多次全民核酸检测工作中，于各指定检测站点开展前线工作。同时，为响应政府防疫措施，纾缓民众对口罩的需求，于本澳开展防疫措施初期，在本澳不同服务点向居民免费派发口罩，以及安排民建联团队的医护人员为有需要人士进行上门探望及简单医疗护理，送上防疫用品及生活必需品，减少他们必须外出购买物资的需要，让他们可安心于家中防疫，并利用日常紧密联系的大厦工作网络，发动本澳 70 多个大厦管理机关，共约 200 幢大厦，从提升核心群体住户防疫意识做起，再由他们向

身边亲友推广宣传，将防疫的正确知识辐射到社区其他居民，推动全澳市民广泛关注防疫工作。

迈向崭新征程，谱写辉煌篇章

疫情对本澳社会及经济发展带来的影响虽然仍未完全平复，但2023年开端，在中央政府的大力支持下，以及特区政府有效的复苏工作带领下，为澳门旅游与经济恢复打下了强心针。访澳旅客数量及博彩毛收入节节攀升，彰显经济复苏的成果，提振了广大居民和企业对未来发展的信心。

2024年是中华人民共和国成立75周年，亦是澳门回归祖国25周年，既是发展的里程碑，亦是发展的新起点。我们正在迎来高速、高质量发展的新时代与新契机。未来，相信澳门社会各界将一如既往，坚持按照国家大政方针，坚定拥护"一国两制"、"澳人治澳"、高度自治方针，以"爱国者治澳"作为根本原则，全力支持特区政府依法施政，持续深化澳门多元产业改革与发展，推动澳门高质量发展，谱写澳门建设新篇章。

（作者系第十三届福建省政协委员，澳门立法会议员，民众建澳联盟理事长，民众青年会会长。）

后 记

　　文史资料工作是一项富有政协特色的经常性、基础性工作。《十四届全国政协文史资料选题协作规划》明确了"中华文明探源工程纪事""改革开放50周年纪事"等7个重要选题，庆祝澳门回归祖国25周年文史资料征集活动是其中的一项重要内容。

　　2023年11月，全国政协召开"学习贯彻习近平文化思想暨全国政协文史资料选题规划推进工作研讨座谈会"，会议研究了各项协作选题的征编方案，明确了征集内容、征集对象、文稿要求、组织机构和时间安排。会后，全国政协文化文史和学习委员会迅速行动，联合港澳台侨委员会共同开展《澳门回归祖国25周年发展亲历记》文史资料征集活动，得到全国各级政协委员特别是澳区全国政协委员及其相关人士的积极响应，半年多时间内就收到来稿90多篇。2024年7月，《澳门回归祖国25周年发展亲历记》编委会在北京召开第一次审稿会，对全书编撰体例、文章分类和行文方式等进行了明晰与规范，12月初在珠海再次召开审稿会，对书稿内容及版式设计等进行集中修订和完善，并于12月下旬对书稿内容及版式进行最后审订。

在本书的征稿和编辑过程中，中共中央港澳工作办公室和中央人民政府驻澳门特别行政区联络办公室等部门给予了精心指导和大力支持，北京、天津、河北、上海、江苏、浙江、福建、江西、湖北、广东、广西等省区市政协文史部门积极参与，组织征集稿件。目前，收录本书的50篇文章和100多幅图片，是从90多篇来稿和300多幅图片中精心挑选而成，旨在以生动鲜活、图文并茂的形式，帮助读者深入了解澳门回归祖国25年来所走过的光辉历程和取得的举世瞩目成就。因编者水平有限，书中难免存在不足之处，敬请读者不吝批评指正。同时囿于本书内容结构和图书体量所限，有些稿件未能收录本书，我们将向《人民政协报》《纵横》等报刊推荐选登。我们将以此次征编出版工作为契机，继续推动并加强澳门文史资料的征集工作，也希望社会各界继续支持人民政协的文史资料工作。

衷心感谢积极为本书提供稿件的各位作者，也感谢中共中央宣传部出版局、全国政协办公厅新闻局和中国文史出版社为本书顺利出版所做的辛勤工作！

《澳门回归祖国 25 周年发展亲历记》编辑委员会

2024 年 12 月 20 日